示范性高等职业院校

团队合作能力训练教程

主　编　孟玉婷　张　勇
副主编　赵玲玲　钟　雷
编　委　段俊光　徐　亮　林　露

西南交通大学出版社

·成　都·

图书在版编目（CIP）数据

团队合作能力训练教程 / 孟玉婷，张勇主编. —成都：西南交通大学出版社，2012.3（2023.12 重印）
示范性高等职业院校学生职业关键能力培养"十二五"规划教材
ISBN 978-7-5643-1661-7

Ⅰ. ①团… Ⅱ. ①孟… ②张…Ⅲ. ①组织管理学－高等职业教育－教材 Ⅳ. ①C936

中国版本图书馆 CIP 数据核字（2012）第 010063 号

示范性高等职业院校
团队合作能力训练教程

主编 孟玉婷 张 勇

*

责任编辑 邹 蕊
特邀编辑 罗爱林 顾 飞
封面设计 何东琳设计工作室

西南交通大学出版社出版发行
四川省成都市金牛区二环路北一段 111 号西南交通大学创新大厦 21 楼
邮政编码：610031 营销部电话：028-87600564
http://www.xnjdcbs.com
四川森林印务有限责任公司印刷

*

成品尺寸：170 mm × 230 mm 印张：16.875
字数：304 千字
2012 年 3 月第 1 版 2023 年 12 月第 4 次印刷
ISBN 978-7-5643-1661-7
定价：36.00 元

前　言

　　人类社会发展到今天，那种依靠个人单打独斗的时代已经远去，所有具备远见卓识的领袖早已开始将力量放在了如何打造一支优秀的团队的焦点上。众所周知，任何一个单位团队效率的提升靠的不再是技能。如何提升团队的素质从而提升业绩已成为单位管理者的当务之急。据调查，许多从事相同工作的人，即便他们拥有相同的教育背景和从业经验，在工作效率方面也会存在巨大差异，差异的答案就在于素质，就是指那些能够直接影响工作结果的特质，素质的差异直接导致了绩效的差异。由此看来，在当前高等教育中，大学生个人素质的差异将会导致用人单位团队的绩效成果。本书正是针对大学生未来就业中如何提升人的素质而打造高效团队的有力工具。

　　本书共分十个部分，依次为：什么是团队、团队组建篇、团队管理篇、团队合作篇、团队信任篇、团队沟通篇、团队创新篇、团队和谐篇、团队竞争篇、团队激励篇。其中什么是团队、团队组建篇、团队合作篇、团队信任篇、团队沟通篇、团队激励篇六个部分的理论知识与案例是由孟玉婷老师编写；团队管理篇、团队创新篇、团队和谐篇、团队竞争篇的理论知识与案例由张勇老师编写；本书所有的任务训练由赵玲玲老师编写；本书所有的跟踪测试由钟雷老师编写；参与意见与审稿的还有段俊光、徐亮、林露三位老师。本书的具体内容包括理论知识、案例、任务训练、跟踪测试。本书旨在通过一系列有方向性、有策略性的过程环节，通过培训师的训练和引导，结合生活和工作中的实际案例，坚持理论与实践相结合，使大学生产生身处其中的体验和感受，支持大学生向内挖掘自我解决问题的潜在能力，向外激发大学生自我创造价值的更大可能性，使团队训练不再是一个仅教授理论的课堂。本书是着眼于学生和用人单位团队在现实生活中待解决的问题和要达成的目标来进行编写的。

　　在本书的编写过程中，我们借鉴了不少同行的研究成果，选用了一些专著和期刊中的相关内容。在此我们对原作者表示深深的敬意。

由于编者水平有限，书稿难免存在不足之处，望从事高等教育的同志雅正，请年轻朋友多提宝贵意见。

这是一门崭新的训练课程！团队训练能使大学生在就业单位的管理团队中发生根本性的改变：团队成员有激情了！团队成员相互信任了！团队成员愿意真心付出并感恩身边的每一个人了！团队成员愿意负责任了！团队成员的人际关系改善了！团队的凝聚力增强了！团队业绩大幅度攀升了！……当今时代就是一个团队成就未来的时代！

编　者

2011 年 11 月

目　录

第一部分　什么是团队

 学习目标

【知识目标】

1. 了解团队的产生背景。
2. 掌握团队成员的主要作用。
3. 掌握团队成长的四个阶段。
4. 了解团队的基本类型。

【能力目标】

通过了解团队产生的背景，掌握团队成员的作用，进而明白作为团队成员应如何去做。

【情感目标】

通过掌握团队成员的作用及主要成长阶段，培养团队成员和谐相处的能力，营造良好的人际关系。

任务一　认识团队

【任务目标】

团队成员通过了解团队产生的背景，进而掌握团队的概念。

一、理论知识

刚毕业的大学生，要想在工作中快速地融入团队，得到团队的认可，首先应了解团队产生的背景及团队概念。

（一）团队产生的背景

20世纪60年代中期，日本经济起飞，迅速成为世界经济大国，企业国际竞争能力跃居世界前列。美国和其他西方国家对日本式的经济奇迹产生了浓厚的兴趣，他们对日本企业展开了深入的研究，希望找出日本经济奇迹的秘密。与此同时，日本各界也对"日本式经营"进行了深入的探讨，以总结经验继续前进。有的研究把日本最优秀的员工与欧美最优秀的员工放在一起进行比较，结果发现，如果是个体之间一对一的竞争，日本员工多半不能取胜，但如果以班组和部门为单位进行竞争，日本员工总是能取胜。日本企业的员工对企业有一种强烈的归属感，同事之间精诚团结，共同维护团体利益，全身心地投入到企业的事务上。而欧美企业的员工很难做到这一点，他们多奉行个人主义，不能形成"1+1＞2"的团队竞争力。经过广泛而深入的研究，人们普遍认为，日本企业强大竞争能力的根源，不在于其员工个人能力的卓越，而在于其员工整体"团队合力"的强大，起关键作用的是日本企业当中的新型组织形式——团队。

欧美国家的企业猛然发现，死死地抱住传统的组织形式不放，不进行组织重整是不行的，光靠领导者殚精竭虑而没有员工的积极参与，只是提高员工的个人能力而没有有效的团队协作，这种工作模式在竞争日益加剧的今天已失去生命力了。要想取得成功，就必须充分运用人力资源，形成强大的团队合力。为此，欧美大力学习日本的团队建设经验，努力培养团队精神，一场浩浩荡荡的团队建设风暴在世界范围内的许多企业中产生了。

（二）团队的概念

1994 年，组织行为学权威教授斯蒂芬·P. 罗宾斯首次提出了"团队"的概念：为了实现某一目标而由相互协作的个体所组成的正式群体。随后，团队合作的理念风靡全球。

团队，又称工作团队，是由一些具有共同信念的人为达到共同目标而组织起来的，各成员通过沟通与交流，保持目标、手段、方法的高度一致，从而能够充分发挥各成员的主观能动性。团队的构成要素总结为"5P"，分别为目标（purpose）、人（people）、定位（place）、权限（power）、计划（plan），本书随后会有详细论述。团队和群体有着一些根本性的区别，群体可以向团队过渡。

（三）团队和群体的区别

1. 群体的概念

群体指两个以上相互作用又相互依赖的个体，为了实现某些特定目标而结合在一起的团体。群体成员共享信息，作出决策，帮助每个成员更好地担负起自己的责任。

2. 团队和群体的差异

团队和群体经常容易被混为一谈，但它们之间有根本性的区别，主要表现在以下六个方面：

（1）领导方面。作为群体应该有明确的领导人；团队可能就没有明确的领导人，尤其团队发展到成熟阶段，成员共享决策权。

（2）目标方面。群体的目标必须跟组织保持一致；但团队中除了这点之外，还可以产生自己的目标。

（3）协作方面。协作性是群体和团队最根本的差异，群体的协作性可能是中等程度的，有时成员还有些消极，有些对立；但团队中是一种齐心协力的气氛。

（4）责任方面。群体的领导者要负很大责任；而团队中除了领导者要负责之外，每一个团队的成员也要负责，甚至要一起相互作用，共同负责。

（5）技能方面。群体成员的技能可能是不同的，也可能是相同的；而团队成员的技能是相互补充的，把有不同知识、技能和经验的人综合在一起，形成角色互补，从而达到整个团队的有效组合。

（6）结果方面。群体的绩效是每一个个体的绩效相加之和，团队的结果或绩效是由大家共同合作完成的产品。

（四）群体向团队的过渡

从群体发展到真正的团队需要一个过程，需要一定的时间磨炼。这个过程如图 1.1 所示。

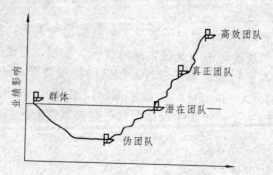

图 1.1　群体向团队的过渡过程

群体向团队的过渡分为三个阶段：

第一阶段，由群体发展到所谓的伪团队，也就是我们所说的假团队。

第二阶段，由假团队发展到潜在团队，这时已经具备了团队的雏形。

第三阶段，由潜在团队发展为一个真正团队。真正团队具备了团队的一些基本特征，但它距离高效团队还比较遥远。

二、案　例

【案例 1】

是团队还是群体，或其他组织？

NBA 在每赛季结束后都要组成一个明星队。由来自各个队伍中的球员组成一支"全明星"篮球队赴各地比赛，以制造新一轮高潮，但其比赛结果总是令球迷失望——胜少负多。这是什么原因呢？"全明星"是团队还是群体，或其他组织？

【评析】　"全明星"队是团队还是群体，有一些争议。这里的看法是：明星队至少不是真正意义上的团队，只能说是一个潜在的团队，因为最关键的一点是成员之间的协作性还没有那么熟练，还没有形成一个整体的合力。当然从个人技能上来说也许明星队个人技能要高一些。所以认为它是一个潜在的团队，在国外也有人叫它伪团队。

任务二　团队的特点和要素

【任务目标】

能够使团队成员明白自己所处团队与其他一般性群体的不同，以及团队特点和构成要素。

一、理论知识

（一）高效团队的特征

团队形式并不能自动地提高生产率，它也可能会让管理者失望。幸运的是，近来一些研究提示了与高效团队有关的主要特征。

1. 清晰的目标

高效的团队对所要达到的目标有清楚的了解，并坚信这一目标包含着重大的意义和价值。而且，这种目标的重要性还激励着团队成员把个人目标升华到群体目标中去。在有效的团队中，成员愿意为团队目标作出承诺，清楚地知道团队希望他们做什么工作，以及他们怎样共同工作最后完成任务。

2. 相关的技能

高效的团队是由一群有能力的成员组成的。他们具备实现理想目标所必需的技术和能力，而且相互之间有能够良好合作的个性品质，从而能出色完成任务。后者尤其重要，但常常被人们忽视。有精湛技术能力的人并不一定就有处理群体内关系的高超技巧，高效团队的成员则往往兼而有之。

3. 相互的信任

成员间相互信任是高效团队的显著特征，也就是说，每个成员对其他人的品行和能力都确信不疑。我们在日常的人际关系中都能体会到，信任这种东西是相当脆弱的，它需要花大量的时间去培养而又很容易被破坏。而且，只有信任他人才能换来他人的信任，不相信只能导致不信任。所以，维持群体内的相互信任，还需要引起管理层足够的重视。

组织文化和管理层的行为对形成相互信任的群体内氛围很有影响。如果

5

组织崇尚开放、诚实、协作的办事原则，同时鼓励员工的参与和自主性，它就比较容易形成信任的环境。

4. 一致的承诺

高效团队中的成员对团队表现出高度的忠诚和承诺，为了能使群体获得成功，他们愿意去做任何事情。我们把这种忠诚和承诺称为一致的承诺。

对成功团队的研究发现，团队成员对他们的群体具有认同感，他们把自己属于该群体的身份看做是自我的一个重要方面。因此，承诺一致的特征表现为对群体目标的奉献精神，愿意为实现这一目标而调动和发挥自己的最大潜能。

5. 良好的沟通

毋庸置疑，这是高效团队一个必不可少的特点。群体成员通过畅通的渠道交流信息，包括各种言语和非言语信息。此外，管理层与团队成员之间健康的信息反馈也是良好沟通的重要特征，它有助于管理者指导团队成员的行动，消除误解。就像一对已经共同生活多年、感情深厚的夫妇那样，高效团队中的成员能迅速而准确地了解彼此的想法和情感。

6. 谈判技能

以个体为基础进行工作设计时，员工的角色由工作说明、工作纪律、工作程序及其他一些正式文件明确规定。但对于高效的团队来说，其成员角色具有灵活多变性，总在不断地进行调整。这就需要成员具备充分的谈判技能。由于团队中的问题和关系时常变换，成员必须能面对和应付这种情况。

7. 恰当的领导

有效的领导者能够让团队跟随自己共同度过最艰难的时期，因为他能为团队指明前途所在。他们向成员阐明变革的可能性，鼓舞团队成员的自信心，帮助成员更充分地了解自己的潜力。

优秀的领导者不一定非得指示或控制。高效团队的领导者往往担任的是教练和后盾的角色，他们对团队提供指导和支持，但并不试图去控制它。

这不仅适用于自我管理团队，当授权给小组成员时，它也适用于任务小组、交叉职能型的团队。对于那些习惯于传统方式的管理者来说，这种从上司到后盾的角色变换，即从发号施令到为团队服务实在是一种困难的转变。当前很多管理者已开始发现这种新型的权力共享方式的好处，或通过领导培训逐渐意识到它的益处，但仍然有些脑筋死板、习惯于专制方式的管理者无法接受这种新概念。这些人应当尽快转换自己的老观念，否则就将被取而代之。

8. 内部支持和外部支持

要成为高效团队的最后一个必需条件就是它的支持环境，从内部条件来看，团队应拥有一个合理的基础结构。这包括：适当的培训，一套易于理解的用以评估员工总体绩效的测量系统以及一个起支持作用的人力资源系统。恰当的基础结构应能支持并强化成员行为以取得高绩效水平。从外部条件来看，管理层应给团队提供完成工作所必需的各种资源。

(二) 团队的构成要素

团队有几个重要的构成要素，总结为"5P"。

1. 目标 (purpose)

团队应该有一个既定的目标，为团队成员导航，知道要向何处去。没有目标这个团队就没有存在的价值。

2. 人 (people)

人是构成团队最核心的力量。3 个（包含 3 个）以上的人就可以构成团队。目标是通过人员具体实现的，所以人员的选择是团队中非常重要的一个部分。在一个团队中可能需要有人出主意，有人制订计划，有人实施，有人协调不同的人一起去工作，还需要有人去监督团队工作的进展、评价团队最终的贡献。不同的人通过分工来共同完成团队的目标，在人员选择方面要考虑人员的能力如何，技能是否互补，人员的经验如何。

3. 定位 (place)

团队的定位包含两层意思：

(1) 团队的定位。团队在发展过程中处于什么位置？由谁选择和决定团队的成员？团队最终应对谁负责？团队采取什么方式激励成员？

(2) 个体的定位。作为成员在团队中扮演什么角色？是制订计划还是具体实施或评估？

4. 权限 (power)

团队当中领导人的权利大小跟团队的发展阶段相关。一般来说，团队越成熟领导者所拥有的权利相应越小，在团队发展的初期阶段领导权相对比较集中。团队权限关系的两个方面为：

（1）整个团队在组织中拥有的决定权。比方说财务决定权、人事决定权、信息决定权。

（2）组织的基本特征。比方说组织的规模多大，团队的数量是否足够多，组织对于团队的授权有多大，它的业务是什么类型。

5. 计划（plan）

计划包含两个层面的含义。

（1）目标最终的实现，需要一系列具体的行动计划，可以把计划理解成目标的具体工作的程序。

（2）提前按计划进行可以保证团队的顺利进行。只有在计划的操作下，团队才会一步一步地贴近目标，从而最终实现目标。

二、案 例

【案例 1】

吃三叶草的昆虫

自然界中有一种昆虫很喜欢吃三叶草（也叫鸡公叶），这种昆虫在吃食物的时候都是成群结队的。第一个趴在第二个的身上，第二个趴在第三个的身上，由一只昆虫带队去寻找食物，这些昆虫连接起来就像一节一节的火车车箱。管理学家做了一个实验，把这些像火车车厢一样的昆虫连在一起，组成一个圆圈，然后在圆圈中放了它们喜欢吃的三叶草。结果它们爬得精疲力竭也吃不到这些草。

【评析】 这个例子说明在团队失去目标后，团队成员就不知道上何处去，最后的结果可能是饿死，这个团队存在的价值可能就要打折扣。团队的目标必须跟组织的目标一致，此外，还可以把大目标分成小目标具体分到各个团队成员身上，大家合力实现这个共同的目标。同时，目标还应该有效地向大众传播，让团队内外的成员都知道这些目标，有时甚至可以把目标贴在团队成员的办公桌上、会议室里，以此激励所有的人为这个目标去努力工作。

任务三　团队成员的角色

【任务目标】

通过此任务的学习，让学生明白"天生我材必有用"，人类在社会活动过程中，任何人都会有自己的价值和贡献。

一、理论知识

（一）团队角色的类型

英国剑桥产业培训研究部宾博士和他的同事们经过在澳洲和英国的多年研究与实践，提出了著名的贝尔宾团队角色理论，即一支结构合理的团队应该由 8 种人组成。这 8 种团队角色分别为：实干者、协调者、塑造者、智多星、外交家、监督员、凝聚者、完成者。

1. 实干者

特征：保守、顺从、务实可靠。

优点：有组织能力和实践经验，工作勤奋，有自我约束力。

缺点：缺乏灵活性，对没有把握的主意不感兴趣。

2. 协调者

特征：沉着、自信、有控制局面的能力。

优点：对各种有价值的意见不带偏见地兼容并蓄，看问题较客观。

缺点：在智能以及创造力方面欠缺。

3. 塑造者

特征：思维敏捷、开朗、主动探索。

优点：有干劲，随时准备向传统、低效率、自满自足挑战。

缺点：好激起争端，爱冲动、易急躁。

4. 智多星

特征：有个性、思想深刻、不拘一格。

优点：才华横溢，富于想象力、智慧，知识面广。

缺点：高高在上，不重细节，不拘礼节。

5. 外交家

特征：性格外向，热情、好奇、联系广泛、消息灵通。

优点：有广泛联系人的能力，不断探索新的事物，用于迎接新的挑战。

缺点：事过境迁，兴趣马上转移。

6. 监督员

特征：清醒、理智、谨慎。

特性：判断力强，分辨力强，讲求实际。

缺点：缺乏鼓励和激发他人的能力，自己也不容易被别人鼓动和激发。

7. 凝聚者

特征：擅长人际交往，温和、敏感。

优点：有适应周围环境以及人的能力，能促进团队的合作。

缺点：在危机时刻往往优柔寡断。

8. 完成者

特征：勤奋有序，认真，有紧迫感。

优点：理想主义者，追求完美，持之以恒。

缺点：常常拘泥于细节，容易焦虑，不洒脱。

（二）团队角色类型给我们的启示

没有人十全十美，也没有人一无是处，只有合作才能弥补个体的不足，才可能创造出"完美"。迷失在大森林中的瞎子和瘸子的故事告诉我们，只有瞎子和瘸子合作（瞎子背瘸子；瘸子指路，瞎子走路）才有可能都走出森林，单独行动都只能是死路一条。

生活不是缺少美，而是缺少对美的发现。同样，不同的团队角色，不是他们缺少优点，而是缺少对优点的发现和利用。

人性的弱点是：容易看到自己的优点，不容易发现自己的缺点；容易看到别人的缺点，不容易发现别人的优点。作为团队的管理者，一定要善于克服这个弱点，并善于根据团队成员的特点合理安排工作，否则高绩效团队的建设将举步维艰，甚至是缘木求鱼。

作为团队成员，我们在学会尊重其他成员的同时，需要善于和他们合作；也要善于扬长避短，学会把自己的缺点（或弱点）限制在可以接受的水平，不要让它们太影响工作。

二、案　例

【案例1】

《西游记》中的团队角色分析

《西游记》中，唐僧、孙悟空、猪八戒、沙和尚去西天取经的故事，是大家耳熟能详的，许多人会被这个群体中4位性格各异、兴趣不同的人物所吸引。人们不禁会诧异：在各方面差异如此之大的4个人竟然能容在一个群体中，而且能相处得很融洽，甚至能做出去西天取经这样的大事情来。

【评析】 《西游记》中的唐僧师徒组合不能算是一个合格的团队：其团队成员要么个性鲜明，优点或缺点过于突出，实在难以管理；要么缺乏主见，默默无闻，实在过于平庸。但就是这么一群对团队精神一窍不通的"乌合之众"，"个性"突出的典型人物组合在一起，克服了常人难以想象的种种困难，最终完成任务取回了真经，真是让人惊讶！

其实，换个角度来看，"个性"也许并不是那么可怕。作为团队领导人和协调者的唐僧，虽然处事缺乏果断和精明，但对于团队目标抱有坚定的信念，以博爱和仁慈之心在取经途中不断地教诲和感化着众位徒弟。队中明星员工孙悟空是一个不稳定因素，虽然能力高超、交际广阔、疾恶如仇，却桀骜不驯，喜欢单打独斗，但最重要的是他对团队成员有着难以割舍的深厚感情，同时有一颗不屈不挠的心，为达成取经的目标愿意付出任何代价。也许很少有人会意识到，猪八戒对于团队内部的承上启下起着多么重要的作用，他随和健谈，是唐僧和孙悟空这对固执师徒之间最好的"润滑剂"和沟通桥梁，虽然好吃懒做的性格经常使他成为挨骂的对象，但他从不会因此心怀怨恨。至于沙和尚，每个团队都不能缺少这类员工，脏活累活全包，并且任劳任怨，还从不争功，是领导的忠实追随者，起着保持团队稳定的基石作用。每个团队成员都会有个性，这是无法也不需改变的，而领导团队的艺术就在于如何发掘组织成员的优缺点，根据其个性和特长合理安排工作岗位，使其达到互补的效果。

任务四　团队成长的阶段

【任务目标】

通过学习团队成长的阶段，让团队成员掌握如何促进团队快速成长的方法。

一、理论知识

每个团队都会经历团队建设的五个阶段。首先谈谈团队建设的背景。最初的团队成长四阶段理论是由 Bruce Wayne Tuckman 于 1965 年建立并发表的。他的"Tuckman 阶段"理论建立在对团队动态的研究上。他相信（今天已普遍公认）一个团队若要成长到能有效合作并产出高质量成果，这些阶段是必经的。在 1977 年，Tuckman 与 Mary Ann Jensen 一道，将"解散"作为第五个阶段。解散阶段是团队完成项目的阶段，成员们不久就将加入其他团队继续工作。

（一）形　成

当团队成员第一次碰面时"形成"阶段就开始了。在初次会面中，团队成员相互认识。他们开始交流各自的背景、兴趣和经验，形成了对彼此的第一印象。他们开始了解团队即将着手的工作，讨论项目的目标并开始思考各自在项目中的角色。他们还没有开始正式的项目工作。他们正有效地"相互感知"，正在寻找合作的方式。在团队成长的这个最初阶段，团队领导对项目的团队目标有清晰的认识，对项目提供明确的方向是很重要的。团队领导必须确保所有成员都参与决定团队的角色和责任，同时必须与团队一道努力，帮助他们建立合作的方式（团队规范）。团队依赖于团队领导的指导。

（二）震　荡

当团队开始一起工作时，他们就进入了"震荡"阶段。这个阶段是无法避免的，每个团队尤其是过去从未合作过的新团队都会经历团队震荡这一个过程。在这个阶段，团队成员为了地位，为了让自己的意见得到采纳而互相竞争。在应该做什么和应该怎么做上，他们都有不同的意见，这些都会在团队内部造成冲突。在团队领导的带领下，他们在经历这一阶段时会学会如何共同解决问题，既能独立地又能与团队一道发挥作用，并能找到各自在团队中的角色和应担负的责任。对不喜欢冲突的团队成员而言，这是一个难熬的阶段。

团队领导需要在这个阶段中熟练地推动团队进步，确保团队成员学会互相倾听并尊重差异和不同的想法。

（三）规　范

当团队进入"规范"阶段时，他们就开始作为整体更高效地工作。他们不再专注于个人目标，而是专注于建立一种合作的方式（过程和程序）。他们尊重彼此的意见，意识到了差异的重要性。他们开始了解团队中差异的价值。此时，工作变成一件很自然的事。在这个阶段，团队已经就如何一起工作，如何分享信息和解决团队矛盾，以及使用何种工具和流程来完成工作等方面都达成了一致意见。团队成员开始相互信任，主动为他人提供帮助，或向他人寻求帮助。他们在为完成一个共同的目标而相互帮助，而不是相互竞争。团队成员也随着有效合作的开展而开始在项目上有显著的进展。

在这个阶段中，团队领导可能不会过多卷入决策和解决问题之中，因为团队成员的合作更默契，能在这些领域负起更多的责任。团队拥有一个更大的自身方向，能像一个整体一样来解决问题和冲突。但是有时，当胶着状态出现时，团队领导也可能需要起到推动作用。团队领导必须总是确保团队成员能够相互合作，同时也可能开始对团队成员起到教练的作用。

（四）成　熟

在"成熟"阶段，团队以高水准运行，重心在于作为一个整体来实现目标。团队成员已经相互了解、相互信任和相互依靠。

不是所有的团队都能成长到这一阶段，某些团队在第三阶段——规范阶段——就止步不前。高度成熟的团队能在无监管的情况下正常运作，成员间相互依赖，积极完成工作。他们能快速有效地决策和解决问题。当他们的意见出现分歧时，团队成员能够在不中断项目进度的情况下解决问题并达成一致。当工作流程需要发生变化时，团队能不依赖领导，靠自身变更达成一致。

在这个阶段，团队领导不参与决策、解决问题或者其他团队日常活动。团队成员作为一个整体高效工作，无须像其他阶段一样受领导监管。团队领导持续监督团队进度，与团队一起庆祝团队建设的完成，持续培养团队的友情。当决策需要组织高层时，团队领导也起到纽带作用。

即使在这个阶段，退回到其他阶段的可能性仍然是存在的。例如，如果某个成员开始独立工作，可能使团队退回"震荡"阶段。或是当新成员加入时，团队会退回到"形成"阶段。当重大变更造成工作停顿时，团队可能会退回早期的阶段，直到他们能设法处理这个变更。

（五）解 散

在"解散"阶段，项目走向终点，团队成员也开始转向不同的方向。这个阶段的视角在于团队的福利而不是像其他四个阶段那样在于团队成长。团队领导应确保团队有时间庆祝项目的成功，并为将来总结实践经验（或是在项目不成功的情况下，评估原因并为将来的项目总结教训）。这也让团队成员在奔赴下一个目标时有机会相互道别和祝福。任何能达到阶段四——成熟——的团队，因为已经成为了一个密切合作的集体，其成员都可能在今后也保持联络。当成员分离，并各自向下一个项目进发时也难免伤感。

二、案 例

【案例1】

伤心的故事

日商 A 君在日本东京经营中国菜，生意很红火。不久，三个中国留学生也在对面开了个中国餐馆。开始时，中国餐馆只是一个小门面，因为他们是正宗，自然中国菜做得好，把这位日本客商的生意抢走了不少。餐馆经理很着急，与 A 君商量用什么办法和对面竞争。谁知他却让餐馆经理每日去对面买一份留学生们做的中国菜，认真研究。一个月后全部买齐了，然后在报纸上刊登广告，大举推出这些菜，每款价格均比对面贵出三倍。经理十分不解，认为这不是为人家广告吗。A 君却颇有把握地说，我就是要对面的餐馆迅速发家致富。

果不其然，一年以后对面三个留学生开的餐馆发了，从一间小门面发展到买下了整个二层楼，每个留学生出门也是小轿车，从不亲临"前线"，最后发展到经常为分钱而争吵。A 君看准了这一时时机，突然大规模推出与对面同样的中国菜，并且价格比中国留学生餐馆的菜还要便宜三分之一，不到半年的时间，一举击败了竞争对手，并收购了该餐馆。

A 君对此举解释说，三个中国留学生创业时，很抱团，如果当时与他们竞争，虽然使他们感到压力更大，但是他们的竞争策略会更多，我打不起"持久战"，必败无疑。让他们迅速致富，感到没有压力，也就不抱团了，分裂是自然的。这时发起攻击，必然获胜。

【评析】 经营是怎样一夜惨败的？能善始为何不能善终？能否与对手联合？还能起死回生吗？

团队成长的心路历程：交往中相互接纳的愿望→性格上相互猜疑的倾向

→行为上相互冲突的表现→心理上相互理解的渴求→工作中相互协作的产生
→情感上相互依赖的加深。

任务五 团队的基本类型

【任务目标】

通过探索团队的基本类型，让团队成员明确不同类型团队的差异。

一、理论知识

团队可按纵向与横向进行分类。如按纵向分类（即按时效性），通常会分
为正式的与非正式的两种类型；如按横向分类（即按类型），通常会分为高层
管理团队、多功能团队、业务团队、正式支援团队、项目团队、应变团队、
热点团队等七种类型。

（一）按纵向分类的团队

1. 正式团队

正式团队是一个组织中常设的，承担着大量的重复性工作，有着明确的
架构、职责与权限。通常情况下，正式团队不会轻易解散，而是逐步完善加
大其功能，它是组织中的主要单元。除非组织整体经营方针、策略等发生改
变时，正式团队才有可能被削弱或解散。如横向分类中的高层管理团队、多
功能团队、业务团队、正式支援团队都属于正式团队。

2. 非正式团队

非正式团队是因临时工作需要而临时走到一起的团队。如横向分类中的
项目团队、应变团队、热点团队都属于非正式团队。

（二）按横向分类的团队

1. 高层管理团队

高层管理团队，一般由首席执行官领导。高层管理团队主导公司的总体
方针，公司和部门的日常工作管理等。成员需要有良好的市场反应能力、分
析判断能力、前瞻性思维、规划能力及掌控能力。如集团公司的董事会等。

2. 多功能团队

多功能团队，一般由复合型人才组成，特别是在矩阵式管理的企业中较为常见，主要用于各种任务中排除障碍、交流思想，以使各个独立的小团队良好地结合在一起，提高企业的整体业绩。

3. 业务团队

业务团队，通常人们说的职能部门都属于业务团队范畴。他们在公司中负责实施一个长期项目或职能，管理一个单位并优化部门的整体业绩。大多数情况下，业务团队依赖于团队领导人的个人办事风格与能力。

4. 正式支援团队

正式支援团队的工作主要依赖于操作程序，没有直接的业绩产出，但他们的效率是整体团队成功不可缺少的一部分，承担着沉重的日常工作。为公司提供支持、服务或后勤保障的团队，如财务部、信息部、行政部、人事部等，都属于正式支援团队。

5. 项目团队

项目团队，通常指公司为了实施某个项目工程，从公司正式组织中抽出部分人力临时组建而成，来共同负责这个项目的团队。如公司需要建造一个新的工程或厂房，这里需要公司领导有良好的个人魅力，也依赖于队员之间的相互理解和良好的工作习惯（成员的个人修养）。

6. 应变团队

应变团队指专为应付变化而组织起来的专家团队。他们的价值在于集体的力量与个人权威，有时不是由公司内部组织的。如"非典"时间，政府（公司）为了消除公民（员工）的心理恐慌，而组织成的临时团队；又如广州市市长在"非典"过后的恢复期，为鼓励市民吃鸡，消除心理恐慌，设百鸡宴并带头吃鸡等都属于应变团队。

7. 热点团队

热点团队主要指公司为抢占新市场组织的临时团队，它可能会远离公司本部，可能是新市场拓展团队也可能是新产品开发团队。通常由适应性强，能独立、成效高的成员组成。他们会设想并迅速开拓（研发）公司需要的市场（产品）。

二、案　例

【案例 1】

"复旦五虎"

2007 年 7 月 16 日，复星集团在中国香港联交所整体成功上市，融资 128 亿港元，成为当年中国香港联交所第三大 IPO，同时也是中国香港史上第六大 IPO。中国周刊有一篇报道叫做"郭广昌的商业帝国"，介绍了复星集团董事长郭广昌的成功轨迹，"复旦五虎"打造了郭广昌的商业帝国。

【评析】　郭广昌的核心团队共有五个人，他们是：郭广昌、梁信军、汪群斌、范伟、谈剑。这五个人都毕业于复旦大学，被称做"复旦五虎"。总结起来他们团队有这几个特点：第一，相互信任；第二，志同道合，能力互补；第三，各尽其才，个人优势得到了最大的发挥。

第一，相互信任。1992 年二十四五岁的"复旦五虎"拼凑起 3.8 万元一起创业，早期收获的第一个亿是在医药生物领域获得的。郭广昌没有任何医药生物专业基础，但当他知道了生物工程和医药有前景后，充分信任具有专业基础的梁信军、汪群斌等人，并在他们的组织下在这个领域中大赚了一笔。相互的信任让他们不断取得成绩。

第二，志同道合，能力互补。"复旦五虎"都毕业于复旦大学，他们在复星身居要职。现任复星集团董事长的郭广昌毕业于复旦哲学系；复星集团副董事长是毕业于复旦遗传学系的梁信军；CEO 是汪群斌，毕业于复旦遗传学系；复星集团联席总裁、复星集团董事长是范伟，毕业于复旦遗传工程系；谈剑，毕业于复旦计算机专业，现任复星集团监事会主席、软件体育产业总经理。这个核心团队总结说："我们身上有很多相似性和互补性。"志同道合让他们聚在一起，能力互补让他们把企业发展壮大。

第三，各尽其才，个人能力得到了最大限度发挥。梁信军对这个"五人团队"的评价是："郭广昌不保守，从来没有觉得有什么事情只能想不能做，他的系统思维能力很强，处事比较公正，是一个很合格的董事长；在他之外，最适合做总经理的是汪群斌，他对行业的战略意识敏锐，情商智商兼具，行动能力、业务能力、学习能力和业务操作能力很强，是个领袖型的企业家；范伟呢，同他们两人的优点很像，有点差异的地方就是他不太爱说话，是讷于言敏于行的那一类，但在品牌策划上，他又是其他人所不能及的；谈剑的学习能力很强，有段时间她分管我们的行政的时候，在财务上做得非常专业，一般的财务总监都比不过她，而且，在人际关系与业务合作上，她也很有一套。"

第二部分 团队组建篇

 学习目标

【知识目标】

1. 掌握融入团队的方法。
2. 掌握培养信任感的方法。
3. 了解团队精神的内涵。
4. 掌握团队精神的作用。
5. 掌握学会团结的方法。

【能力目标】

1. 能够根据团队的实际情况，随时随地调整自我的行为方式。
2. 能够与团队所有成员充分沟通，彼此尊重，休戚与共。
3. 能够有效地利用团队每个成员的技能和知识。

【情感目标】

1. 团队成员能够互相信赖，形成团队精神。
2. 增进与人和谐相处的能力，营造良好的人际关系。

任务一　融入团队氛围

【任务目标】

通过本任务的学习，使刚进入职场的大学生能够在不同的场合快速融入团队，与团队每个成员和谐相处。

一、理论知识

职场环境与学校环境差异非常大。工作环境中的同事关系有级别之分，也有部门之分，每一件事都可能要考虑到部门的利益、个人的利益，可能随时都是在和风细雨中暗暗地相互竞争。年轻人进入职场之后，必须要快速转变心态，适应新的工作岗位。首先要有全局意识、主动服务的思想；其次能够正确地认识自己，凡事要先为他人着想；最后要谦虚做人、努力工作等，从很多方面迅速适应职场环境，从而在团队中确立自己的位置，通过正常工作的交流，建立与人的交际关系，找到融入团队的最快途径。注意行为策略，做到大事显本事，小事树形象。

（一）如何融入团队

首先，要树立起全局意识。我们做任何事情都要从团队发展的大局出发，凡是有利于团队发展的事就要主动、认真地去完成它，力求做得好一点、快一点；要深刻领会"一荣俱荣，一损俱损"的含义，想办法把事情做好，切不可坐失良机。

其次，要树立"我为人人，人人为我"的思想。在企业内部，部门之间、上下级之间、前道与后道工序之间的关系都是供应链，这种联结关系只有通过相互协作、群策群力才能圆满地完成。一个好的企业或者一个好的部门，往往是通过自我调节，把摩擦问题降到最低点的，我们千万不要对一些处于边界的问题采取"踢皮球""守球门"的态度。正确的方法应该是积极的而不是消极的。把这些边界问题尽量在自己部门里加以解决，为其他部门、下级、下道工序创造好的工作条件。

最后，要树立主动服务的思想。团队不同于团体，团队的作用在于相互补充。在日常工作中，许多事情不尽是十全十美的，而一些容易被人们疏忽或者遗漏的地方又往往是很关键的。这就要求我们发扬团队精神，主动为其他部门提供优质服务，尽心尽力帮助他人解决难题，使我们团队各方面的工作都能做到领先一步、胜人一筹。

一个团队并不是几个或者是许多人简单地集合在一起，而是一个有组织、有管理、有共同目标的集合。如果团队中的人只注意到个人，而忽视了团队的存在，很可能会把团队煮成一锅粥。因此，一个团队的队员要很好地融入到团队，首先应该关注的是团队需要你的加入是因为你的特点符合了它的要求，而不是你的能力超强。你的工作、行为始终要与团队对你的要求相符合，努力发挥自己对团队有用的一面，收起某些会损害团队利益的喜好。

上面说的只是基本的要求，作为一个刚加入团队的新成员，还应该注意自己的工作行为是否符合团队的要求和作风，了解团队的各种性质和特点，充分认识我们的团队。保持友好的、善爱的心态，礼貌待人，保持良好的个人品质和行为修养。认识自己、了解自己，保持好心态，积极进取，多听、多想、多问。服从组织和工作的安排，不怕苦、不怕累，做得越多，学得越多。培养与大家相同的爱好，多与同学、同事沟通、了解。

从许多现实案例中我们不难发现：其一，团队最基本的成分——团队成员，是经过选择组合的，是特意配备好的；其二，团队的每一个成员都干着与别的成员不同的事情；其三，团队管理是要区别对待每一个成员，通过精心设计和相应的培训使每一个成员的个性特长能够不断地得到发展并发挥出来。这才是名副其实的团队。

这样，团队与一般性集团鲜明的差别就显现出来了：创造团队业绩，团队业绩来自于哪里？从根本上说，首先来自于团队成员个人的成果，其次来自于集体成果。一句话，团队所依赖的是个体成员的共同贡献而得到的实实在在的集体成果。这里恰恰不要求团队成员都牺牲自我去完成同一件事情，而要求团队成员都发挥自我去做好这一件事情。也就是说，我们最不可忽视团队高效率的培养，团队精神的形成的基础是尊重个人的兴趣和成就。设置不同的岗位，选择不同的人才，给予不同的待遇、培养和肯定，让每一个成员都拥有特长，都表现特长，这样的氛围越浓厚越好。

团队精神的核心——协同合作。当然，我们不能忘记团队的根本功能或作用，即在于提高组织整体的业务表现。强化个人的工作标准也好，帮助每一个成员更好地实现成就也好，目的都是为了使团队的工作业绩超过成员个人的业绩之和，让团队业绩由各部分组成而又大于各部分之和。于是，团队的所有工作成效最终会不由分说地在一个点上得到检验，这就是协作精神。如果没有对自己工作岗位的深切了解和认识，就没有执著的工作协作精神。

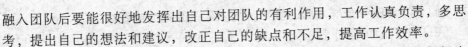

融入团队后要能很好地发挥出自己对团队的有利作用，工作认真负责，多思考，提出自己的想法和建议，改正自己的缺点和不足，提高工作效率。

团队就是一个家，我们就是家的成员，为了家的幸福美满，我们都想为之付出。我相信，团队的明天会更加美好。

（二）如何在未来的职业生涯中一帆风顺，如鱼得水

下面这些要诀，不应该忽视。

组织团队里，个人色彩过度浓厚，或个人过度放任，容易使别人有"格格不入"的感觉，认为你浑身长刺，难以接近。因此，人际艺术的第一法则是"融"字。你要与组织团队的成员融为一体，融洽相处，和乐融融。更具体地说，你要成为团队中的一分子，也视他人为团队中的重要成员。

根据心理学家安德鲁·都布林的说法，成为团队中的一分子，有很多益处，主要表现在以下三方面：

1. 有助于解决问题

我们常听到两个广泛而有意义的名词，其实就是指与团队成员融而为一的最高境界。其一是综效，主要是指用团队的群策群力解决问题的能力及效果而言。其二是相乘效果，当然最适用于"1＋1＞2"或是"三个臭皮匠，胜过诸葛亮"的说法。个人的能力终究有限，因此切勿自以为是，唯我独尊。

2. 安全感

职业生涯初期属于探索阶段，在探索中学习经验、知识与技能。当你感到资源不足时，团队能提供学习机会、犯错的包容以及发展空间。直到职业生涯中期以后，你认为有足够经验、能力与资源时，才可能自立门户或自行创业，即使如此，在团队中的安全感仍大于"单打独斗"。

3. 满足心理需求

在团体中可以得到归属感、亲和力、自尊心以及自我实现等心理需求。归属感及亲和力，是由于工作场所已形成了一个小型的社交、联谊中心，当你受到挫折时，会有人安慰你，甚至为你打抱不平；当你得到奖赏时，会有很多人恭贺你、祝福你。这些都是心理上的需求满足。在团体中，也会有更多的喝彩且具有激励性。

看来，"融"于团体是绝对需要的。怎样"融"呢？要看你在下列三件事上的处理方法及能力。"融"与"合"可以合二为一，但它们是两回事。合是

指与同事的合作与合群方面的技巧，是实际上的行为或做法。

（1）对同事的工作表示兴趣。

看看周围，"自扫门前雪"的现象最为普遍，对同事的工作、问题、挫折等，毫不关心；下班铃声一响，立刻冲出办公室。其实，下列话题会受到同事的赞许：

你的工作进行得还好吧？

你在工作上好像很顺利，是否有得意的地方让我们分享一下？

工作上有没有头疼的问题？是否需要协助？

虽然这只是偶尔的关心，但你所得到的回馈是相当可观的。目前很多人都喜欢推、拖、拉，唯恐做得太多而吃亏。如果你与别人不同，将来你的发展自然也会跟别人不同了。

（2）做个好的听众。

我们常看到不少人随时都在高谈阔论、滔滔不绝，当别人提出话题时，便转头就走。工作中仔细听，代表我们专心、认真、细心、想把事做好；工作以外或休闲中多听，能吸收很多不同的资讯。我们最大的缺点，就是只选择我们爱听的、想听的，而排斥或忽略了他人的宝贵经验。无论是同事或主管，他们表达意见或提出指示时，你都应该专心而诚恳地倾听，必要时点头示意。当然，除了搜集资讯之外，做个好听众也是对他人的尊重。

（3）承认别人的价值成就。

他有什么了不起？（是否自己了不起呢？）

那种小事，谁都可以做。（你为什么不做呢？）

他是他，我不是他！（难道他的优点你不以为然吗？）

这些想法，会妨碍自己进步，更会制造隔阂。相反地，我们应该随时让别人知道在你眼中他很有分量。

二、案　例

【案例1】

无法融入新团队

小 A 是一名刚入职不久的职场新人。入职前，他心中最大的担忧就是怕自己难以融入这个新团体。这其实和他的出身有关，由于小 A 在来到一线城市工作之前一直都在农村生活，地域性上的落差，让他对一些事物的认知度和熟悉度受到了极大的限制。这导致他很难在同事们的聊天中插上话，除了业务，小 A 对其他事物的了解一概是"白痴"。所以这为他的人际关系设了一道障碍，让他感觉自己无法和团队中的其他成员打成一片。

【评析】　职场新人进入新环境中工作时，最好能够先观察工作环境，了解公司的工作氛围是开放还是保守，同事之间的交流方式是直接还是含蓄，同事的穿着打扮是正式还是休闲，部门与部门之间的合作是顺利还是曲折。由于不同公司都有其差异性，所以新人要学会主动和同事沟通，无论是工作事务还是热点新闻，要尽力去了解每个人的习惯和喜好。实在找不到话题，谈论天气也是打破僵局的杀手锏。

如果单纯说人际关系还有点抽象化，那么派给新人的工作则是对其实打实的考验。如果新人在工作中反复被主管否定，该怎么办呢？

【案例 2】

工作中反复被否定

刚进公司不久的 Luna 感觉自己工作特别不顺，主要是因为主管认为她的工作表现不尽如人意。除了多次把她准备多时的报表给退回之外，主管还时常说她考虑问题不周到、做事效率太低等。就这样在三番五次被否定后，Luna 也渐渐地对工作失去了积极性，甚至对工作产生了畏惧感，她感觉自己在工作上只会多做多错。

【评析】　作为一名职场新人，在工作中被否定并不是一件丢人的事，新人可以把"被否定"视做对自己的考验和磨炼。所以不要害怕做错，新人也可以勇敢地向上司询问"被否定"的原因以及了解自己提交的结果与上司要求间的差异。你只有弄清楚了错误之处和解决方法，才能保证下次不犯同样的错误。

人际关系也罢，工作也罢，这些客观问题可能不是立刻就能解决的。但如果新人因为自己是"试用"或者"实习"的身份而缺乏自信，就得不偿失了。

【案例 3】

"试用"和"正式"之间有道坎

Nicky 是一名应届毕业生。她进入某广告公司的设计部工作已经两个多月了，正处于为期半年的试用期之中。Nicky 在创意设计上的思维很活跃，以至于当大家开会讨论某个设计方案时，她总是会提出一些不同于别人的想法。起初，她在部门经理的鼓励下非常积极地说出自己的想法。但是时间久了以后，她暗暗发现一些同事虽然每次都不发表意见，但投向自己的目光并不是太友善。这时她才意识到，自己还只是一个试用工，不是正式工。正是有鉴于这个鸿沟，原本开朗活跃的 Nicky 在与一些同事相处时变得局促不安甚至患得患失起来。

【评析】 职场新手们绝对没有必要因为自己是"试用工"或者"实习生"而感到惴惴不安。如果只因为身份上的不同而束缚了自己的身手，结果反而会适得其反。在试用工（实习生）与正式员工之间是有道坎，跨过了才能"上岸"。为了你的未来，做最大的努力，但要做好最坏的打算。

> 虽然常有"职场专家"告诫新人不要太看重工资，但谁敢说自己不在乎？对职场新手们来说"人生第一桶金有多少"绝对是一个——看似不在意实则很关注的大问题。

【案例4】

月薪还是个未知数

在从某高校广播电视新闻专业毕业的前半年，Malfoy 战胜了其余的117人，与另外2人一起成为了某著名报社的实习员工。虽然没能成为平面媒体记者，但是能在报社新成立不久的新媒体部下干活，Malfoy 已经很满意了。毕竟，他是大浪淘沙的幸存者，而且据说很有可能会被新媒体部留下成为正式员工。终于临近毕业，Malfoy 的转正日期也快到了。此时，他在和同学们的交流中发现一个问题：自己所在的岗位在整个媒体行业内尚属于较新的，所以工资几乎没有什么可作参考的标准，即使网上的参考标准也是五花八门。于是，Malfoy 有些忐忑了：以后自己每个月到底能挣多少呢？

【评析】 对于应届生求职者而言，在人生第一次"签字画押"之前，谁都想心里先有个底。但俗话说：尽人事，听天命。当有些东西是你没办法把握的时候，就先尽力做好自己的分内工作吧。而鉴于多数企业对新入职员工的开价不会差太多的现实，请你放心：大多数单位即使不能优待你，但也不会亏待你的！

> 职场新人的不安全感的来源是多种多样的。作为一名缺乏经验的新人，学会如何消除这种微妙的感觉是初入职场的一门必修课。有些不安可能只是一时的，你需要去努力消除它；有些不安会相伴你的职场生涯，会带给你紧迫感和动力。抓住机遇，迎接挑战，美好的明天可能就在前方！

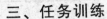

三、任务训练

训练 1 火眼金睛

项目简介

通过对对方细致的观察，使双方彼此熟悉起来，并锻炼学员的观察能力，使其认识到观察沟通的重要性。

操作流程

1. 找一个你身边的学员结成伙伴。

2. 背对背，给你们 3 分钟，在身上做 3 个变化。

3. 回过头，彼此找找对方的变化。

4. 再背对背，给你们 3 分钟，在身上做 10 个变化。

5. 回过头，彼此找找对方的变化。双方都找出 10 个变化的，请举手。

特别提示

要引导学员在自己身上做变化，要有新意、搞笑。

参与人数：全体参与，人数不限。

所需时间：10 分钟。

场地要求：会议室；人多时，需要室外场地，要求场地平坦、无杂物。

所需器械：无。

训练 2 周游世界

项目简介

短时间内认识团队中的成员，融入到这个团队。

操作流程

1. 在开始之前，每个人说出一个地名，代表自己。但是地点不能重复。

2. 项目开始后，假设你来自北京，而另一个人来自上海，你就要说："开呀开呀开火车，北京的火车就要开。"大家一起问："往哪儿开？"你说："往上海开。"代表上海的那个人就要马上反应并接着说："上海的火车就要开。"然后大家一起问："往哪儿开？"再由这个人选择另外的对象，说："往××地方开。"如果对方稍有迟疑，没有反应过来就输了。

特别提示

1. 开始前让大家把地名说清楚，并确定无重复。

2. 最好确定一下中间的反应时间，以便确定输者。

参与人数：全体参与，人数不限。

所需时间：10 分钟。

场地要求：会议室；人多时，需要室外场地，要求场地平坦、无杂物。

所需器械：无。

四、跟踪测试

以下问题回答 A 为不赞成，B 为不反对，C 为赞成。

1. 团队必须有明确的、大家都认同的目标。

2. 团队成员需要严厉管制与要求。

3. 团队成员需要不断激励与鼓励。

4. 团队精神的建立首先要彼此理解和达成共识。

5. 团队沟通中一定要学会倾听。

6. 每个成员共成长，不能偏安一隅。

7. 优秀的团队会让我们彼此结下深厚的友谊。

8. 团队要求的是一致，是包容。

9. 团队要求的不是简单的一致，而是协作、包容、互助，是协作后的一致。

10. 团队成员需要彼此信任，诚信相待。

评估效果及结果分析如下：

大部分回答 A：脱离集体，没有团队意识。

大部分回答 B：以自我为中心，不愿意找麻烦，也不想自己的生活受到外界的打扰。

大部分回答 C：有较强的团队合作意识，有勇于为团队奉献的精神。

任务二　团队精神

【任务目标】

大学生在初入职场时，能够尽快找到团队的特点，使自己符合团队精神，尽快融入团队当中。

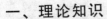

一、理论知识

（一）什么是团队精神

所谓团队精神，简单来说就是大局意识、协作精神和服务精神的集中体现。团队精神的基础是尊重个人的兴趣和成就，核心是协同合作，最高境界是全体成员的向心力、凝聚力，反映的是个体利益和整体利益的统一，进而保证组织的高效率运转。团队精神的形成并不要求团队成员牺牲自我；相反，挥洒个性、表现特长保证了成员共同完成任务目标，而明确的协作意愿和协作方式则产生了真正的内心动力。团队精神是组织文化的一部分，良好的管理可以通过合适的组织形态将每个人安排至合适的岗位，充分发挥集体的潜能。如果没有正确的管理文化，没有良好的从业心态和奉献精神，就不会有团队精神。

（二）团队精神与集体主义的关系

团队精神与集体主义有着微妙的区别。团队精神比集体主义更强调个人的主动性，而集体主义则强调共性大于个性。诚信、创新是内在的、自律的，因而不可能在强制的条件下发挥出来，必须以个人的自由、独立为前提，在此前提下合作的人们才有可能形成一个整体。

（三）团队精神的功能

1. 目标导向功能

团队精神的培养，使团队内部员工齐心协力，拧成一股绳，朝着一个目标努力。对单个营业员来说，团队要达到的目标即是自己所努力的方向，团队整体的目标顺势分解成各个小目标，在每个员工身上得到落实。

2. 凝聚功能

任何组织群体都需要一种凝聚力，传统的管理方法是通过组织系统自上而下的行政指令，淡化了个人感情和社会心理等方面的需求。而团队精神则通过对群体意识的培养，通过员工在长期的实践中形成的习惯、信仰、动机、兴趣等文化心理，来沟通人们的思想，引导人们产生共同的使命感、归属感和认同感，反过来逐渐强化团队精神，产生一种强大的凝聚力。

3. 激励功能

团队精神要靠员工自觉地要求进步，力争向团队中最优秀的员工看齐。通过员工之间正常的竞争可以实现激励功能，而且这种激励不是单纯停留在物质的基础上，还能得到团队的认可，获得团队中其他员工的尊敬。

4. 控制功能

员工的个体行为需要控制，群体行为也需要协调。团队精神所产生的控制功能，是通过团队内部所形成的一种观念的力量、氛围的影响，去约束规范、控制员工的个体行为。这种控制不是自上而下的硬性强制力量，而是由硬性控制转向软性内化控制；由控制员工行为，转向控制员工的意识；由控制员工的短期行为，转向对其价值观和长期目标的控制。因此，这种控制更为持久、更有意义，而且容易深入人心。

（四）团队精神建设的重要性

1. 团队精神能推动团队运作和发展

在团队精神的作用下，团队成员产生了互相关心、互相帮助的交互行为，显示出关心团队的主人翁责任感，并努力自觉地维护团队的集体荣誉，自觉地以团队的整体声誉为重来约束自己的行为，从而使团队精神成为公司自由而全面发展的动力。

2. 团队精神培养团队成员之间的亲和力

一个具有团队精神的团队，能使每个团队成员显示高涨的士气，有利于激发成员工作的主动性。由此而形成的集体意识、共同的价值观、高涨的士气、团结友爱，团队成员才会自愿地将自己的聪明才智贡献给团队，同时也使自己得到更全面的发展。

3. 团队精神有利于提高组织整体效能

通过发扬团队精神，加强建设能进一步节省内耗。如果总是把时间花在怎样界定责任，应该找谁处理，让客户、员工团团转，这样就会削弱企业成员的亲和力，损伤企业的凝聚力。

二、案　例

【案例1】

猩猩与香蕉

为了更好地理解什么是团队精神，我们在这里引用一个比较有名的也挺有意思的实验。

准备一个大笼子，在笼子顶部安装喷淋装置，在笼子的一端悬挂一只香蕉，再安放一架梯子通向香蕉，然后在笼子的另一端放进四只猩猩。

猩猩甲第一个发现香蕉，它开始向香蕉走去。当它的手触摸到梯子时，实验操作人员立刻把笼子顶端的喷淋装置打开，笼子内顿时下起了"倾盆大雨"。猩猩甲会立即收回双手遮住脑袋，其余三只也匆忙用双手遮雨，等到没有猩猩触摸梯子时，关毕喷淋装置。

"雨过天晴"，猩猩甲又开始准备爬梯子去拿香蕉，当它的手再次触摸到梯子时，又开启喷淋装置。众猩猩又慌忙用双手遮雨，等到没有猩猩碰梯子时，关闭喷淋装置。

猩猩甲似乎领悟到被雨淋和香蕉之间的模糊关系，终于放弃取香蕉的念头，开始返回笼子的另外一端。

过了一段时间，猩猩乙准备试一试，它走到梯子跟前，当手碰到梯子时，喷淋开启，大家慌忙避雨。猩猩乙放弃拿香蕉的念头，匆忙逃回到笼子的另一端，此时关闭喷淋装置。

又过了一阵儿，猩猩丙准备试试它的运气，当它向梯子走去的时候，另外三只猩猩担心地望着它的背影，尤其是猩猩甲和猩猩乙。当然，猩猩丙也不能逃过厄运，它在瓢泼大雨中狼狈地逃回到伙伴当中。

饥饿折磨着猩猩，猩猩丁虽然看到了三只猩猩的遭遇，但仍旧怀着一点儿侥幸向梯子走去，它也许在想："我去拿可能不会像那三个倒霉蛋那样背吧？"当它快要碰到梯子时，实验操作人员正准备打开喷淋装置，没想到另外三只猩猩飞快地冲上去把猩猩丁拖了回来，然后一顿暴打，把可怜的猩猩丁仅存的一点儿希望也打跑了。

现在，四只猩猩老老实实地待在笼子的另一端，眼巴巴而又惶恐不安地望着香蕉。

实验人员把猩猩甲放出来，然后放进猩猩戊。这只新来的猩猩看到了香蕉，高高兴兴地向梯子走去，结果被猩猩乙、丙、丁拖回来一顿猛捶。它对挨捶的原因不大明白，所以在攒足了劲儿后，又向梯子走去，它想吃那只香蕉。同样的结果，三只猩猩又把它教训了一顿，虽然还是不明白为什么挨揍，但它现在明白了那只香蕉是不能去拿的。

实验人员又把猩猩乙放出来，再放进猩猩己。在动物本能的驱使下，猩猩己准备去拿香蕉。当手快要碰到梯子时，另外三只猩猩迅速地把它拎了回来，然后一顿暴打。猩猩丙和猩猩丁知道它们为什么要揍这只猩猩，然而，猩猩戊却不太明白它为什么要揍猩猩己。但是它觉得它必须得揍它，因为当初别的猩猩也这么揍过它，揍猩猩己肯定有它的道理。

现在猩猩己也老实了，实验人员把猩猩丙和猩猩丁也相继放出来，换进新的猩猩，不言自明的是，它们也被拳打脚踢地上了几"课"。

等四位"元老"都被换走之后，结果这四只新的猩猩还是一样，老老实实地待在笼子的另一端，眼巴巴而又惶恐不安地望着香蕉。

【评析】 从这个实验里我们不仅能够理解什么是团队精神，还可以领悟到团队精神对一个企业的影响。案例中的众多猩猩之所以眼望着香蕉却挨饿，就是因为它们缺乏团队精神，每个猩猩只想到自己的利益，没有意识到如果它们团结合作，不仅不会被淋，而且也不会挨饿。所以，团队精神对一个团队能否取得任务成功至关重要。

【案例 2】

营造相互信任的组织氛围

有一家知名银行，其管理者特别放权给自己的中层雇员，一个月尽管去花钱营销。有人担心那些人会乱花钱，可事实上，员工并没有乱花钱，反而维护了许多客户，其业绩成为业内的一面旗帜。相比之下，有些管理者，把钱看得很严，生怕别人乱花钱，自己却大手大脚，结果员工在暗中也想尽一切办法谋一己私利。

还有一家经营环保材料的合资企业，总经理的办公室跟普通员工的一样，都在一个开放的大厅中，每个普通雇员站起来都能看见总经理在做什么。员工出去购买日常办公用品时，除了正常报销之外，公司还额外付给一些辛苦费，这个举措杜绝了员工弄虚作假的心思。

【评析】 在这两个案例中，我们可以体会到相互信任对于组织中每个成员的影响，尤其会增加雇员对组织的情感认可。而从情感上相互信任，是一个组织最坚实的合作基础，能给雇员一种安全感，雇员才可能真正认同公司，把公司当成自己的，并以之作为个人发展的舞台。

【案例3】

希尔顿团队精神

希尔顿认为团队精神就是荣誉感加上奖励。但是薪水,成不了大事。他一向把员工当有思想、有感情的人来尊重和关心,而不是把他们当做只知道工作和服从的机器人。

在毛比来旅馆改装完毕后,希尔顿做的第一件事就是召集他的员工开会,受此礼遇,员工们受宠若惊。希尔顿说:"你们是唯一用笑脸服务的人,毛比来的名声就掌握在你们手里,如果有一天毛比来旅馆成为席斯科城的象征,功劳应全归于你们。只要你们表现好,工作可以保稳定,加薪更不在话下。"希尔顿的话激起了员工们高昂的工作热情,所有的员工都像换了个人,把毛比来旅馆与自己的命运连在一起,以店为家,勤奋地工作。

在经济大萧条时期,他首先想到的是员工,他把自己的家人送到别处,却把员工和其家属接到旅馆,想方设法保证他们的薪金,免费供应吃喝。他还要求他的员工们在伙食质量下降时,对顾客依然要笑口常开。在希尔顿困难时,一位员工将他一生的全部积蓄给了希尔顿;在希尔顿的旅馆快倒闭时,他的员工没有一个人离开他,甚至还有人投奔他,成为他后来发展的好帮手。

希尔顿对待员工宽严有道。员工犯了错误,他常单独叫到办公室先鼓励安慰,然后客观地帮助员工找原因,研究改进办法。但是希尔顿绝不是一味地"一团和气",对员工"得罪顾客"的错误,他总是十分严厉。公司里员工工资不公开,依照员工的服务态度、工作成绩、顾客反映等情况,经上一级考核决定是否提升。若员工态度不好,经查证要予以处罚甚至开除。

在希尔顿的言传身教下,他的员工们对工作兢兢业业、认真负责,对顾客态度和蔼、彬彬有礼。

【评析】 希尔顿的用人之道体现了真正以人为本,推功揽过,赏罚分明,扬善于公堂,抑过于暗室。这些都是所有管理者必须要学着做的,否则,肯定做不好管理工作。总有人抱怨员工不好管,实际上就是违背了上述原则所致。

希尔顿能从经济大萧条中走出来,主要原因就是,在企业遭遇困难时,所有员工能与企业管理人员上下一心、同舟共济。

【案例4】

蚂蚁靠什么搬动巨蟒

蚂蚁驻地遭到了蟒蛇的攻击。蚁王在卫士的保护下来到宫殿外,只见一条巨蟒盘在峭壁上，正用尾巴用力地拍打峭壁上的蚂蚁，躲闪不及的蚂蚁无一例外丢掉了性命。

正当蚁王无计可施时，军师把在外劳作的数亿只蚂蚁召集起来，指挥蚂蚁爬上周围的大树让成团成团的蚂蚁从树上倾泻下来，砸在巨蟒身上。转眼之间，巨蟒已经被蚂蚁裹住，变成了一条"黑蟒"。它不停地摆动身子，试图逃跑，但很快，动作就缓慢下来了。因为数亿只蚂蚁在撕咬它，使它浑身鲜血淋漓，最终因失血过多而死亡。

一条巨蟒，足够全国蚂蚁一年的口粮了，这次战争虽然牺牲了两三千只蚂蚁，但收获也不小。

蚁王命令把巨蟒扛回宫殿，在军师的指挥下，近亿只蚂蚁一齐来扛巨蟒。他们并不费力地把巨蟒扛起来了。

然而，扛是扛起来了，并且每一只蚂蚁都很卖力，巨蟒却没有前移。因为虽然有近亿只蚂蚁在用力，但这近亿只蚂蚁的行动不协调，他们并没有站在一条直线上，有的蚂蚁向左走，有的向右走，有的向前走，有的则向后走。结果，表面上看到巨蟒的身体在挪动，实际上却只是原地"摆动"。

于是军师爬上大树，告诉扛巨蟒的蚂蚁："大家记住，你们的目标是一致的，那就是把巨蟒扛回家。"军师的话统一了大家的目标。

军师又找来全国嗓门最高的一百只蚂蚁，让他们站成一排，整齐地挥动小旗，统一指挥前进的方向。

这一招立即见效，蚂蚁们很快将巨蟒拖成一条直线，蚂蚁们也站在一条直线上。然后，指挥者们让最前面的蚂蚁起步，后面的依次跟上，蚂蚁们迈着整齐的步伐前进，很快将巨蟒抬回了家。

【评析】 这个故事告诉我们，要和你的同事们交流任何可能的事情。他们知道得越多，就越能理解团队的宗旨，就越关注团队的发展。而一旦他们关注了，什么都阻止不了他们对团队工作的参与。

如果你不信任你的同事，不让他们了解正在发生的一切，他们就会知道你并没有真正把他们当成伙伴。

【案例 5】

采 蜜

蜂王加加和蜂王利利各自领导着一个蜂群，蜜蜂的数量相同。有一天他们决定比赛看谁的蜜蜂产的蜜多。

加加想，蜜的产量取决于蜜蜂每天对花的"访问量"。于是他买来一套能准确测量记录每只蜜蜂每天工作量的绩效管理系统。在他看来，蜜蜂所接触花的数量就是其工作量。每月他公布每只蜜蜂的工作量，奖励访问量最高的蜜蜂。但他从不告诉蜜蜂们他是在与蜂王利利比赛，只是让他的蜜蜂比赛访问量。

蜂王利利可不这样想，他认为蜂蜜的产量关键在于蜜蜂们每天采回多少花蜜。花蜜越多，酿的蜂蜜就越多。于是他直截了当地告诉他的队员们，他在和加加比赛看谁生产的蜂蜜多。他花了不多的钱买了一套绩效管理系统，测量每只蜜蜂每天采回花蜜的数量，并把测量结果随时公布。月末除了重奖当月采蜜最多的蜜蜂外，如果蜂蜜总产量高于上个月，那么所有的蜜蜂都会受到不同程度的奖励。

三个月后，比赛的结果是加加的蜂蜜不及利利的三分之一，加加大惑不解，自己花钱费神设立的绩效评估系统怎么会不管用。

这时，采蜜主管告诉它，蜜蜂的访问量每月都增加一成以上，而每月产蜜量差不多下降一成。加加非常生气，连声问有没有谁偷吃了蜂蜜。

酿蜜主管说："没有谁偷吃蜂蜜，问题出在没有足够的花蜜来酿蜜。为尽可能提高访问量，蜜蜂们都不采太多的花蜜，因为采的花蜜越多，飞起来就越慢，每天的访问量就越少。您有没有注意到，在给工作量最大的蜜蜂发奖的时候，其他蜜蜂立即一齐发出不满的嗡嗡声？蜜蜂之间竞争的压力太大，一只蜜蜂即使获得了很有价值的信息，比如蜜源，它也不愿将此信息与其他蜜蜂分享。"

加加这才知道自己的做法不对，于是虚心地向利利请教。

利利说："我之所以让蜜蜂们专注于采集更多的花蜜，是因为花蜜才是与最终的结果直接相关的。"

【评析】　蜂王加加的评估体系很精确，但它评估的绩效与最终的绩效并不直接相关。枝节越多，越容易走入歧途，越容易忘掉最终目的而把手段当成目的。

另外，蜂王加加的奖励方法也有问题，本来是为了让蜜蜂搜集更多的信息才让它们竞争，由于奖励范围太小，为搜集更多信息的竞争变成了相互封锁信息。蜂王利利的蜜蜂不一样，因为它不限于奖励一只蜜蜂，为了采集到更多的花蜜，蜜蜂相互合作，嗅觉灵敏、飞得快的蜜蜂负责打探哪儿的花最多最好，然后回来告诉力气大的蜜蜂一齐到那儿去采集花蜜，剩下的蜜蜂负责储存采集回的花蜜，将其酿成蜂蜜。

虽然采集花蜜多的能得到最多的奖励，但蜜蜂之间远没有到人人自危相互拆台的地步。激励只是手段，激励单个的蜜蜂更是手段的手段，相比之下，激发起所有蜜蜂的团队精神才是最重要的。

三、任务训练

训练一　突出重围

项目简介

打破人与人之间的坚冰，让团队成员之间坦诚相待。它并不同于简单的热身项目。它要达到一定的效果，是为了整个训练顺利进行的一个基础。

操作流程

1. 分组时尽可能每组分 10 名男士，1 名女士。

2. 10 名男士围成一圈，女士站在中央，不管以任何方式，在规定的时间内，最终的目的是从包围圈中跑出来。

3. 宣布开始，先由一组的男士围成圈，由二组的女士突围。

4. 再由二组的男士围成圈，由一组的女士突围。

特别提示

1. 开始前将规则给大家讲清楚，要求大家严格遵守。

2. 要求大家注意安全。

参与人数：全员参与，每组 11 人。

所需时间：20 分钟。

场地要求：会议室；人多时，需要室外场地，要求场地平坦、无杂物。

所需器械：无。

训练二　解手链

项目简介

打开心扉，让陌生的隔膜变成熟识的热情，改变固有的心智模式，找出事物的规律，学会倾听。让学员明白沟通在解决团队问题上的重要性。在遇到看似复杂问题的时候，只要通过换位思考以及团队的合作就可以顺利地解决问题。

操作流程

1. 让每个小组围成一个小圆圈。

2. 举起你的左右手交叉放在胸前，握住身边隔一人的右左手，在不松手

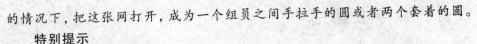

的情况下，把这张网打开，成为一个组员之间手拉手的圆或者两个套着的圆。

特别提示

1. 强调一定能解开，注意安全，禁止嬉笑打闹。

2. 禁止先拉开一个大圆而后又缩在一起，以这样的方式找答案。

参与人数：全体参与，每组8~10人。

所需时间：10分钟。

场地要求：会议室；人多时，需要室外场地，要求场地平坦、无杂物。

所需器械：无。

四、跟踪测试

1. 团队举办一系列公益活动，有的成员抱着"少我一个也无所谓"的心态，不愿意参加活动。对于此种心态，下列看法有误的是（　　）。

A. 反正是自愿参加的，我不去也没关系

B. 我们都是集体中的一员，只有大家都对集体支持才能促进集体的发展

C. 这种想法是对集体不负责任，也是对自己不负责任

D. 如果大家都这样认为，那么任何集体活动都无法开展

2. 瓶子里放了五个乒乓球，每个都用细绳系着，要求迅速从瓶中全部拉出。几个小组的成员，各人都想在第一时间里从瓶里取出，结果造成堵塞，都出不去；只有一个小组成功了，他们小组五人形成配合，依次把球从瓶口拉出来。对此，以下认识不正确的是（　　）。

A. 团队成员应利益共享，相互宽容，彼此信任

B. 团队成员共同承担集体责任，正视困难

C. 不必考虑别人的感受，要发扬个人英雄主义精神

D. 团队成员要对团队事务全心投入

3. 在集体划船比赛中我们发现，失败的原因往往不在于每个参赛者的身体素质，而在于参赛队员没有往一个方向划桨，力量也就被分散了。对此，下列看法不正确的是（　　）。

A. 如果大家的心不往一处想，劲不往一处使，就不会取得集体的成功

B. 集体划船比赛关键要靠个别体质好的成员来带动

C. 团队精神要求团队的成员间要互相帮助和支持

D. 我们既要发挥个体的优势，又要互相取长补短，以团队方式开展工作

答案：1. D　　2. C　　3. B

任务三 学会团结

【任务目标】

使团队成员能够明白，在职场中，无论你的经验有多丰富，水平有多高，仅靠个人力量是不可能取得太大的成就的。只有融入一个优秀的团队，才能实现优势互补，达到完美的境界。

一、理论知识

一根筷子和一把筷子的故事，说明了一个深刻的道理"团结就是力量，团结就是胜利"。一个人的工作、生活离不开他人的帮助。一个团队的发展更离不开大家的团结协作。大凡成功的人都善于与他人团结合作；大凡成功的企业都富有团队精神。即使是体现个人技能的体育项目，如围棋、象棋等，要想取得好的成绩也离不开他人的合作帮助。下面我们将讨论个体在团队中如何快速与其他成员建立良好关系的技巧。

（一）真心诚意与人相处

在办公室狭小的空间里，以团队为重的姿态是最受推崇和欢迎的。不要幼稚地以为个人英雄主义就可以让自己出人头地。任何工作早已是系统控制中的一部分，越是管理好的公司，个人越权的机会越少，所以最清醒的工作态度就是给同事释放更多的善意，与人友好相处，用你心换取他之心，相互关心，相互体贴，为集体（公司）把本单位的事情办好。

（二）相互之间精诚团结、精诚合作

团队成员之间应积极主动配合齐心协力完成本团队的工作，以达到整体的最佳效应。同事之间如果出了差错，要及时给同事有效的补救措施，要热情地帮他一把，解决问题，不能见死不救，看人家笑话。对新同事要积极主动、耐心细致帮助和教导，用热心来帮助，用真诚来帮助，不要歧视新同事；要以集体利益（公司利益）为重，正确处理集体利益与个人利益之间的关系。

（三）虚心学习、取长补短

虚心向别人学习，学习别人的长处；共同学习，相互探讨，认真研究，取长补短，共同成长。由于每个人的资历、阅历和受教育程度等方面不同，

因此在人的能力、水平、气质、修养等方面都存在着一定的差异，但都是处于同一起跑线上的竞争者。要求同存异，要有海纳百川的胸怀，容人之短的肚量，积极向贤者看齐。俗话说："三人行，必有我师焉"，看看别人的长处，想想自己的不足。要提高自己在竞争中的技能和知识，切忌嫉贤妒能、排挤别人；有话当面说，不要背后说人；不要专挑别人的短处和工作中的不足，说给同事和领导听，做有损于同事关系的事。

（四）尊重别人

作为团队中的一分子，尊重别人。同事之间常谈心，多了解同事的工作、学习和生活状况，多了解同事的困难。发现同事的长处，了解同事爱好什么、喜欢什么、憎恨什么，了解他们的世界观、人生观、价值观。尊重老同事，因为他们资历经验丰富；尊重年轻同事，因为他们精力充沛，有开拓精神。在工作中要大胆地让年轻人积极工作，不要事事都插手，凡事都过问，婆婆妈妈，这样会使对方失去信任感，伤害他的自尊心，造成逆反心理。如果心胸狭窄，处处不容人，则会失去很多朋友和同事，要想让别人尊重自己，只有先尊重别人。

（五）团队成员之间相互帮助

团队成员之间，无论是在生活、工作还是学习中都应相互帮助和支持。彼此之间相互帮助与支持是圆满完成工作任务的前提。当领导和同事或同事与同事之间有矛盾时，不要袖手旁观、置之不理，要主动帮助调解、解决矛盾；同事之间有困难要为他人排忧解难，给他们支持和帮助，工作上有困难要积极帮助解决，生活上有困难要慷慨解囊。真诚不仅体现在工作中而且体现在生活中。人与人之间相处就要相互了解各自的脾气、品性、爱好、生活方式，这样会增加相互之间的了解和真正的友谊，所以无论在工作中，还是在生活中都要以"诚"为信。相互信任、互不猜疑是同事之间相处的基础。

（六）团队成员之间应求同存异

团队成员在工作过程中往往因对某些事情看法不一致，而发生分歧，甚至争吵、发脾气、报复等。在这种情况下，要学会控制自己的情绪，不要言辞过激，不要伤害对方，不要感情用事；要理智，要协商，要沟通，要交流，要多想想对方，要冷静思考，要作出一些让步。如有过激的行为或言辞要事后主动向别人说明，以得到别人的理解，化解矛盾，达到团结、友好、互助、互学，共同把集体（公司）任务完成的目的。

二、案 例

【案例1】

个人与团队

相传佛教创始人释迦牟尼曾问他的弟子:"一滴水怎样才能不干涸?"弟子们面面相觑,无法回答。释迦牟尼说:"把它放到大海里去。"

【评析】 个人再完美,也就是一滴水;一个团队,一个优秀的团队就是大海。一个有高度竞争力的组织,包括企业,不但要求有完美的个人,更要求有完美的团队。

【案例2】

取乒乓球

这是一名专家给一群小学生出的一道智力测试题。在一个罐头瓶里,放进六个乒乓球,每个球用细绳系着,要求在最短的时间里,从瓶里全部取出。几个小组的同学,各人都想在第一时间里从瓶里取出乒乓球,结果在瓶口形成堵塞,谁也出不去。只有一个小组成功做到了,他们采用的办法是六个人形成一种配合,依次从瓶口出来。

【评析】 这道测试题考的就是团队有无相互协作精神,就是我们常说的团队精神。所谓团队精神,是指团队成员为了团队的利益与目标而相互协作的作风。团队精神的核心是奉献,奉献成为激发团队成员的工作动力,为工作注入能量。团队精神的精髓是奉献,团队成员共同承担集体责任,没有奉献,团队如同一盘散沙;作出奉献,团队就会齐心协力,成为一个强有力的集体。

三、任务训练

训练一　东挡西杀

项目简介

突破思维定式,打破常规;增强训练的趣味性;提高学员的反应能力和注意力;打破惯性思维,不要让惯性思维左右你的思想;机会只属于那些时刻准备好的人。

操作流程

所有的学员围成一个圈，所有的人都将自己的右手的食指放在右侧，并且要与肩部水平并朝上，左手放在相邻学员的食指上。然后培训师开始讲"阿水的故事"，当学员听到培训师讲到一个"水"字时，学员的左手去抓相邻学员的右手的食指，自己左手迅速逃开。被抓到的学员就站到中间围成一个类似的小圆圈，再用同样的方法进行下去。如果中间的学员既没有被别人抓到，又抓住了别人的话，那么他就回到原来那个圆圈。依此进行，故事结束的时候，中间的人就表演一个节目。

特别提示

1. 培训师在开始前要提醒在抓、逃的过程中抓住为止，不能使劲去抓，或者追着去抓，防止伤到手指。

2. 培训师在引导学员时要循序渐进，先试一试，并且要关注每个学员在参与项目时的动作，特别活跃的要特别提醒一下。

参与人数：全体参与，人数不限。

所需时间：10 分钟。

场地要求：会议室；人多时，需要室外场地，要求场地平坦、无杂物。

所需器械：无。

训练二 生物链

项目简介

快速调节现场气氛，适宜在群体活动间隙暖场。

操作流程

1. 两组人成两排，面对面站立。

2. 每队排头第一人想一个代号（大象、狮子、老鼠），然后向自己的队员耳语传递。每个人都知道后，培训师喊开始，两队人一起大声喊出自己的代号。

3. 按照大象抓狮子，狮子抓老鼠，老鼠抓大象的规则三局二胜。输者适当处罚。

特别提示

1. 开始前明确三个代号并强调三个代号之间的胜负关系。

2. 强调每一队一次只有一个代号，如一队内有乱喊者按输处理，全队给予适当处罚。

参与人数：全体参与，人数不限。

所需时间：10分钟。

场地要求：会议室；人多时，需要室外场地，要求场地平坦、无杂物。

所需器械：无。

训练三　正话反说

项目简介

场面欢快融洽，让所有人全部参与进来，是所有人。让大家达到一种极高的参与度，意识层面的改变；让学员通过活动感知到自己某个方面的缺失，并以期改变；塑造培训价值，让学员对所参加的培训有所期待。

操作流程

1. 培训师从每组学员中各请一位选手上台排成一列，面对大家。

2. 培训师讲解项目规则，学员须将培训师所念词句依照顺序反向大声念出，如培训师出题"江河日下"，学员念"下日河江"；培训师出题"说曹操，曹操到"，学员念"到操曹，操曹说"等，反应迟钝或念错者直接罚下。

3. 告知学员比赛共分三轮，采用淘汰制进行。难度可逐渐加大，第一轮出四字题，第二轮出五字题，第三轮出六字题。

4. 三轮过后留存学员及其小组胜出。

特别提示

1. 开始前将规则和大家讲清楚，规定一下衔接时间。

2. 要求声音洪亮清晰。

参与人数：全员参与。

所需时间：10分钟。

场地要求：会议室；人多时，需要室外场地，要求场地平坦、无杂物。

所需器械：无。

四、跟踪测试

1.《团结就是力量》这首歌几十年来唤起了人们的团队意识。在一个团队里，成员之间彼此的关系不够融洽的是（　　）。

A. 应该是尊重个性、彼此包容的关系

B. 互敬互重、相互平等信任的关系

C. 和谐共处、同舟共济、共担责任的关系

D. 领导与被领导、指挥与被指挥的关系

2. 每年的春秋两季，大雁都要进行大规模迁徙，每次都是跋山涉水，遭遇无数障碍，它们最重要的特质是永远成群成列。雁群的行为特性中，最具有价值的就是它们会分别带领队伍，不让任何一只鸿雁单独面对困厄与挑战。鸿雁的品质告诉我们（　　）。

A. 团结就是力量，集体的力量可以帮助我们克服困难

B. 鸿雁的行为只是动物的行为，我们人不需要它

C. 鸿雁的成功全源于目标明确，有了明确的目标，即使不合作也能成功

D. 集体中只要领导努力即可，别人团结与否无所谓

3. 一个商人带着两头驴在沙漠中行走。其中一头驮着沉重的货物，另一头却轻松自在地走着。背货物的驴说："朋友，帮我分担一点吧，我背不动了。"另一头驴却不理会。背货物的驴终于累倒了，另一头驴只好背上货物继续前行。快走出沙漠时，它再也坚持不住，终于也倒下了。这说明（　　）。

A. 团体中只有相互帮助和配合才能完成任务，实现目标

B. 做一天和尚撞一天钟，我们应先求得暂时的安逸

C. 这两头驴都累倒的原因是他们都太弱小了

D. 每个人都有自己的任务，各人只要做完自己的本职工作即可

4. 孟子说："家必自毁，而后人毁之；国必自伐，而后人伐之。"（《孟子·离娄上》）对孟子这句话的理解错误的是（　　）。

A. 天时不如地利，地利不如人和

B. 合作是所有团体繁荣的根本

C. 每个集体衰亡的原因都是后来人不努力，我们要教育后来人

D. 任何一个集体失败的首要原因都是内部矛盾，所以每个班集体都要树立团结的信念，为共同的目标而奋斗

5. 下面的语句中不能体现团队精神的是（　　）。

A. 三个臭皮匠，顶个诸葛亮

B. 智慧从劳动来，行动从思想来，荣誉从集体来，力量从团结来

C. 一箭易断，十箭难折

D. 走自己的路，让别人去说吧

答案：1. D　2. A　3. A　4. D　5. D

第三部分　团队管理篇

 学习目标

【知识目标】

1. 认识什么是团队管理。
2. 了解团队管理面临的挑战和矛盾。
3. 掌握团队管理的方法。

【能力目标】

1. 通过训练增强学生的团队领导能力。
2. 通过训练增强学生的执行力。
3. 通过训练提高学生处理团队成员关系的能力。

【情感目标】

1. 培养学生服务意识，体现出管理也是服务。
2. 培养学生大局观念。

任务一　什么是团队管理

【任务目标】

让学生了解团队管理的概念和意义。

一、理论知识

（一）团队管理的含义

团队管理是指在一个组织中，依成员工作性质、能力组成各种小组，参与组织各团队管理的决定和解决问题等事务，以提高组织生产力和达成组织目标。团队管理基础在于团队，其成员 3～25 人，理论上少于 10 人较佳。团队建立适当与否，直接影响团队管理成效。小组是组织的基本单位，各种小组的形成，若是成员能力具有互补性，形成异质性团队，其效果较佳。因为他们可从不同角度进行讨论，从而激发更有创意或独特的解决问题的方法。

（二）团队管理的兴起

现代管理如今越来越注重团队这一概念，管理专家建议重新构建组织，以便于团队工作，领导者也向组织阐述团队工作方法的好处和重要性。20 世纪 80 年代和 90 年代，经营管理方面的流行术语是组织文化，现在团队工作则成了管理界推崇的理念。有趋势表明：过去统治整个世界几百年的科层制将在不远的将来消失，代之而行的是以团队为基础的工作模式。

二、案　例

【案例 1】

从分粥的故事看管理

七个人曾经住在一起，每天分食一大桶粥，但是，粥每天都是不够的。他们面对不够的食物，想用非暴力的方式，通过制定制度来解决每天的吃饭问题，但并没有称量用具或有刻度的容器。开始，他们抓阄决定谁来分粥，每天轮一个。于是乎每周下来，大家很快发现，这个人为自己分的粥最多。于是又换了一个人，结果，总是主持分粥的人碗里的粥最多最好。他们每周只有一天是饱的，就是分粥的那一天。于是他们开始推选出一个道德高尚的人出来分粥。开始时，这个人还比较公平，但是没过多久，大家就开始挖空心思地去讨好贿赂他，他也开始为自己以及溜须拍马的人多分，搞得整个小团体乌烟瘴气。后来大家开始选举一个分粥委员会和一个监督委员会，形成制约。公平基本做到了，可是由于分粥委员会常提出各种议案，监督委员会又据理力争，常常互相攻击。这样一来，粥吃到嘴里全是凉的。最后他们决定，每个人轮流值日分粥，但是分粥的那个人要最后一个领粥。令人惊奇的是，在这个制度下，七只碗里的粥每次都是一样多，就像用科学仪器量过一样。每个主持分粥的人都认识到，如果七个碗里有的粥不相同，他确定无疑将享用那份最少的。

【评析】 一套好的制度对管理者来说比自己事无巨细、事必躬亲要有效得多。团队管理者的主要职责就是建立一个像"轮流分粥，分者后取"那样合理的规则，让每个成员按照规则自我管理。规则要兼顾组织利益和个人利益，并且要让个人利益与组织利益统一起来。责任、权力和利益是管理平台的三根支柱，缺一不可。

【案例2】

一则新闻

"新闻太多，版面不够，最多只能写30字。"编辑对采访记者说。于是，报纸刊登了以下一段新闻：妇人巴巴拉在巴劳街行人穿越道踏蕉皮滑倒，运送大学诊所，诊断为断腿。

新闻刊出后，立即有反应，报社接获一封挂号信，一名香蕉出口商这样写道："本公司严重抗议贵报有损本公司产品之声誉。过去数月来，贵报最少刊登了14则对香蕉出产国不利的消息，本公司认为贵报此举乃蓄意诽谤。"同时，大学诊所主任又来信，指"运送"二字用词不当，有暗示该诊所"把人当货物般运送"之嫌，这肯定不是他诊所的一贯做法。此外，他强调，"本人能证明该名妇人实因跌倒而断腿，非如报章所恶意中伤，认为是送院所致。"此外，该市土木工程部的人员又来电话，指出该名妇人跌倒与行人穿越道的路面情况无关。又说行人安全斑马线委员会经过6年的研究，不久将提出一份报告，因此希望报社在未来数月中尽可能避免提起行人穿越道，以免引起政治性后果。第二天报社修改了这则新闻，这样登出来：妇人在街上失足，腿断。翌日，编辑只收到两封信。第一封是妇女平权组织怒气冲冲的来信，信中说："本组织强烈反对贵报用妇人失足等歧视性字眼，引起'堕落女人'

的不当联想，这证明在男权至上的社会中，妇女形象再一次受到大男人不忠实的污蔑。"该信并扬言会采取法律行动、联合抵制以及其他手段对付报社。另一反映来自一名读者，他要求取消订阅该报，理由是该报刊登的毫无价值、毫无意义的新闻越来越多。

【评析】　不同团队都有自己的目标和利益，在问题面前谁是谁非无人能断得明。面对这类情况，我们可以允许有不同的声音，但最终要有个主旋律，否则整个社会将杂乱无章。

三、任务训练

训练一　领袖风采

项目简介

这个项目是大学生素质拓展重要项目之一，对即将毕业的大学生来说，以一个正确的态度面对领导、理解领导、支持领导是非常重要的。学生在这项大学生素质拓展中体验领导的责任与艰辛。团队中的每一个人都体会到自己的责任、自己的职责对团队的影响力，从而增强团队成员的企图心、信心和决心。

本项目让领导管理层真正挑起所带领的团队的责任；从中深刻感受"责任、认真、细心"的精髓。回答以下两个问题：一是为什么总是抱怨领导对他的帮助和支持不够，难道是真的吗？二是领导总是委屈为员工做了那么多，为什么就是不被理解？

在有效沟通的基础上，提高同学间的合作精神，清除之间的隔阂，多一些理解和认同，做好每件小事情，全身心投入工作，认真、负责，一次成功。

培养学生的责任感，让所有人为自己负起一个完全责任。树立主人翁意识，建立"公司就是我的家"的氛围，培养"公司的大成功就是每个员工小成就的积累"的积极心态。

操作流程

1. 分成男女相当的、人数相等的小组。
2. 可通过竞选的方式选出各队"领袖"。
3. 除"领袖"外，其余队员依次报数。
4. 不得漏报、瞒报、抢报、错报，否则成绩为零。
5. 用时最短的获胜。
6. 失败的队，"领袖"要做俯卧撑，连续失败，数目翻倍；赢的队在第几轮输就从第几轮累加。
7. 一般进行5轮，俯卧撑的数量一般可设定为20，40，80，160，240。

特别提示

1. 本课程从"成功是因为态度"这一金科玉律出发，向你展示成功的规律——卓越团队九大共同理念，激发团队成员的内在潜能；塑造"积极向上，追求卓越"的文化；培养学生必备的工作心态；使学生遇到困难从自身找问题；使学生遇到问题时积极主动去找方法；使学生面对压力有较强的心理调节能力和承受能力；提高学生士气，使学生有明确的目标；使学生对工作和生活充满热情和激情；使学生轻松面对单调、乏味的工作；使学生遇到困难和失败能快速调整自己的状态。

2. 管理者必须掌握的七大管理方法，学会承担管理者的责任，领略领袖的风采，提升管理者的管理能力和素养，培养领袖的领导魅力。

3. 高效团队拓展训练。

4. 让学员感受感恩父母的重要性，由此抓住每一个学习的机会。

5. 在进行到第五轮俯卧撑的时候可以允许其他同学一起做，女同学做蹲起，并共同大喊"我们是一家人"，以增强感染性。

6. 在每轮输的"领袖"做俯卧撑的时候要配上相应音乐。

7. 培训师一定要严明纪律，并根据实际进行情况加上旁白，以增强感染力。

8. 一定要让学生感受到自己犯错，他人受罚的愧疚心理，以增强其责任感。

参与人数：50~70人，每组10~15人。

所需时间：2~4小时。

场地要求：室内，有较宽敞的空间。

所需器械：秒表、黑板、粉笔、音响、电脑、5首音乐。

训练二 孤岛求生

项目简介

这个拓展训练项目的名字叫孤岛求生，是拓展训练针对团队管理设计的最经典的项目之一。看似简单的活动所蕴涵的道理、揭示的问题、对人的震撼，能够让我们回味无穷。在孤岛上发生的场景，在生活中随处可见，但愿我们以此为鉴、扬长避短，对真实生活有所帮助。

操作流程

1. 首先将所有学员分成三组，分别请到三个岛屿上。

2. 告诉所有学员，由于发生海难，各位被汹涌的波涛分隔到了三个岛屿上。第一组队由于饥饿难耐，误食了一种食物，导致暂时性的双目失明，接着请该岛队员戴上眼罩，并提醒他们周围是湍急的河流，请注意安全。

3. 告诉中间一组队员，由于饥饿难耐，误食了一种食物，导致失去了言语能力，成为哑人；告诉该岛队员从现在开始嘴里不允许发出任何声音，周围是湍急的河流，请注意安全。

4. 告诉最后一组，他们是最幸运的，因为它们不仅吃饱了肚子，并且都没有中毒，所以他们是健全人，所在的岛屿叫珍珠岛，周围是湍急的河流，请注意安全。

5. 告诉所有学员三个岛屿之间的概念距离是数千海里，相互喊叫是没有用的。

6. 将任务卡发放到三个岛屿。

7. 当培训师宣布项目开始后，盲人双手不可触碰眼罩，哑人不可说话，否则将给予重罚。

8. 盲人组戴上眼罩后，手拉手由培训师领到盲人岛，告知有一个大约 20 公分（1 公分＝1 厘米）高的平台，慢慢站上去，注意不要磕腿和乱动。逐一扶上去后，让大家用脚感知一下边缘和高度，注意不要掉下去。

9. 项目结束后，戴眼罩的盲人把手伸入眼罩内，轻轻捂住双眼，慢慢揉搓眼皮后再睁开眼睛，等适应光线后再摘下眼罩。

10. 令行禁止：在项目进行过程中，如培训师发现大家的动作有危险，他会立即制止，请大家不要再继续，各位需要立即停下手中的动作。同时如果有学员感到身体不适，须立即示意培训师，培训师会做出适当调整。

特别提示

1. 三个岛屿任务卡。

（1）珍珠岛任务。

① 器械：一双筷子、一张报纸、一段胶带，要求利用这些器械使鸡蛋从高处落下不碎。

② 数学题：一辆卡车由东向南行驶，车速为每小时 50 公里。此间风向为东，风速为每小时 75 公里。两岛之间大桥长为 5 公里。问，要多长时间，卡车能从桥东到达桥西岛上？

③ 利用一定的物理原理和器械，将所有的人集中到一个岛上。

④ 规则：

a. 岛的周围是激流，任何人和物品一旦落水都将被冲到盲人岛；

b. 岛的四周是松软的沙地，受力过重可能会塌陷。

（2）哑人岛任务。

① 帮助盲人。

② 将所有的人集中到珍珠岛，哑人岛上有块木板，长度等于哑人岛到盲

人岛的距离，也等于哑人岛到珍珠岛的距离。

③ 规则：

a. 只有哑人可以协助盲人移动；

b. 只有哑人可以移动木板；

c. 只有盲人完成了第一个任务后才能移动木板；

d. 哑人不得开口说话；

e. 岛的周围是激流，任何人和物品一旦落水都将被冲到盲人岛。

（3）盲人岛任务。

① 将一个球投入水中的一个桶中，发出求救信号。

② 所有的人集中到珍珠岛。

③ 规则：

a. 第一个任务完成后才能离开盲人岛；

b. 岛的周围是激流，任何人和物品一旦落水都将被冲回盲人岛。任务实施过程中，培训师有权下达任何口令及终结任务，全体人员必须无条件执行。

2. 检查所用器械：木板和木箱等完好无损，场地平坦，木箱排放平稳。重点监控盲人岛上队员的安全，及时提醒他们注意自己在岛上的位置，不要掉下去。一个岛上集中人数较多时，尽量把盲人安置在岛的中央。

3. 学员人数不应少于8人，其中哑人岛不少于3人且必须有身体素质较好的男队员。如果团队中有人做过此项目，则将其分在盲人岛并告知他既聋又哑，不用过多参与或者安排其做观察员和记录员。

4. 哑人运用杠杆原理搭板时，提醒不要压伤手指，同时注意监控，不要压伤队员的脚，木板搭好后防止呈跷跷板状态。

5. 除盲人外其他人不可触球，最多只能握住盲人的手，协助他完成。时间过半仍无人下岛，建议学员反复认真仔细地查看任务书。

6. 在野外或者无器材时的操作方式：当我们没有模拟岛屿的箱子（平台）和木板时，可直接在地面画圈代表岛屿，岛上队员不能出圈。用纸折的"救生船"代替木板，运送队员时须持"救生船"去，每次营救一名，也可要求队员在营救过程中采用背队员的形式运送。

7. 此外，该项目也可作为室内项目，在会议室内进行，或者在酒店的房间内进行。选择3个房间分别代表3个岛屿，其他操作方式同上。

8. 学员如果来自一个公司内部各个层面，就主要针对盲人岛的主动性、积极进取等方面进行回顾总结，淡化健全人的责任。如果出现"仇权心理或仇富心理"的情绪时，告知这种现象是暂时的，大家都在追求卓越，一定不

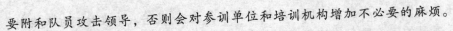

要附和队员攻击领导，否则会对参训单位和培训机构增加不必要的麻烦。

附　分享要点

引导：在茫茫海洋中的三个岛上，要完成任务，我们团队的障碍来自哪些因素？如何转换思维定式？

在生物学上曾有过著名的"蚂蚁效用"试验，同样"蚂蚁效应"现象也适应普通人群。在一个群体中，总会有"1/3，1/3，1/3"的大致分类，而且这种小团队或者是有组织的，或者是自然而然地形成的，总会形成不同的自我和认同利益的追寻体。治理既有个体原因，也有群体效应一面，在这样的一个项目中，我们团队现象如何呢？我们各岛上的成员如何来认知"小团队"与"大团队"的联系呢？

1. 你们的目标是什么？

2. 在各个岛上你们完成工作最需要的资源是什么？

3. 为什么会分成三个小组，其根本概念是什么？

4. 孤岛求生这个项目中，你们充当的角色是什么？

5. 在各自岛上的难处？

6. 珍珠岛上的压力和责任？

7. 易出现偏差的地方是"规则没有看清楚，所以就失败了吗？"（只有想到去救其他岛的重要性，才会去想具体的方法和技巧）

【提问】　珍珠岛与哑人岛在计时开始之后一直忙着各自岛的任务；在盲人岛的主动要求下或自己意识到后，各自岛开始采取行动但没有得到答案后，又开始忙着自己岛的任务。珍珠岛、哑人岛的队员下海到盲人岛后，没有与哑人岛联系。把项目中的三个岛作为一个组织来看，有很多资源浪费现象；人整合的不够造成浪费，事物也有可能重新分配。是由于沟通不畅所引起的，为什么沟通不畅呢？各自忙着自己的，认为自己工作比别人重要，本位主义缺乏大局观念。任何企业都会存在这样的问题，而且永远存在，我们怎么看待呢？

分享一（系统分析问题及大局观念的重要性）

割裂来看，每个部门都非常的重要。像身上的器官，哪个生病了，哪个重要。站在不同的角度看问题会看到不同的结果，视角不同，内容不同。我们要学会站在更高一层的位置来考虑问题，员工站在经理、经理站在副总的角度去思考。要有良好的系统分析判断能力，正确的分析判断既是习惯，也是能力。在现实生活中，在这个项目中，如果有人始终意识到终极目标，就不会看着大家各忙各的，从而使珍珠岛上的人顺流漂到盲人岛，大声地毫无顾忌地指挥"盲人"们完成他们的工作，而不至于用难以沟通的接触性语言费力地指挥他们；也会明白我们的最终目标是把所有的人集中到自由岛上，而不是在做了一次尝试后因困难较大就轻易放弃。倘若我们在接到任务书时，不是盲目的，各顾各的忙各自的事情，而是综合起来研究一下。首先通过分析判断确定团队的总体目标，以形成共同努力的方向，再根据任务的轻重缓急采取一步步的战略步骤。

分享二（领导在团队中的重要性）

决策者代表了团队的方向与大局，这正迎合了一只羊率领一群狮子与一头狮子率领一群羊孰优孰劣的寓言故事。决策者需要具备良好的分析、判断、决策能力，大局意识与团队意识。在这个项目中就已经给我们定了位，即珍珠岛上的人为决策层，"哑人"们为中层管理者，他们有绝对的发言权。倘若珍珠岛上的人有这种意识，有这种素质与能力，整个团队会在他们的带领下，攻坚破难，顺利完成任务。而现实的情况是，我们依然看到不少的领导人正在做无谓的工作，也将继续做繁杂而对于团队的发展毫无意义或作用甚微的工作。他们每天都在忙，且忙得不可开交。在这里还涉及一个逐级管理与分工协作的问题，大家通常要求管理应逐级管理，即一级对一级负责。但事实上当中层管理者无能力或者在与底层执行者沟通中存在困难时，高层管理者可直接指导底层执行者的工作。这应该属于逐级管理理论在实践中的灵活运用。另外对于繁杂的事务性工作，作为领导者是没有必要事必躬亲的，完全可以只考虑大局、全局，专心于主要的工作；而把小事情、事务性工作交给下属，相信这一点所有领导都明白，但岂是一朝一夕能改得了的呢？

分享三（沟通的主动性）

《圣经》上说：神耶和华为了不让地上的人成就大事，故意把人分在了若干个区域，形成若干种不同的语言文字，故意让人交流沟通起来困难。神的意思在我们参加的这个活动中体现得淋漓尽致，虽然不是若干种不同问题的障碍，但又聋又哑的生理缺陷足以使我们这些习惯了用语言文字传达信息的人难以互相沟通，试想，如果我们都是健全的人，这项活动岂不是简单多了。但就是在这样的情况下，我们没有积极地、尽可能地去沟通。想想当时为什么"盲人"主动放弃他们的说话权，不表明他们的处境；为什么珍珠岛上的人只顾忙自己的事情，而忽视了我们这些迫切需要帮助的哑人与盲人。这种现象形象地揭示了当前我们在管理工作中存在的因沟通缺乏而出现的两个管理误区：其一，高层只顾忙自己的事，不屑与员工沟通；中层管理者也许知道应该怎么做，但不敢去做，如果做了，很有可能要接受相应的处罚；底层执行者双眼摸黑，不知道该怎样去做，也懒得去问。最终的结果是高层领导忙得不可开交；而中层与底层怒气十足，工作没有任何进展。其二，每个部门都在忙着各自的工作，认为不需要沟通交流，只是围绕自己的目标前进，没能取得总体方向上的一致。结果造成各个部门的工作业绩在封闭的环境中相互抵消，与整个团队的总体目标相去甚远。

盲人岛代表了公司的员工层，有的员工在工作中总是抱怨没有发展机会，得不到管理层的重视，可是机会你争取了吗？你自己才是自我发展的一个重要环节，因此引申出香蕉原理：如果你是一名员工，带给你的老板一个问题或麻烦，我们把这个问题或麻烦比喻为一只猴子，但是当你带进这只猴子时也应该带进三只香蕉，而香蕉则被喻为是该问题的解决思路或方案。也就是说，当你同你的老板或上司这个问题该如何解决的时候，应该同时告诉他，我认为应该……只是让他给出意见或建议即可，这样你就有机会站在老板的位置上思考问题，得到成长。一旦机会来临，就能真正把握。

分享四

1. 突破思维定势，寻求有效的沟通方式。

2. 领导艺术，敢于放权，不独断专行、事无巨细、事必躬亲。

3. 如何有效地沟通？方式是什么？

4. 信息的组合与选择。事情分轻重缓急，应该抓住主要矛盾。鸡蛋和选择题不是最重要的任务，当有不止一个任务时应该选最重要的任务（40分钟包鸡蛋的笑话）。

5. 自我意识与主动性，盲人应主动寻求帮助。

6. 工作和日常生活中有没有类似的"孤岛"现象？怎样解决？

7. 信息整合。

8. 创新和风险意识。

9. 时间管理。

10. 克服随之而来的任何不幸的第一步。

11. 信息传递和有效沟通。

12. 团队共同目标的认同与执行。

参与人数：50人。
所需时间：40分钟。
场地要求：室内，空间相对较大。
所需器械：1. 50厘米×50厘米木台12个，高度20厘米。
2. 80厘米×20厘米木板两块。
3. 木桶或塑料桶一个。
4. 乒乓球或网球3个。
5. 一双筷子、一张报纸、一段胶带、鸡蛋一个、笔一支。
6. 任务卡片。
7. 眼罩。
8. 口罩。

四、跟踪测试

1. 在团队的形成阶段，任务需要、团队需要和个人需要都占有相同的比例。（　　）

2. 决策的通过有很多种方式，其中投票是一种最好的方式。（　　）

3. 对于领导者来说，目标的制订就是指对未来组织的发展做出计划。（　　）

4. 创造性思维方法就是一种突破常规的思考方法。（　　）

5. 要增强自我认知的能力，就必须具有反思的能力。（　　）

6. 只要是压力，就会对健康有害。（　　）

7. 无论做什么事情，确定工作的优先级都是很重要的。（　　）

8. 组织就是一个输入资源，通过一定的运作，输出满足客户需要的产品和服务的过程。（　　）

9. 在团队交流的过程中，最重要的是倾听。（　　）

10. 授权可以将团队领导者从常规的任务中解脱出来，去执行更重要的任务。（　　）

答案：1. ×　2. √　3. ×　4. √　5. √

6. ×　7. √　8. √　9. √　10. √

任务二　团队管理面临的问题

【任务目标】

通过本任务的学习，使团队成员正确理解团队管理面临的挑战和矛盾。

一、理论知识

（一）团队管理面临的挑战

虽然人们已经看到，团队的应用在组织中获得了极大的成功，大多数人都能同意这一点。然而，当他们自己遇到运用团队方法的问题，他们自己在管理团队时，同样是这些人，却都不愿依靠团队了。尽管人们周围都是证据，能证明团队在管理行为变化中最佳业绩表现上的重要性，但许多人在自己遇到业绩挑战时，还是要贬低、忘却并公开怀疑对团队的选择。人们不能完全解释这种抵制，人们也并无法说这种抵制是"好"还是"坏"。但是，这种抵制的力量是强大的，因为它以根深蒂固的个人主义价值观为基础，而这些价值观是不可能被完全废除的。

1. 对团队能比其他组织形式工作得更好缺乏信心

有些人并不相信团队真的能比个人干得好，除非是在不寻常的或是不可预料的环境中。有些人认为，团队带来的麻烦比个人带来的麻烦要大，因为团队成员在劳而无功的会议和讨论中浪费时间，而且实际产生的牢骚比建设性的结果多。还有些人认为，要论人际关系，团队大概是有用的；但是要论工作、生产成果和决定行动，团队就是个麻烦了。也有人认为，把协同工作和授权的概念广泛应用于一个组织时，就会取代对具体小组人员业绩的担心，或是取代对他们进行约束的必要。从这点来看，大多数人对团队都有许多共同的良好感觉，却没能严格地运用团队。毫无疑问，团队的努力有时候会失败。但是，这种失败常常是因为没有坚持那些可以让团队成功的约束原则。换句话说，这种失败大致可以用思想不明确和做法不合理来解释，而不能证明团队是一个无法取得优异业绩的单位。不管有什么原因，这种令人失望的、在被称为团队的群体中的个人经历，会进一步削弱人们对团队的信心。许多人都曾注意到，高级管理人员曾经有建立团队的良好意图，但由于一些意愿遭到失败并受到冷嘲热讽，这些人和组织中的其他人可能会对团队渐渐变得悲观和小心谨慎，甚至产生了敌意。

2. 个人的作风、能力和好恶会使团队不稳定或不适应

许多人担心或讨厌在团队中工作，有些人是独行者。在只剩他们自己时才工作得最好，这些人是科学研究人员、大学教授或专业咨询人员。但是在企业中，大多数不适应团队的人是因为他们发现团队方法太费时间、太不稳定或者风险太大。极少有人会否认协同工作的价值观的好处，或者否认团队对业绩的潜在的良好影响。但是，许多人在心中仍然喜欢个人责任和业绩，而不喜欢任何群体形式的责任和业绩，不论那是团队还是别的什么群体。个人责任和自我保护仍然是法则，建立在信任他人基础之上的分担责任只是一种例外。因此，不愿冒风险，也不愿把个人命运交给团队业绩几乎是与生俱来的想法。

3. 薄弱的组织业绩理念破坏了团队生存的环境

不愿把个人命运交给团队的想法使大多数组织内的组织业绩观念普遍薄弱。这些公司缺少能从理性和感情上吸引其人员的、令人信服的目的。它们的领导人提不出让人们组成这个组织的明确而意义重大的业绩要求；更为重要的

是，他们也提不出使人们信服他们的理由。对这个组织中的大部分人来说，这样的行为表明对内部权力争斗和外部的关注，而不是致力于能平衡客户、股东和员工期望的一套目标。最坏的是，这样的环境破坏了相互的信任和团队赖以生存的公开性。公司内部的人都能料到，任何合乎逻辑的决策都必须由最高层领导来做，而极少让执行这种决策的、足够多的各层人员充分参与。权力争斗作为日常工作重点顶替了业绩的位置；那么反过来，那些造成个人不安全感的权力争斗也不可避免地进一步侵蚀了应当建立团队的信心和勇气。

（二）团队管理存在的矛盾

1. 容纳个人的不同与集体的一致和目标

第一个矛盾是需要包容个体的不同与达到集体的一致和目标。团队的有效性常常需要混合不同的个体。团队为了从多样性中获益，它必须具有允许不同声音——观点、风格、优先权——表达的过程。这些不同的声音实际上带来了开放，但这不可避免地就有冲突，甚至有团队成员之间的竞争。过多的冲突和竞争会导致一个"胜负"的问题，而不是合作解决问题的方法。这样做的目的是集合个体的不同，从而激励他们追求团队的共同目标。有效的团队允许个体的自由和不同，但是所有团队成员必须遵守适当的下级目标或团队日程安排。

2. 鼓励团队成员之间的支持和对抗

如果团队成员的多样性得到承认，不同的观点被鼓励，团队需要发展一种成员之间互相激励和支持的文化。在这种文化环境下，团队成员之间有一种内聚性。他们对其他人的想法真正感兴趣，他们想听到并且区分谈论的内容。他们愿意接受其他具有专长、信息或经验的当前任务或决策的相关人员的领导和影响。但是，如果团队成员太过于互相支持，他们就会停止互相对抗。在内聚力非常强的团队中，当反对不同意见时，保护和谐与友好关系的强硬的规范会发展成为"整体思想"。成员将会抑制他们个人的想法和感受，不会再互相批评对方的决策和行动，这时需要付出相当大的个人成本。团队决策时将不会出现不同意见，因为没有一个人想制造冲突。如果持续出现这种情况，团队成员很可能产生压抑的挫折感，他们将只是想"走自己的路"，而不是真正解决问题。有效的团队要想办法允许冲突存在，而又不至于因此而受损。

3. 注意业绩、学习和发展

第三个矛盾是同时兼顾当前的业绩和学习。管理者不得不在"正确的决策"和未来的经验积累的支出之间选择。犯错误应该认为是学习付出的成本，而不是作为惩罚的原因，这将鼓励发展和革新。

4. 在管理者权威与团队成员的判断力和自治之间取得平衡

第四个矛盾就是在管理者权威和团队成员的判断力以及团队自治之间取得微妙的平衡。管理者不能推脱团队业绩最终的责任，授权并不意味着放弃控制。给团队成员越多的自治，他们遵守共同的日程就显得越重要。有效的团队是灵活的，他们可以在管理者权威和最适合的团队解决方案之间取得平衡。实际上，在功能完善的团队中，成员之间高度的互相信任，管理者在做出某些决定时不必讨论、也不必解释。相反，无效的团队中缺乏信任感，即使管理者做最明白的事情或无关紧要的建议，团队成员都要提出疑问。

5. 维护关系三角

对于管理者来说，由于他们最终具有正式的权威，而不是团队成员，所以他们理解这一点非常重要。团队管理者的作用是管理关系三角：管理者、个体、团队。三者处于等边三角形的三个顶点。管理者必须关心三方面的关系：他们和每一个团队成员个体的关系；他们和作为整体的团队的关系；每一个团队成员个体和团队整体的关系。任何一种关系都受其他两种关系影响。当管理者不能很好地管理这个关系三角求得平衡时，团队成员之间的不信任和不良影响将呈螺旋式向下蔓延。

二、案　例

【案例1】

最后一个月

通用公司要裁员，名单公布后，有内勤部办公室的艾丽和密娜达，规定一个月之后离岗。那天，大伙儿看她俩都小心翼翼，更不敢和她们多说一句话。因为，她俩的眼圈都红红的。

第二天上班，这是艾丽和密娜达在通用公司的最后一个月。艾丽的情绪仍很激动，谁跟她说话，她都"铳铳"的，像灌了一肚子的火药，逮着谁就向谁开火。裁员名单是老总定的，跟其他人没关系，甚至跟内勤部都没关系。艾丽也知道，可心里憋气得很，又不敢找老总去发泄，只好找杯子、文件夹、抽屉撒气。"砰砰""咚咚"，大伙儿的心被她提上来又摔下去，空气都快凝固了。艾丽仍旧不能出气，又去找主任诉冤，找同事哭诉："凭什么把我裁掉？我干得好好的……"眼珠一转，滚下泪来。旁边的人心里酸酸的，恨不得一时冲动让自己替下艾丽。自然，办公室订盒饭、传送文件、收发信件，原来属艾丽做的，现在都无人过问。

不久听说，艾丽找了一些人到老总那儿说情，好像都是重量级的人物，艾丽着实高兴了好几天。不久又听说，这次是"一刀切"，谁也通融不了。艾丽再次受到打击，气愤愤的，异样的目光在每个人脸上刮来刮去，仿佛有谁在背后捣她的鬼，她要把那人用眼钩子勾出来。许多人开始怕她，都躲着她。艾丽原来很讨人喜欢，但后来，她人未走，大家却有点讨厌她了。

密娜达也很讨人喜欢。同事们早已习惯了这样对她："密娜达，把这个打一下，快点儿！""密娜达，快把这个传出去！"密娜达总是连声"答应"，手指像她的舌头一样灵巧。裁员名单公布后，密娜达哭了一晚上，第二天上班也无精打采，可打开电脑，拉开键盘，她就和以往一样地干开了。密娜达见大伙儿不好意思再吩咐她做什么，便特地跟大家打招呼，主动揽活。她说："是福跑不了，是祸躲不了，反正这样了，不如干好最后一个月，以后想干恐怕都没机会了。"密娜达心里渐渐平静了，仍然勤快地打字复印，随叫随到，坚守在她的岗位上。

一个月满，艾丽如期下岗，而密娜达的名字却从裁员名单中被删除，留了下来。主任当众传达了老总的话："密娜达的岗位，谁也无可替代；密娜达这样的员工，公司永远不会嫌多！"

【评析】 团队利益和成员利益是矛盾统一体，每个成员如果在抱怨不幸，在怨天尤人的愤怒情绪中工作，只会把事情搞得越来越糟，把解决问题的机会错过。团队成员只要用一颗热忱的心去对待发生在你身上的一切，相信所有的不幸都会烟消云散。

【案例2】

猎狗和兔子

一条猎狗将兔子赶出了窝，一直追赶他，追了很久仍没有抓到。一个牧羊人看到此种情景，停下来讥笑猎狗说："你们两个之间，小的反而跑得快很多。"猎狗回答说："你们不知道我们两个跑是完全不同的，我仅仅为了一餐而跑，而它却为了性命而跑呀。"

【评析】 在一个团队中，管理者一定要认识到：每个成员即使做一样的事情，然而，他们的目标是不一致的，其目标不一致，导致其动力也会不一样。

三、任务训练

训练一 盲人方阵

项目简介

这是一个大型训练项目，要求所有人先戴好眼罩，并在40分钟内，用培训师给的绳子围成一个面积最大的正方形，所有人相对均匀地分布在这个正方形的四边。此项拓展训练项目主要是培养学生合理计划、有效组织、统一行动的意识。通过身体接触，增进情感交流，增强团队的凝聚力，检验团队高效沟通与决策的能力。

操作流程

1. 所有人戴好眼罩，项目进行过程中任何人不得摘去眼罩。

2. 按照培训师的要求做规范性的动作。

3. 完成交给的任务。

特别提示

1.（1）团队成员之间的沟通是否充分、有效，将决定团队工作的效率。

（2）矛盾和冲突的产生，常常是因为人们多以自我为中心，坚信自己是正确的，而没有从别人的立场去考虑。

（3）倾听对方能理解别人，然后才能被别人理解。

（4）沟通的关键不在于向别人诉说自己的观点，而在于是否聆听别人的意见。

2.（1）有效的领导是形成团队凝聚力、顺利完成团队任务的重要保障。

（2）领导的职责是确定目标和方向、组织激励。

（3）有效领导者通过组织与人员配置去实现目标。

3.（1）各持己见、独立行事是团队问题解决的最大障碍。

（2）如果出现预料之外的情况，团队成员应该冷静下来。

（3）在团队领导人的领导下，共同寻找解决问题的方法。

（4）用团队决策四部曲：了解资源、设计讨论、选择实施、总结修正。

4.（1）提出问题、分析问题、解决问题、检验。

（2）PDCA。PDCA循环又叫戴明环，是美国质量管理专家戴明博士提出的，它是全面质量管理所应遵循的科学程序。全面质量管理活动的全部过程，就是质量计划的制订和组织实现的过程，它是按照PDCA循环，不停顿地周而复始的运转的，PCDA是英文单调plan（计划）、do（执行）、check（检查）和cuction（行动）的第一个字母。PDCA循环就是按照这样的顺序进行质量管理，并且循环不止地进行下去的科学程序。

（3）在开始工作之前，应该制订详细的工作计划，合理安排各种资源（包括团队拥有的人力、物力、时间），保证资源的优化配置，用科学、合理、有效的方法完成任务。

5.（1）我们是一群有缺陷的人在成就一件完美的事情。

（2）认同差异，个性互补，增加弹性。

（3）一流的方案由于二流的执行造成三流的结果。

6. 培训目标。

（1）培养团队成员的沟通意识。

（2）理解团队领导人及其领导风格对完成任务的影响和重要作用。

（3）培养团队决策能力。

（4）培养学员科学的思维方式。

（5）使学员理解角色定位及尽职尽责地完成本职工作的重要性。

7. 引导。

（1）在这个项目中，你们认为最困难的环节是什么？

（2）在制订方案时，我们是否明确目标和规则？

（3）在团队开始行动时，我们每个人是否明确行动方案？

（4）我们为什么在方案确定后还要争论？

（5）项目中，你发表的意见、建议是否能够得到其他队员的认同？

（6）当你否定别人见解时，是否真正了解别人的意图？

分享一 领导风格与团队绩效

领导风格是指领导的行为方式，领导风格一般分为专制型和民主型。

（1）专制型领导风格导致团队内部信息流动不畅，容易产生猜疑与传闻的气氛，而且压制团队成员的主动创造精神，削弱了团队成员对共同任务的责任感，使工作变成了一种形式上的义务，工作积极性显著下降。但是，这种领导风格对于完成一些紧急任务非常有效。

（2）民主型领导在工作中总是发动全体团队成员的积极性，做决策时也总是考虑大多数人的意见。这种领导风格的团队气氛比较和谐，易于发挥团队成员的积极性和创造性。但是这种领导风格有时会导致工作和决策效率低下。

分享二 群体决策和个人决策

（1）群体决策有以下主要优点：获得完全的信息和知识，增加客观的多样性，提高决策的可接受性（指决策为人们所接受并支持的程度等），但它也有浪费时间制造从众压力，责任不清，易为少数人控制等不足。

（2）个人决策的优点是决策效率比较高。但由于缺乏足够的信息支持，个人决策导致决策失误的可能性比较大。

（3）群体决策和个人决策孰优孰劣，取决于衡量决策效果的标准。就速度而言，个人决策优势更大；如果认为创造性和方案的可接受性更重要，那么群体决策比个人决策更有效。

分享三 使学员理解角色定位与负责任

为什么在这个项目中有人始终保持沉默？

积极沉默和消极沉默有什么区别？

你认为你自己在团队中是一个什么样的角色？

作为一个团队领导，你认为应该扮演一个什么样的角色？我们是一群有缺陷的人成就一件完美的事情；认同差异，个性互补，增加弹性；一流的方案由于二流的执行造成三流的结果。有的学员游离于团队之外，有的学员没有完成交付的工作。有人先拿到绳子就扮演了组织者的角色，但可能他并不是一个合适的组织者；有人将绳子丢弃。

分享四 培养学员科学的思维方式

定量分析和定性分析哪种方法能确定出一个正方形？一个最好的方法是什么？科学思维方式是什么？提出问题，分析问题，解决问题，检验；PDCA；在开始工作之前应该制订详细的工作计划，合理安排各种资源（包括团队拥有的人力、物力、时间），以保证资源的优化配置，用科学、合理、有效的方法完成任务。

参与人数：50人，10～15人一组。

所需时间：总拓展培训时间，90分钟；拓展活动指导时间，5分钟；集体拓展活动时间，40分钟；回顾总结时间，45分钟。

场地要求：室外。

所需器械：12米左右的绳子若干，并预先打结。

训练二 魔 毯

项目简介

团队所有人都站在一块魔毯上，在规定的时间内，在遵守所有成员身体的任何部位不得着地的规则下，把魔毯翻过来。将魔毯向前移动一段距离后，再把魔毯翻过来。

操作流程

1. 所有人都必须站在毯子上（包含讨论）。

2. 只要有人身体任何部位碰触到地面就要重来。

特别提示

1. 团队的默契配合。

2. 团队成员潜能的开发。

3. 领导在团队中扮演的角色。

培训的过程中讨论

1. 我们怎么办到的？在过程中听到什么？有何感受？

2. 各位觉得毯子像什么？而整个过程又是什么？

3. 在生活中有无类似感受？

4. 从过程中你学到什么？

参与人数：40人。

所需时间：30分钟。

场地要求：室内。

所需器械：一块大的灯箱布（布的尺寸根据人数而定）。

四、跟踪测试

1. 能否对员工进行授权，取决于很多方面，（　）可能不会影响授权。

A. 员工个人的技能水平　　　　B. 员工个人的工作能力

C. 团队领导信任成员的程度　　D. 团队领导的知识水平

2. 管理者必须对计划做出承诺，这是因为（　）。

A. 只有这样，团队成员才能更加投入

B. 管理者的成功离不开计划

C. 这样的计划才是好的计划

D. 这样才可以使计划更加切合实际

3. 通过增加工作范围和任务种类来激励员工的方法称为（　）。

A. 工作轮换　　B. 工作充实　　C. 工作类型　　D. 工作扩展

4. 当人们认为自己的报酬与劳动之比，和他人的报酬与劳动之比是相等的，这时就会有较大的激励作用，这种理论称为（　）。

A. 公平理论　　B. 效用理论　　C. 双因素理论　　D. 强化理论

5. 一个企业真正做到授权，它会表现在很多方面，下面（　）是错误的。

A. 重视员工　　　　　　　　B. 团队成员之间相互信任

C. 让员工承担一定的责任　　D. 让员工自行解决出现的问题

答案：1. D　2. A　3. D　4. A　5. D

任务三　团队管理的注意事项

【任务目标】

让团队成员掌握团队管理的方法。

一、理论知识

团队管理应该注意以下事项：

（一）制定良好的规章制度

小头目管事，大主管管人。在项目规模小的时候，项目主管既要是技术专家，善于解决各种各样的技术问题，还要通过传、帮、带的方式实现人管人；在项目规模较大的时候，项目主管必须通过立规矩、建标准来实现制度管人。所谓强将手下无弱兵，没有不合格的兵，只有不合格的元帅。一个强劲的管理者首先是一个规章制度的制定者。规章制度也包含很多层面：纪律条例、组织条例、财务条例、保密条例和奖惩制度等。好的规章制度可能体现在，执行者能感觉到规章制度的存在，但并不觉得规章制度会是一种约束。执行规章制度还有一些考究，记得网上流行一个破窗理论：如果有人打破了一个建筑物的窗户玻璃，而这扇窗户又得不到及时的修理，别人就可能受到某些暗示性的纵容去打烂更多的窗户玻璃，久而久之，这些破窗户就会给人造成一种无序的感觉。这个理论说明，对于违背规章制度的行为，应该及时制止，否则长期下来，在这种公众麻木不仁的氛围中，一些不良风气、违规行为就会滋生并迅速蔓延。项目主管虽然是规章制度的制定者或监督者，但是更应该带头遵守规章制度。如果项目主管自身都难以遵守，如何要求团队成员做到。

（二）建立明确共同的目标

在团队管理中，不同角色成员的目标是不一致的。项目主管直接面向客户，需要按照承诺，保质保量地按时完成项目目标。项目成员可能是打工者心态，我干一天你要支付我一天的工资，加班要给奖金，当然干项目能学到新知识新技能就更好。团队中不同角色由于地位和看问题的角度不同，对项目的目标和期望值，会有很大的区别，这是一点也不奇怪的事情。好的项目主管善于捕捉成员间不同的心态，理解他们的需求，帮助他们树立共同的奋斗目标，劲往一处使，使得团队的努力形成合力。当然，在具体实施上可能会遇到一些问题。

比如说员工持股问题，本来是把员工的利益与公司的利益捆绑在一起的问题，但是操作起来可能会走样。A 为一高科技企业的研发经理，他所在的公司实行员工持股制度，他说，我国搞员工持股根本就没有吸引力，上不了市，我们手中的股票和垃圾没有区别，老板搞员工持股，还是网不住这些骨干员工的。项目主管也许还没有调配员工股的权利，但是可以给员工规划出一个好的发展远景和个人的发展计划，并使之与项目目标相协调。

（三）营造积极的工作氛围

假如项目缺乏积极进取、团结向上的工作氛围，项目成员的力量就很难合在一起，大家相互扯皮、推诿指责，项目也就不可能成功。钓过螃蟹的人或许都知道，篓子中放了一群螃蟹，不必盖上盖子，螃蟹也是爬不出去的。因为只要有一只想往上爬，其他螃蟹便会纷纷攀附在它的身上，结果是把它拉下来，最后没有一只能够出去。企业里常有一些人，嫉妒别人的成就与杰出表现，天天想尽办法破坏与打压。久而久之，组织里只剩下一群互相牵制、毫无生产力的"螃蟹"。对于项目组中的不知悔改的"螃蟹"，应该尽早清理出去。对于公司而言，也许历史尚短，还没有形成成熟的企业文化和企业精神，从而造成大环境的不良风气。但是在项目组内部，通过大家的一致努力，完全可能营造出一个积极进取、团结向上的工作氛围。项目主管为了酿造这种氛围，需要做这些努力：奖罚分明公正，对于工作成绩突出者的，一定要让其精神物质双丰收；对于出工不出力者，应给予相应的惩罚。让每个成员承担一定的压力，项目主管不应该成为"所有的苦，所有的累，我都独自承担"的典型，项目主管越轻松，说明管理得越到位。在学术问题讨论上，要民主平等，不做学霸，不搞一言堂，充分调动每个成员的积极性。在生活中，项目主管需要多关心、多照顾项目组成员，让大家都能感受到团队的温暖。

（四）良好的沟通

由于每个人的知识结构和能力的区别，导致对于同一问题的认识很可能出现相应的偏差，所以良好的沟通能力是解决复杂问题的金钥匙，这也是烽火猎聘总经理经常说的一句话。举个简单的例子，在软件设计中，B 和 C 之间有接口。项目主管在给 B 和 C 分配任务时，就可能讲到了这个接口，但是 B 和 C 由于理解上出现了不一致，导致在调试过程中出现问题。在这种时候，项目主管就需要具备良好的沟通能力，并能迅速判断到底谁的理解出了问题，把 B 和 C 的理解提升到同一层次。在现实研发中，会经常出现接口问题，在实际工程项目中，还会经常出现客户对项目需求的更改要求，估计这也是每个项目主管都非常头疼的问题。项目已经进行到了收尾阶段，客户发现现实需求已经发生变化，需要项目组做大幅度的调整。项目主管要是不管不顾，这个项目可能就毫无意义；项目主管要是按照客户需求来调整项目目标，这个项目就可能拖期，超过预算。在这种时候，项目主管与公司高层、客户之间的沟通能力就极其重要，良好的沟通能力将有助于解决这类复杂问题。

（五）建立领导者和团队的核心

很多人通常都会认为团队的领导就是核心。这是一般意义上的理解，其实团队的领导者是一个团队的驾驭者，他可以说是团队领袖，但和核心还是有点区别的。而这个核心也是要靠团队的领导者去树立的，也就是说，团队的领导者要在团队中树立一个核心。这个核心我们可以理解为标杆，我们做任何事情都需要有标准，其实团队也一样。可是，有人说了，我们的团队是有标准的，也是有目标的。我们这里所说的标杆，并不是指团队的整体标准和目标，而是团队内部个体中的一个标杆或者目标。这就需要团队的领导去树立和营造，让团队中的每个成员都可以感受到这个标杆的存在，这对于团队内部良性竞争具非常重要的意义。

二、案 例

【案例1】

推销员和 IBM 创始人

1895 年 10 月的一天，一个年轻人来到了美国现金出纳机销售总公司，他找到了公司营业处的负责人约翰·兰奇先生。他向约翰·兰奇先生表示说："我……我希望能成为贵公司的一名推销员。""噢！你先试试吧。"约翰·兰奇先生没有与他说太多的话，只是让他去仓库领了几台出纳机。两个星期过去了，年轻人走街串巷，可是一台出纳机也没卖出去。他只好又来到约翰·兰奇的办公室，希望这个前辈能够给他一些指导。"哼，我早就看出你不是干推销的那块料。瞧你一副呆头呆脑的样子，还不赶快给我从办公室里滚出去！你呀，老老实实回去好好学学吧。"没想到约翰·兰奇竟然劈头大骂。年轻人身材高大，而此时却被骂得无地自容。不过，他并没有丝毫的不满，只是默默地站在那里……最后，约翰·兰奇没有再发脾气，而是和蔼地说："年轻人不要太着急了，让我们来好好地分析一下，为什么没有人买你的出纳机呢？"约翰·兰奇像换了一个人，他请年轻人坐下，接着说："记住，推销不是一件轻而易举的事。如果零售商都愿意要出纳机，他们就会主动购买，就用不着让推销员去费劲了；如果每个推销员都能轻而易举地把商品推销出去，那也是不正常的。推销是一门很深的学问，需要你认真学习和思考。这样吧，改日，我和你走一趟。如果我们俩一台出纳机都不能卖出去，那咱们俩都得回家了！"

几天后，约翰·兰奇带着年轻人上路了。年轻人非常珍惜这个宝贵的机会。他认真地观察这个老推销员的一举一动。在一个顾客那里，约翰·兰奇耐心地为客户讲述出纳机的用处与好处，他说："买一台出纳机可以防止现金丢失，还能帮助老板有条理地保管记录，这不是很好吗？再有，这出纳机每收一笔款子，就会发出非常好听的铃声，让人心情愉快……"顾客微笑着倾听他的讲述后，竟然真的买下了一台出纳机。年轻人睁大眼睛看着一笔生意就这样谈成了。后来，约翰·兰奇又带着这个年轻人到其他几个地方推销出纳机，也都一一成功了。年轻人后来才知道，约翰·兰奇那天对他的粗暴行为，并不是真的看不上他，也不是因为其他的原因而拿他撒气，而是对推销员的一种训练方式——他先是将人的脸面彻底撕碎，然后告诉你应该怎样去做，以此来激发人的抗挫折能力和决心，调动人的全部智慧和潜能。

【评析】 一个聪明的团队管理者，不仅仅是言传，更重要的是身教。让你领会其中的精神实质，从而得心应手地去应付各种情况，这才是真正地用心教，而不是用声吼。

【案例 2】

要求老板涨工资

我在汽车销售公司一干就是 5 年，工资从没涨过，刚来的时候，每月 2 000元，现在，还是这个数。眼看猪肉都翻倍地涨，我的收入却如此"稳定"，我要找老板谈一谈，大不了跳槽走人。下班后，我来到老板办公室。他正在写材料，抬头看我一眼，说："请坐，小张，你脸色可不太好。"

我愤愤地说："猪肉一直在涨价，你知道吗？"

他说："你是不是想养猪？"

他果然猜到我的心思，很狡猾。我说："我不能抢农民兄弟的饭碗，如果收入都快吃不起猪肉，我只好考虑换个工作。"

他呷一口茶，说："看来，你是嫌薪水低？"

"老板，我有 5 年的工作经验，为什么我的薪水只是阿洪的一半？"

他耐心地说："虽然你有 5 年的工作经验，但 5 年来，你只有一种经验，就是顾客来的时候，你说'欢迎光临'；顾客走的时候，你说'欢迎再来'。"

"那我能说什么？我说'你别再来了'，行吗？上大学营销课时，老师就是这样教的。"

"阿洪跟你是同学，他是怎么销售的？顾客来的时候，他总是满面笑容。"

"我也是这样微笑的。你看我这腮帮子，工作 5 年都挤出皱纹来了。"

"他笑得比你灿烂。"

"他嘴大，我比不了。"

"顾客来的时候，他会笑着说：'这位客户好模样，天庭饱满，一副富贵的样子'。"

我不屑道："他就会拍马屁，上大学时，他见了谁都是这两句话，像个江湖算卦的骗子。"

"你从来没说过类似恭维人的话？"

"我嫌肉麻，卖车就说车好，扯那么远干嘛。"

"可是，顾客爱听。再比如，他总是送给前来看车的顾客一个车型钥匙坠，上面印着他的销售电话。你知道，他从哪里搞的吗？"

"肯定是从小商品市场批发来的，1 元钱 3 个。"

"不，是他自费从厂家订购的。他是一个有心人。"

"雕虫小技而已。"

"看车，他会满面春风地说：'小姐，你真漂亮，我猜你的星座一定是射手座。'这时，小姐就会笑起来……"

"他上大学的时候，就是一个'色迷'，很会讨女孩子喜欢。"

"你听我把话讲完。小姐们就会说：'你猜错了，我是白羊座。'阿洪接着说：'白羊座的女人热情大方，非常友善。小姐，如果你愿意告诉我生日是哪一天，到时候，你就会收到我们公司的一份神秘礼物。'女人最喜欢神秘，于是，就会乖乖地说出自己的生日和电话号码，他就有了一位潜在的客户。要知道，那份礼物也是他掏钱买的。这些小姐中，只要有一人买了他的汽车，这礼物的钱，他就会赚回来了，并且绰绰有余。"

"我不得不承认，他是有点狡猾。"

老板继续说："类似的招数，还有很多。你看他上班，总戴一顶红色的小丑帽，挺滑稽。殊不知，这形象一下子就能拉近与顾客的距离，大家会觉得他很有亲和力。而你呢？只会傻笑。"

我哑口无言。

"在公司，阿洪的销售业绩总是第一名，他的薪水当然要比你高出一倍。就这样，我还时常担心他会嫌钱少跳槽呢。我从来不用担心你，你想，你的薪水怎么可能涨上去？"

我惭愧地说："老板，让我好好想一想。"

【评析】 沟通没有固定的方式，但结果会说明一切，会利用一切机会的人，他就充满机会。

三、任务训练

训练一　无敌风火轮

项目简介

在项目中意识到团结一致、密切合作、克服困难的团队精神的重要性；包括计划、组织、协调能力在整个活动中起到的关键作用；服从指挥、一丝不苟的工作态度也缺一不可；队员间的相互信任和理解，团队合作和沟通是活动能够顺利完成的最基本的因素；心灵的默契是团队合作的最高境界。

操作流程

1. 10人一组利用有限报纸和胶带制作一个可以容纳全体团队成员的封闭式大圆环，将圆环立起来，让全队成员站到圆环上边走边滚动大圆环。

2. 设置起点及终点。出发前，风火轮不能超出起点线，以风火轮通过终点线截止。行进途中，报纸不能断裂，所有执行组员身体必须在圈内，任何部位不得直接接触地面。

特别提示

1. 树立全盘规划、统筹全局的意识，培养系统思考、计划、组织能力。

2. 加强资源的优化配置和合理利用。

3. 感受预留方案、资源对突发状况应对的帮助。

4. 认识团队指挥者和明确方向对团队发展的关键性。

5. 发现有队员接触地面或者报纸断裂就要从头再来。

参与人数：50人，每10人一组。

所需时间：10分钟左右。

场地要求：一片空旷的大场地。

所需器械：报纸、胶带。

训练二　七巧板

项目简介

一个团队分成七个工作组，模拟企业中不同部门或者各个分支机构。通过团队完成一系列复杂的任务，体验沟通、团队合作、信息共享、资源配置、

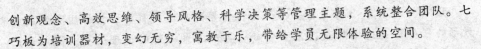

创新观念、高效思维、领导风格、科学决策等管理主题，系统整合团队。七巧板为培训器材，变幻无穷，寓教于乐，带给学员无限体验的空间。

操作流程

1. 把团队成员分为 7 个组。

2. 把 7 个组成员分别带到摆好的椅子上坐好并宣布 7 个组的编号。

3. 向所有学员宣布：这个项目叫"七巧板"。大家所坐的椅子是不许移动的。在项目进行过程中，所有人的身体不得离开你们坐的椅子。你们的任务写在任务书上，完成任务，会有积分，全队在规定的 40 分钟内，总分达到 1 000 分，团队才算项目成功。

4. 把混在一起的 35 块七巧板随机发给 7 个组，每组 5 块。提醒学员在项目中使用七巧板时注意安全，只能通过手传递，严禁抛扔。

5. 将图一至图七按顺序发给 7 个组，最后将任务书一至七按顺序发给 7 个组。

6. 向所有学员宣布：现在项目 40 分钟计时开始，请大家遵守规则，注意安全。

特别提示

1. 目标管理。拓展训练的项目，一般要求团队在注意安全的前提下，在规定的时间内，遵守规则，完成任务。由此，在项目进行过程中，团队一般需要关注五个方面：团队、安全、时间、规则、任务。团队需要明确如何达成目标，为了达成目标需要完成哪些任务，进而细化目标，进行任务分解。

2. 沟通。团队通常遇到的沟通障碍包括：任务马上要实施，才得到重要的信息，以至于措手不及，或者重复性劳动；任务实施后，重要信息没有反馈，或者延迟很长时间；截留或者被截留对其他团队成员有用的信息；遇到问题时，不愿意请求别人的帮助，也不愿意给别人提供建设性的反馈；相互抱怨对方态度不好；经常性的冲突与争论；反复讨论无法做出决定，或者对已经做出的决定反复提出质疑。

哈佛商学院工商管理学院教授 Anne Donnellon 博士在《团队沟通障碍》一书中，对于团队沟通障碍进行了分析。她指出，团队沟通障碍分为两个层面：个人与团队。

团队层面主要是机制障碍，影响团队沟通效果。团队需要解决的问题：相互信任，建立流程，跨越冲突，达成共识。

个人层面主要是沟通技巧不足，影响个体间沟通效果。个人需要解决的问题：沟通心态，表达技巧，倾听技巧，反馈技巧，沟通方式的选择。

3. PDCA 的流程管理。

4. 领导力。第七组的任务有三条：领导团队达成目标，指挥团队完成正方形的任务，支持团队获得更多分数。再加上第七组的地理位置，可以看出第七组是团队这个项目的领导。第七组作用的发挥对于团队目标的达成有重要的影响。

结合领导力的五种行为，展开探讨领导力问题：以身作则、共启愿景、挑战现状、使众人行、激励人心。

5. 资源配置。七巧板项目中团队资源配置状况对团队成绩也有非常重要的影响。

（1）认识资源。

（2）对资源的进一步分析，任务重，需要群策群力，分清轻重缓急，明确进度，做好时间管理。

（3）如何对资源进行合理配置。

6. 团队结构。七巧板这个项目可以模拟一个团队的总部（第七组）和各个分支机构（第一至第六组）的关系。各组之间的联系对团队总体目标的达成有重要影响。这样的团队结构涉及的问题主要有：沟通、决策、信息共享、资源配置等。

7. 产品战略。我们可以将目标理解成一个由总部和 6 个分支机构组成的团队完成销售额。对于不同的产品成本，销售额都不同。团队的任务是：如何在规定的时间内，通过这四类产品的运营，实现目标销售额。这对于团队的产品战略是重要的考察。

8. 高效团队。我们在培训中经常发现，同一个单位的几个团队，分别进行七巧板这个项目。在人员组成上，应该说各个团队是处于同一水平线上的，而且各个团队所分配到的资源也都一样，但为什么结果会有很多差距，甚至差距很大，那么差距在哪里？其实，可以说是在管理方面。成功的团队多是在沟通、决策、流程管理、资源配置等管理方面做得好；不成功的团队也多是在这些管理上存在着问题。那么什么样的团队是成功的高效团队呢？我们可以整理出一系列的标准，然后引导团队达成目标，提升绩效，打造高效团队。

附　七巧板各组任务书

第一组的任务书

你们组的任务是：

1. 用五种颜色的图形分别组成图一至图六，每完成一个图案将得到 10 分。

2. 用同种颜色的图形组成图七，完成后将得到 20 分。

3. 用三种颜色的七块图形组成一个长方形，完成后将得到 30 分。

每完成一个图案，请通知培训师，待培训师确认后，再登记分数。

第二组的任务书

你们组的任务是：

1. 用同种颜色的图形分别组成图一至图六,每完成一个图案将得到10分。

2. 用五种颜色的图形组成图七, 完成后将得到 20 分。

3. 用三种颜色的七块图形组成一个长方形, 完成后将得到 30 分。

每完成一个图案，请通知培训师，待培训师确认后，再登记分数。

第三组的任务书

你们组的任务是：

1. 用五种颜色的图形分别组成图一至图六,每完成一个图案将得到10分。

2. 用同种颜色的图形组成图七, 完成后将得到 20 分。

3. 用三种颜色的七块图形组成一个长方形, 完成后将得到 30 分。

每完成一个图案，请通知培训师，待培训师确认后，再登记分数。

第四组的任务书

你们组的任务是：

1. 用同种颜色的图形分别组成图一至图六,每完成一个图案将得到10分。

2. 用五种颜色的图形组成图七, 完成后将得到 20 分。

3. 用三种颜色的七块图形组成一个长方形, 完成后将得到 30 分。

每完成一个图案，请通知培训师，待培训师确认后，再登记分数。

第五组的任务书

你们组的任务是：

1. 用五种颜色的图形分别组成图一至图六,每完成一个图案将得到10分。

2. 用同种颜色的图形组成图七, 完成后将得到 20 分。

3. 用三种颜色的七块图形组成一个长方形, 完成后将得到 30 分。

每完成一个图案，请通知培训师，待培训师确认后，再登记分数;

第六组的任务书

你们组的任务是：

1. 用同种颜色的图形分别组成图一至图六,每完成一个图案将得到10分。

2. 用五种颜色的图形组成图七, 完成后将得到 20 分。

3. 用三种颜色的七块图形组成一个长方形, 完成后将得到 30 分。

每完成一个图案，请通知培训师，待培训师确认后，再登记分数。

第七组的任务书

你们组的任务是：

1. 领导团队在规定时间内完成任务，达到 1 000 分的目标。

2. 指挥其他各组成员，用所有的三十五块图形组成五个正方形，每个正方形必须由同种颜色的七块图形组成。每完成一个正方形，将得到20分，组成正方形的那个组将得到40分。

3. 支持其他各组成员，在规定时间内得到更多的分数，其他各组总分的10%将作为第七组加分奖励。

七巧板记分表（见表3.1）和说明

表3.1　七巧板记分表

队名：　　　　　　　　　总分：

	一	二	三	四	五	六	七	八	九	总分
一组										
二组										
三组										
四组										
五组										
六组										
七组										

记分表说明

1. 记分表要在培训前在大白纸或白板上画好。

2. 项目进行过程中，培训师得到学员组好图形的示意后，到学员那里确认学员所组的图形，然后把相应的得分记在记分表的相应位置。记分表第一行标的一至七分别对应图一至图七，八对应的是一至六组组的长方形，九对应的是一至六组的正方形。第七组的第一个格记录的分数为一至六组总分的10%，第二个格记录的是一至六组组成的正方形数乘以5后的分数。注意：正方形只有5个，所以一至六组中肯定有一组没有正方形的分数。

3. 最后把团队总分算好。如果达到1 000分，宣布项目成功；没有达到则项目失败。根据任务书的记分规则，如果所有图形在规定的时间内都组好了，总分应该是1 046分。

参与人数：50人。

所需时间：85分钟；活动布置时间，5分钟；活动进行时间，40分钟；回顾总结时间，40分钟。

场地要求：1. 场地版：户外一块平整场地，最小应达到16平方米。

2. 室内版：最小至16平方米可以用来进行项目。

所需器械：1. 每组 3 把椅子，按照以下图位置摆好。每个组之间距离 1.5 米，实际上 7 个组为一个正六边形的 6 个顶点和 1 个中心点。

1   6

2   7   5

3   4

2. 五种颜色的七巧板，共 35 块。材料可以选择硬纸板、塑料板或者有机玻璃板。制作方法：先选择五种颜色同种材料的正方形，边长可以为 20 厘米。然后将正方形分成 7 块。这样 5 种不同颜色的正方形被分成 35 块七巧板。

3. 任务书一至七各一张，共 7 张。

4. 图一至图七（内容分别为：人、骑马的人、马、猫、鸟、鸭子、斧子）各一张，共 7 张。

5. 按照记分表做好的大白纸一张或直接在白板上画好。

训练三 贪得无厌

项目简介

项目过程中思考各组是如何努力获胜的？过程中每个人的任务是什么？谁是实干家？谁想办法、出主意？谁当护理工？本项目看似简单，但要成功地完成是非常不容易的。

操作流程

1. 把整个团队分成两个人数相同的小组，如果总人数是奇数，可以选一个人做培训师的助手。

2. 给每组发一套头巾或臂章。

3. 告诉大家运动场的边界。

4. 告诉队员们，哪个组总的控环时间先达到 30 秒，便可获胜。当圆环被抛向空中，项目便开始了。第一个抓住圆环的队员享有控环权，如果其被紧跟其后的对手抓到时，必须立即停止前进，一秒钟之内把球传给自己的队友。如果一秒钟后他还未把环传出去，裁判（也就是培训师）就把圆环拿走，项目重新开始。如果两队队员都抓到了圆环，裁判也需要重新向空中抛环，开始项目。当一个组的控环时间接近 30 秒时，裁判大声数数 "5，4，3，2，1"，让另一组明白他们需要快速跑动控制圆环。如果队员要求采用其他规则可行，培训师也可以采纳、安排。

特别提示

1. 培训师要在活动进行中提示团队管理合作的重要意义。

2. 活跃团队气氛。

3. 在团队内部展开组内竞赛。

参与人数：不限。

所需时间：30分钟以上。

场地要求：一处宽敞的运动场。

所需器械：一个圆环（或其他类似的东西），给每个队员准备一条头巾或一个臂章（两组数目相同、颜色不同的头巾或臂章），一个秒表。

训练四　制造游戏

项目简介

本项目既考验领导者的能力，又可用来激发整个小组的创造性思维。讨论问题示例：在一些项目过程中出现了哪些问题？怎样分析这些问题？每个人都做了什么？在项目过程中，遇到了什么困难？是如何克服这些困难的？如何将这个项目和我们的实际工作联系起来？

操作流程

1. 将学员划分成若干个由 5~7 个人组成的小组。

2. 给每个小组发游戏材料。

3. 让每个小组利用手中的材料，用 30 分钟的时间，设计出一个全新的游戏。30 分钟后，各个小组分别讲述自己设计的游戏。所有小组都讲述完毕后，大家共同选出最佳游戏。最后是大家一起来尝试这个最佳游戏。

4. 培训师可以这样设计游戏开场白。

我们在一家资深的设计和销售户外游戏的公司里工作。公司已经有一段时间没有推出新游戏了，这种状况已经引起了 CEO 的关注。在此之前，公司曾推出过一个新游戏，但是市场反映极其冷淡，这造成了大量的原材料积压。CEO 要求每个小组利用现有原材料设计出一个全新的游戏，并且为游戏想出一个精彩的名字，以便做营销宣传。30 分钟后，CEO 将亲临设计现场，听取每个小组的设计汇报。汇报完毕并选出最佳游戏之后，大家要一起来玩这个新游戏，体会一下这个游戏是否能像听起来的那样精彩。

特别提示

1. 展示同心协力在工作中的作用。

2. 培养创造精神。

3. 练习以小组为单位解决问题。

4. 领导者在团队中的作用。

参与人数：不限，人数较多时，需要将队员划分成若干个由 5~7 个人组成的小组。

所需时间：40~60 分钟。

场地要求：室外。

所需器械：（每个小组）一个大球，诸如足球、篮球均可；2 个小球，诸如网球之类即可；2 个扫帚把；3 节 3~6 米长的绳子；4 张 A3 的纸。

训练五　"行"还是"不行"

项目简介

本项目可以帮助团队的领导者了解团队成员之间是否真正取得了一致的意见，以加强其领导能力的锻炼，加强团队内部的沟通与交流，加强团队的建设。

操作流程

1. 培训师首先制作一些信号卡，团队成员借此可以向队员传递一些非语言的信息。也可找一些粘贴用的纸板，如一面是红色，另一面是绿色的纸板。将它们剪成边长为 9 厘米的方形纸片。在项目开始的时候，把彩色纸片分发给学员。

2. 让学员以出示手中的彩色纸片（可以一直举着，也可以不时地举起）的方式来回答问题。

3. 当学员同意一个新得出的结论（或是讨论的进度和范围）的时候，就出示绿色的纸片。当他们反对采取某一行动或对讨论的进度和范围不满时，就出示红色的纸片。培训师也可以准备一些表示其他信号的纸片，如表示中立的白色纸片和表示不确定的黄色纸片。

4. 如果还有时间，培训师也可以仿制一些奥运会裁判用的卡片（如上面分别有 1，0，9，3 等数字）分给每个学员。然后，让他们用来回答试探他们的满意度或支持度的问题，借此培训师就可以对他们的感受有一个迅速的认识。

特别提示

1. "意见一致"的含义是什么？

2. 了解别人的想法与感受有多重要？

3. 在征求这些信息方面，我们有什么责任？在根据这些信息开展行动方面，我们有什么责任？

4. 本项目能够有助于避免团队在进行决策时的最大危险（因为"没有人发表看法"，所以错误地认为团队已经取得了一致意见）。在开始进行一个计划前，你必须了解团队是支持——"行"，还是不支持——"不行"。

5. 对于一个团队来说，上下级之间的信息沟通是非常必要的，所以对于团队的领导者来说，这个方法能够有效地使他们获得团队成员们的暗示，了解团队成员对于某一议题进程的反应。

参与人数：40人。

所需时间：10分钟。

场地要求：不限。

所需器械：红、黄、绿、白色的信号卡。

四、跟踪测试

案例故事：林总认为，事实充分证明了自己是个能干的管理人员。他所领导的部门能够按要求完成合同，产品质量是全公司最优的，次品率是全公司最低的。另外，同其他部门比较，生产同种产品的工本费单耗尽管不是全公司最低的，但也还是处在比较低的水平。林总在总结其成功经验时总喜欢说，这都归功于他懂得授权的艺术，他知道如何才能够有效地行使管理职责。

根据上述案例，回答下列问题。

1. 从这个案例可以看出，林总是一个（　　）。

A. 善于管理的人　　　　　　B. 善于领导的人

C. 善于激励员工的人　　　　D. 善于自我激励的人

2. 林总所领导的部门在合同完成率和质量方面都是全公司最优的，这点说明该部门的工作是（　　）

A. 有效果又有效率的　　　　B. 有效率的

C. 有效果的

D. 有效果、无效率的

3. 与公司中工本费单耗水平最低的部门相比较，林总的部门还有差距，这说明该部门（　　）。

A. 应在本部门中设立专职的质量和成本管理员

B. 在效果指标方面尚有待改进

C. 应将管理的着眼点放在战术问题上

D. 在效率指标方面尚有待提高

4. 如果林总的部门虽然每次都按技术条款要求完成了合同任务，但完工期限常有拖延，这时，对该部门绩效的评价应该是（　　）。

A. 效果好、效率差　　　　　　B. 有效率、无效果

C. 效率和效果都差　　　　　　D. 难以判定

5. 林总所领导的部门很可能适合采取（　　）责任中心体制。

A. 利润　　　B. 收入　　　C. 成本　　　D. 投资

答案：1. A　2. C　3. B　4. A　5. A

第四部分　团队合作篇

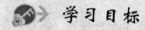 学习目标

【知识目标】

1. 认识什么是团队合作。
2. 掌握团队合作的表现。
3. 了解团队合作的误区。
4. 掌握团队合作的基础。

【能力目标】

1. 训练团队成员在发挥各自才华的同时，也要学会相互合作，从而建立一个具有凝聚力并且高效的团队。
2. 通过团队合作训练，使每个团队成员都具有创造能力与交流能力。
3. 能够有效地利用团队每个成员的技能和知识。

【情感目标】

1. 培养学生与人交流的能力和创造能力。
2. 培养学生谦虚谨慎的品格，营造良好的人际关系。

任务一　认识团队合作

【任务目标】

能够让学生明确什么是团队合作，提升学生团队合作能力。

一、理论知识

（一）认识团队合作

1994 年，组织行为学权威、美国圣迭戈大学的管理学教授斯蒂芬·P·罗宾斯首次提出了"团队"的概念：为了实现某一目标而由相互协作的个体所组成的正式群体。在随后的十年里，关于"团队合作"的理念风靡全球。

团队合作指的是，一群有能力、有信念的人在特定的团队中，为了一个共同的目标，相互支持、合作、奋斗的过程。它可以调动成员的所有资源和才智，并且会自动地驱除所有不和谐和不公正现象，同时会给予那些诚心、大公无私的奉献者适当的回报。如果团队合作是出于自觉自愿时，它必将会产生一股强大而且持久的力量。

二、案　例

【案例1】

螃蟹"拖后腿"

生活在海边的人常常会看到这样一种有趣的现象：几只螃蟹从海里游到岸边，其中一只也许是想到岸上体验一下水族以外世界的生活滋味，只见它努力地往堤岸上爬，可无论它怎样执著、坚毅，却始终爬不到岸上去。这倒不是因为这只螃蟹不会选择路线，也不是因为它动作笨拙，而是它的同伴们不容许它爬上去。你看，每当那只企图爬离水面的螃蟹就要爬上堤岸的时候，别的螃蟹就会争相拖住它的后腿，把它重新拖回到海里。人们偶尔会看到一些爬上岸的海螃蟹，但不用说，他们一定是单独行动才上来的。

【评析】　上述案例说明这样一个道理：掣肘，易事难为。螃蟹的"拖后腿"，多么像某些人的做法，由于嫉妒心、"红眼病"和一己之私作祟，他们惧怕竞争，甚至憎恨竞争。一旦看到别人比自己强，就拆台阶、下绊子，千方百计竭尽倾轧之能事。其宗旨不外乎一条：我不行，你也别行；我得不到，你也别想得到。于是，有多少发明创造的才智，就这样在无声中被内耗掉；有多少贤能，就这样被埋没在默默无闻之境；有多少"千里马"，就这样"病死"于"马槽"之间。

【案例 2】

蚁群智慧

在南美洲的草原上，有一种动物会演绎出迥然不同的故事。酷热的天气，山坡上的草丛突然起火，无数蚂蚁被熊熊大火逼得节节后退，火的包围圈越来越小，渐渐地蚂蚁似乎无路可走了。然而就在这时，出人意料的事发生了：蚂蚁们迅速聚拢起来，紧紧地抱成一团，很快就滚成一个黑乎乎的大蚁球，蚁球滚动着冲向火海。尽管蚁球很快就被烧成了火球，在噼噼啪啪的响声中，一些居于火球外围的蚂蚁被烧死了，但更多的蚂蚁绝处逢生。

【评析】 上文中的案例说明这样一个道理：携手处，难事可成。蚂蚁们的这一抱，是命运的抗争、力量的凝聚，是以团结协作的手段，为共渡难关、获求新生所做出的必要努力。无此一抱，蚂蚁们必将葬身于火海；精诚团结则使它们的群体得以延续。

【案例 3】

"天堂"与"地狱"的故事

一位一生行善无数的基督徒，在他临终前，有一位天使特地下凡来接引他上天堂。天使说："大善人，由于你一生行善，成就很大的功德，因此在你临终前，我可以答应帮你完成一个你最想完成的愿望。"大善人说："神圣的天使，谢谢您这么仁慈。我一生当中最大的遗憾就是，我信奉主一生，却从来没见过天堂与地狱究竟长得像什么样子？在我死之前，您可不可以带我到这两个地方参观参观？"天使说："没问题，因为你即将上天堂，因此我先带你到地狱去吧。"

大善人跟随天使来到了地狱，在他们面前出现一张很大的餐桌，桌上摆满了丰盛的佳肴。

"地狱的生活看起来还不错嘛！没有想象中的悲惨嘛！"大善人很疑惑地问天使。

"不用急，你再继续看下去。"

过了一会，用餐的时间到了，只见一群骨瘦如柴的饿鬼争先恐后地入座。他们每个人手上拿着一双长十几尺（1尺＝0.333 3米）的筷子。每个人用尽了各种方法，尝试用他们手中的筷子去夹菜吃。可是由于筷子实在是太长了，最后每个人都吃不到东西。

"实在是太悲惨了，他们怎么可以这样对待这些人呢？给他们食物的诱惑，却又不给他们吃。"

"你真觉得很悲惨吗？我再带你到天堂看看。"

到了天堂，同样的情景，同样的满桌佳肴，每个人同样用一双长十几尺的长筷子。不同的是，围着餐桌吃饭的是一群洋溢欢笑，长得白白胖胖的可爱的人们。他们同样用筷子夹菜，不同的是，他们喂对面的人吃菜，而对方也喂他吃。因此每个人都吃得很愉快。

【评析】 "天堂与地狱就餐环境、条件是一样的，但天堂里的人们都长得白白胖胖的，地狱里的人却都骨瘦如柴。条件一样，结果却大相径庭。原因是天堂里的人们能够团结合作，达到双赢；地狱里的饿鬼个人顾个人，最终谁也吃不到食物，只能骨瘦如柴。可见，团队合作是多么的重要。

三、任务训练

训练一 穿越电网

项目简介

这个项目具有非常久远的历史，是所有的拓展项目中相当经典的一个，它的起源有一个故事。当时第二次世界大战硝烟依旧乌云密布，在德国西南部的一个纳粹集中营中，十几位盟军战士决定趁着夜色逃生，他们万分小心地逃过了第一道封锁线、第二道封锁线。当他们即将到达最后一道封锁线时，突然后面响起了激烈的枪声……追兵到了。此时横在他们面前的是一张漫天大网，上面的万伏高压电闪着呲呲的火花。他们已经没有了退路，唯一的办法就是从电网中穿过。这就是项目名字的由来——穿越电网。

操作流程

1. 假设这个万伏高压电网向上及向两侧是无限延长的，学员要从有效网洞穿过去，每个有效网洞是指没系有挂结的网洞。所有人从电网的一侧到达另一侧即算完成。

2. 第一轮时，所有学员可以出声商量，但不允许呼叫姓名，只能呼叫代号，呼叫姓名者要接受俯卧撑的惩罚。

3. 第二轮时，所有学员不许发出任何声音。

特别提示

1. 所有人进行项目前都要将身上的尖锐物品（如眼镜、发卡、手表、钥匙、戒指等）放在一边，做完项目后再收回去。

2. 项目开始后过网的唯一通道就是未封闭的网眼，每个网洞只能穿越一个人次。网洞每穿越一人次，无论成功（没触网）还是失败（触网），该网洞都将挂结封闭，不允许再次使用。

3. 任何人和物品不允许触网。穿越过程中，如发生触网现象，网洞挂结封闭的同时人退回。

4. 未穿越电网的人不能从两侧过去帮忙，穿越过的也不能回来帮忙，同时所有人也不能从电网上面和下面通过，因为电网向上下、向两侧都是无限延伸的。

5. 千万注意不要抛弃任何一人，穿越过程中不要跑、跳、窜、跃；输送时一定要遵守"先放脚后将身体扶正"的安全原则，不可迅速撒手或鼓掌。

6. 女士在被输送时只允许仰面通过。

7. 令行禁止。在项目进行过程中，如发现大家的动作有危险，培训师会立即制止，请大家不要再继续，各位需要立即停下手中的动作。同时如果有感到身体不适的人，须立即示意培训师，培训师会做出适当调整。

8. 若项目进行中有违例现象，培训师将予以重罚并扣分；宣布完之后，询问所有人是否还有不明白的地方，待所有人均无疑问后，方可开始项目。

9. 分享要点。面对这样一个纵横交错的电网，我们回过头来看一看，领导者如何发挥组织能力，在"规则"与"行动"之间如何寻找有效的方法，统领团队安全通过呢？

从行为学上讲，人类有多样化"视觉窗口"理论，即面对同样的事物，每个人看到的东西是不一样的，包括信念、态度以及思维方式等，加上人际风格的不同，才会出现团队沟通中的纷杂、混乱与对碰。本项目正揭示了团队是如何从"积极"或"消极"的"混乱"到逐步整合与统一达成目标的过程的，在这个过程中队员之间是如何经历那种同甘共苦、共患难的过程的。

（1）我们的时间浪费在了哪里？

（2）计划过程中最明显的现象是什么？

（3）对团队执行影响最大的因素是什么？

分享一　合理的计划安排

（1）达成共识。

（2）忙于行动。

（3）团队冲突的产生和处理。

分享二 有效资源的调配

（1）资源。

（2）变化不足。

（3）网格（即规则，没有考核就没有管理，把合适的人放在合适的位置）对人的洞察和了解。

（4）每个人都只想自己的格，如果你想到整个团队，思想就上了一个境界，关注团队能够成就自己。

分享三 细节决定成败

成功毁于细节，一个环节出现问题，各个环节都受影响，最简单的事情要用最认真的态度来完成。要有奉献精神，最后一个逃生的人的品质是最为可贵的，因为他把逃生的机会交给了别人，把危险留给了自己。

小知识

1. 态　度。

人生就像在爬一座大山，把人生目标分成五个阶段（见图4.1）：0—30—50—75—95。其中，0：没有目标的一类人，只能处于社会最底层；30：实现了自己30%的目标，已感到满足；50：完成了自己50%的目标，感觉已经满足；75：继续向自己的目标努力，认为自己的能力还没有完全发挥出来，到了这里感觉生活已经比较安逸，所以停止继续奋斗，经验＋学习力；95：成功人士，经验＋学习力＋态度。态度的价值在于面对困难时一个人是什么反应，是害怕退避，还是永不退却勇往直前？

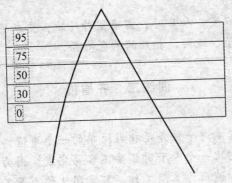

图 4.1

2. 成功人士的态度。

（1）平面镜原理——从别人身上看自己，时刻学习别人的长处，尊重别人。

（2）执行没有借口——任何事情在没有做之前都不要过早地下结论说你

做不了。有人说自己的爹既不是富商也不是高官，所以自己就比其他人差，这是非常错误的。王侯将相，宁有种乎？你可以不是富人的后代，但你可以做富人的祖先。

（3）主动承担责任——绝大多数情况下，责任等于权利。当你承担越多的责任时，那么就有些因素决定你将获得更大的权力。

（4）打工仔的心态——即使你现在是一个打工仔，但是你也应该以老板的心态来对待每件事，应该这样想"我在学习经验还给我发工资"。

（5）属于我的只有今天——想做的事情一定要马上去做，千万不要拖到明天，明天还有明天的事，如果你认为明天有时间做的话，那么你想做的事情永远也做不完的。

（6）机会总是伪装成困难出现在你的面前——当困难摆在你面前时，机会也会在旁边偷偷地笑，你击败了困难的同时也就抓住了机会，看你是否有能力、有勇气、有自信。

（7）把事业当成你的恋人——你对工作什么态度，工作也会对你什么态度，如果你对工作漫不经心、无所谓，那么工作也会对你无所谓，最终你可能什么也得不到。

（8）感恩的心——当别人帮你的时候你要心存一份感激，你欠人家人情，人家不帮你那也没什么，因为人家没有义务帮你，你没有理由怨恨。

参与人数：全体参与人数不限。根据网洞数进行分组，分配人数。
所需时间：40分钟。
场地要求：会议室；人多时，需要室外场地，要求场地平坦、无杂物。
所需器械：哨子、绳网、相应的彩色布条。

训练二 齐眉棍

项目简介

如果一个人去完成这个任务是相当简单的一个事情，但是一个人做的工作由几个人来做，它比一个人干时还要不容易完成。因为几个人之间将形成许多的相互关系，制造出许多新工作，可见团队的力量不容忽视，可以引申到帕金森定律。

操作流程

1. 将身上的硬物全都摘下。

2. 根据参与人数分组。

3. 准备一根2～4米的杆子（铝合金管或竹竿、PVC管），要求小组成员

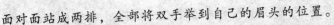
面对面站成两排，全部将双手举到自己的眉头的位置。

4. 将棍放在每个人的食指上，要求小组成员将轻质塑料棍保持水平，小组成员的任务是：将食指上的钢棍以平均速度往下移动。在移动的过程中，每个学员的食指都不能离开钢棍，也不能有任何外力下压的动作。

特别提示

1. 如何找出正确的办法来处理工作中出现的问题。

2. 在一个团队中如果遇到困难或出现了问题，很多人马上会找到别人的不足，却很少发现自己的问题。这个项目将告诉大家，照顾好自己就是对团队最大的贡献。

3. 提高参与者在工作中相互配合、相互协作的能力。

4. 统一的指挥加所有成员共同努力，对于团队成功起着至关重要的作用。

5. 锻炼团队协作精神、养成默契。

6. 从侧面考察团队协作能力；采用不能讲话、把眼睛闭上等要求来增加难度及趣味性。

7. 什么叫万众一心？什么叫众志成城？什么叫齐心协力？

8. 组长在里面起到什么作用？

9. 体会组员间的抱怨对于团队的危害性，找出正确的办法来处理工作中出现的问题。

10. 培养大家对工作的责任感。

11. 可以根据人数增加实施次数，一般为 3 次。首先，随意说话；其次，只允许一个人说话；最后，大家闭上眼睛，谁都不允许说话。

参与人数：全体参与，人数不限。

所需时间：计时，累计时间。

场地要求：会议室；人多时，需要室外场地，要求场地平坦、无杂物。

所需器械：2～4 米的杆子（铝合金管或竹竿、PVC 管）。

四、跟踪测试

1. 如果某位中学校长请你为即将毕业的学生，举办一次介绍公司情况的晚间讲座，而那天晚上恰好播放你最喜欢看的电视剧的大结局，你如何选择？

A. 立即接受邀请　　　　　　　B. 同意去，但要求改期

C. 以有约在先为由拒绝邀请

2. 如果某位重要客户在周末下午 5：30 打来电话，说他们购买的设备出

了故障,要求紧急更换零部件,而主管人员与维修师已经下班,你该如何处理?

A. 亲自驾车去 30 公里以外的地方送货

B. 打电话给维修师,要求他立即处理此事

C. 告诉客户下周才能解决

3. 如果某位与你竞争最激烈的同事向你借一本经营管理畅销书,你如何处理?

A. 立即借给他

B. 同意借给他,但声明此书的价值并没有那么好

C. 欺骗他说书被别人借走了

4. 如果某位同事为方便自己出去旅游而要求和你调换休息时间,在你还未决定如何度假的情况下,你如何处理?

A. 马上应允

B. 告诉他你要回家请示妻子

C. 拒绝调换,推说自己已经参加旅游团了

5. 在你急匆匆地驾车去赴约途中看到一位同事的车出了故障,停在路边,你如何处理?

A. 毫不犹豫地下车帮忙修理

B. 告诉他你有急事,不能停下来帮他修车,但一定帮他找修理工

C. 装做没看见

评估效果及结果分析:

全部回答 A,表示你是一位极善良、极有爱心的人,但你要当心,千万别被低效率的人拖后腿。

大部分回答 A,表示你很善于合作,但并非失去个性。你认为礼尚往来是一种美德,在商业生活中亦不可或缺。

大部分回答 B,表示以自我为中心,不愿意为自己找麻烦,不想让自己的生活规律、工作秩序受到任何干扰。

大部分回答 C,表示你是一个名副其实的孤家寡人,团队配合精神比较差。

任务二　团队合作表现

【任务目标】

通过本任务的学习,使大学生能够在进入职场后的工作中与同事间建立融洽、信任、良性竞争的关系。

一、理论知识

每个团队成员都会有个性，这是无法也无需改变的，而团队的艺术就在于如何发掘组织成员的优缺点，根据其个性和特长合理安排工作岗位，使其达到互补效果。

（一）团队合作表现

（1）成员密切合作，配合默契，共同决策和与他人协商。

（2）决策之前听取相关意见，把手头的任务和别人的意见联系起来。

（3）在变化的环境中担任各种角色。

（4）经常评估团队的有效性和本人在团队中的长处和短处。

（二）团队合作过程中如何让团队成员发挥最佳表现

团队成员能合作无间以达到最佳表现是极其重要的。交付给成员全部的工作责任，授予他们执行及改良其工作的权力，诱发他们对整个团队作出最大的贡献。

1. 分担责任

团队刚成立时，设定共同目标和安排个人角色只是一个程序的开端。此程序持续的时间与团队持续的时间相等。一支团队须负起执行政策、控制进度的责任，遇有不能达到目标的行动时，亦必须向上级做有建设性及创意性的反馈。作为一个整体，团队有责任确保成员间沟通自由且畅通，还要让每位成员都清楚明了政策上的改变和工作的进度。

2. 维持最佳表现

身为团队领导者，你的角色就是帮助团队发挥最高效率。通过负起几项不同功能的责任，你就可以做到这一点。

（1）确保所有的成员都明白自己的责任，而且他们的工作都具有挑战性。

（2）鼓励成员为团队及他们自己的任务尽全力。

（3）综观团队的工作情形，确保成员努力的目标一致。

（4）评量及设定团队目标，使其保持在最适阶段，以激发持续性的工作诱因。

（5）确保团队及个人责任的重叠没有造成任务重复。

3. 保持弹性

任何团队对成员都有很多的要求。虽然每位成员皆有自己的角色和责任，但是他们必须保持弹性并愿意适应改变。有些制造业的团队，甚至会要求成员有能力完成团队各个方面的工作。即分享领导角色的各个面来表现弹性，并去分担成员的部分工作。当团队向前发展时，检讨每个人的角色，依任务需要适时调整。

二、案　例

【案例 1】

天鹅、狗鱼和虾

有一次，天鹅、狗鱼和虾，一起想拉动一辆装东西的货车，三个家伙套上车索，拼命用力拉，可车子还是拉不动。

车上装的东西不算重，只是天鹅拼命向云里冲，虾尽是向后倒拖，狗鱼直向水里拉。

究竟哪个错？哪个对？用不着我们多讲，车子还停留在老地方。

【评析】　员工之间不协调，工作就施展不好，只会把事情弄糟，引起痛苦和烦恼。领导者的智慧所在，即能妥善分配员工的工作，并协调他们之间的合作。

无论一个公司的金钱、机器和材料的总和多么强大，如果没一支愿意进行思考和清醒的人们组成的队伍可以使用，他们只不过是一堆不会产生成果的僵死物质。

【案例 2】

飞行的大雁

大雁有一种合作的本能，它们飞行时都呈 V 形。这些雁飞行时定期变换领导者，因为为首的雁在前面开路，能帮助它两边的雁形成局部的真空。科学家发现，雁以这种形式飞行，要比单独飞行多出 12% 的距离。

合作可以产生 "1+1＞2" 的倍增效果。据统计，诺贝尔获奖项目中，因协作获奖的占 2/3 以上。在诺贝尔奖设立的前 25 年，合作奖占 41%，而现在则上升到 80%。

【评析】　分工合作正成为一种企业中工作方式的潮流被更多的管理者所提倡，如果我们能把容易的事情变得简单，把简单的事情也变得很容易，我们做事的效率就会倍增。合作就是简单化、专业化、标准化的一个关键，世界正逐步向简单化、专业化、标准化发展，于是合作的方式就理所当然地成为了这个时代的产物。

一个由相互联系、相互制约的若干部分组成的整体，经过优化设计后，整体功能能够大于部分之和，产生"1+1>2"的效果。

三、任务训练

训练一　抱团打天下

项目简介

抱团打天下在大学生素质拓展项目是一个需要发挥集体智慧的户外拓展的项目。在这个拓展项目中，需要团队的领导者做好计划、组织、领导和控制，尤其是第一个人和最后一个人的通过问题。

操作流程

1. 版本一。

（1）让全体人员肩膀搭肩膀围成一圈，或站成一排。

（2）培训师站在台中央。

（3）公布项目规则，比如培训师说5，大家要迅速凑成5人的组合，这5个人要抱得紧紧的，不许外来人员侵入；说9，要凑成9人组。

（4）每次都请被挤出局的人站在一边。

（5）团队成员都蹲下，一二三看哪个组起得快。

（6）几次之后，请两个始终被抱在团队中的人上场。

（7）培训师请出局和未出局的人谈一下感想；请起得最快的团队谈一下感想，根据他们说的，总结项目后的感悟。

2. 版本二。

所有学员组成一个大的团队，在规定的时间内让所有的队员翻越1.5米高的一面墙（电绳），不得触动墙面任何一处。在这个过程中不许碰到绳子，否则前一个到达目的地的队员需从新返回。

特别提示

1. 优秀的个人和不合作的团队一样，同样没有效益。为什么"三个和尚没水喝"，为什么"三个臭皮匠能抵一个诸葛亮"？团队的三要素：合作、服从、执行。一枝竹篙轻轻被折断，众人划桨开大船。所有成员同心协力，目标一致攻克难关，这个团队因你的加入而更加精彩。

2. 提高团队成员沟通协作的能力以及在活动过程中计划、组织、领导、控制的能力。

参与人数：全体参与，人数不限。

所需时间：40分钟。

场地要求：会议室；人多时，需要室外场地，要求场地平坦、无杂物。

所需器械：无。

训练二　胜利在前方

项目简介

在目标确定的过程中，团队往往比个人拥有更加准确的判断力。如果团队中的队员不能统一目标，每个人都坚持自己的判断，那么目标将会变得乱七八槽，而且差异悬殊。这对于目标的实现是一个极大的危害。通过训练要建立小组成员之间的相互信任，培养团队精神。

操作流程

1. 培训师将学员每两个人分成一组，构成一对搭档。然后，发给每个人1个眼罩。

2. 培训师将学员带到场地的一端，同时在距这端大约100米处放一个椅子或者小水桶等物品作为目标。

3. 一对搭档中的一个人将眼罩蒙在眼睛上，另一个人不蒙。两个人一起朝目标的方向走，不蒙眼睛的队员负责蒙眼睛的队员的安全，不要让他绊倒或者碰到其他的障碍物，但是绝对不可以告诉蒙眼睛的队员目标在什么地方或者给他暗示应该朝什么方向走。一定要向不蒙眼睛的队员明确这一点，否则项目的效果会大打折扣。当蒙眼睛的队员觉得自己已经走到了目标的位置的时候，停下来，将眼罩摘下来，看看自己距离目标到底还有多远的距离。

4. 一对搭档中的两个人互换角色，原先蒙眼睛的人不再蒙眼睛，原先不蒙眼睛的人戴上眼罩。重复上面的步骤，看看自己距离目标有多远。

5. 一对搭档同时用眼罩把眼睛蒙上，然后手挽手一起朝目标的方向走。等到两个人都觉得到了目标位置的时候，一起将眼罩摘下，看看自己离目标有多远，跟自己一个人单独走的时候有什么区别。

6. 所有的队员站到一起，仔细观察目标所在的位置，然后都将眼罩戴上。所有的队员手牵手朝目标的方向走。等所有的人都停下来后，所有的队员用一只手指向目标的位置，另一只手将眼罩摘下来，看看离目标的位置有多远，跟前两次相比有什么区别。

特别提示

1. 当自己一个人走的时候，对目标的感觉是怎么样的？

2. 当一对搭档一起走的时候，两个人是怎样确定目标的位置的？

3. 当所有的队员一起朝目标的方向走的时候，队员们是怎么确定目标的位置的？

4. 为什么人数比较多的时候，对目标位置的确定要比人数少的时候要更准确？

5. 为了增加项目的难度，可以让队员们倒退着走向目标。

6. 在项目过程，可以对队员们的表现进行拍照留念，增加项目的趣味性。

7. 当一个人单独朝目标位置走的时候，多数人往往会距离目标较远。而两个人一起走的时候，会好一些，但也不会好太多。当所有的队员一起朝目标走的时候，整个团队作为一个整体会更容易接近目标。

8. 事先要对场地进行清理，保证没有任何障碍物，以免学员被绊倒。

参与人数：全体参与，人数不限。

所需时间：20 分钟。

场地要求：操场或者空阔的室外场所。

所需器械：每人 1 个眼罩，目标物体（可以是椅子、小水桶等）。

四、跟踪测试

1. 如果某位同事在你准备下班回家时，请求你留下来听他倾诉内心的苦闷，你如何处理？

　A. 立即同意留下来　　　　　　　B. 劝他等第二天再说

　C. 以妻子生病为由拒绝其请求

2. 如果某位同事因要去医院探望妻子，要求你替他去接一位乘夜班机来的大人物，你如何处理？

　A. 马上同意替他去接　　　　　　B. 找借口劝他另找别人帮忙

　C. 以汽车坏了为由拒绝

3. 如果某位同事的儿子想选择与你同样的专业，请你为他做些求职指导，你如何处理？

　A. 马上同意

B. 答应他的请求，但同时声明你的意见可能已经过时，他最好再找些最新资料做参考

C. 只答应谈几分钟

4. 你在某次会议上发表的演讲很精彩，会后几位同事都向你索取讲话提纲，你如何处理？

A. 同意，并立即复印　　　　　　　B. 同意，但并不重视

C. 不同意，或虽同意，但转眼就给忘记

5. 如果你参加了一个新技术培训班，学到了一些对许多同事都有益的知识，你会怎么处理？

A. 返回后立即向大家宣布并分发参考资料

B. 只泛泛地介绍一下情况

C. 把这个课题贬得一钱不值，不泄露任何信息

评估效果及结果分析：

全部回答 A，表示你是一位极善良、极有爱心的人，但你要当心，千万别被低效率的人拖后腿。

大部分回答 A，表示你很善于合作，但并非失去个性。认为礼尚往来是一种美德，在商业生活中亦不可或缺。

大部分回答 B，表示你以自我为中心，不愿意为自己找麻烦，不想让自己的生活规律、工作秩序受到任何干扰。

大部分回答 C，表示你是一个名副其实的孤家寡人，团队配合精神比较差。

任务三　团队合作与智囊团

【任务目标】

通过本任务的学习，使团队成员能够区分团队与智囊团的不同，从而创造目标一致、凝聚力强大的团队，为打造坚实的团队奠定基础。

一、理论知识

（一）什么叫智囊团

智囊团又称头脑企业、智囊集团或思想库、智囊机构、顾问班子，是指专门从事开发性研究的咨询研究机构。它将各学科的专家、学者聚集起来，

运用他们的智慧和才能，为社会经济等领域的发展提供满意方案或优化方案，是现代领导管理体制中一个不可缺少的重要组成部分。其主要任务是提供咨询，为决策者献计献策、判断运筹，提出各种设计；反馈信息，对实施方案追踪调查研究，把运行结果反馈到决策者那里，便于纠偏；进行诊断，根据现状研究产生问题的原因，寻找解决问题的症结；预测未来，从不同的角度运用各种方法，提出各种预测方案供决策者选用。

（二）团队合作与智囊团的区别

团队合作是一种为达到既定目标所显现出来的自愿合作和协同努力的精神。它可以调动团队成员的所有资源和才智，并且会自动地驱除所有不和谐和不公正现象，同时会给予那些诚心、大公无私的奉献者适当的回报。如果团队合作是出于自觉自愿时，它必将会产生一股强大而且持久的力量。团队合作的形态很像智囊团，但与智囊团有重大区别。

在智囊团中，将各个独立的人组织成小团体，这些人都具有共同的强烈欲望和明确目标，并且能从日益增进的热忱、想象力和知识中获得明确的利益。由于团队中的成员未必都具有相同的强烈欲望和明确目标，所以，必须更努力于使团队成员不断地为工作奉献。同时，也应该要求自己，不断地为成员做出奉献并发掘他们的欲望，给他们以适当的回报。

可见，团队合作与智囊团原则的不同之处在于：前者针对的是一个组织的全体成员，出发点在于调动团队成员中各方的努力，但这些努力未必都具有明确目标和相互和谐；而后者针对的则是直接参与咨询、决策和领导的少数智囊团成员，并以这些成员之间的明确目标、相互和谐为重要因素，出发点在于充分激发全体成员的智慧，并将这种智慧汇集成一股实现目标的合力。

虽然团队合作会产生力量，但这种力量的凝聚只是一时的现象，还是具有永久性，这就必须视激发合作的动机而定了。若成员之间的合作是以自愿性的动机为基础时，那么，在此动机消失之前，团队合作必然会产生持久性的力量。

真正的团队合作必须以别人"心甘情愿与你合作"为基础，而你也应该表现出你的合作动机，并对合作关系的任何变化抱着警觉的态度。团队合作是一种永无止境的过程，虽然合作的成败取决于各成员的态度，但是，维系成员之间合作关系的却是团队领导责无旁贷的工作。

二、案 例

【案例1】

美味好喝的石头汤

有一个装扮像魔术师的人来到一个村庄，他向迎面而来的妇人说："我有一颗汤石，如果将它放入烧开的水中，会立刻变出美味的汤来，我现在就煮给大家喝。"

这时，有人就找了一个大锅子，也有人提了一桶水，并且架上炉子和木材，就在广场煮了起来。这个陌生人很小心地把汤石放入滚烫的锅中，然后用汤匙尝了一口，很兴奋地说："太美味了，如果再加入一点洋葱就更好了。"立刻有人冲回家拿了一堆洋葱。陌生人又尝了一口："太棒了，如果再放些肉片就更香了。"又一个妇人快速回家端了一盘肉来。"再有一些蔬菜就完美无缺了。"陌生人又建议道。在陌生人的指挥下，有人拿了盐，有人拿了酱油，也有人捧了其他材料。当大家一人一碗蹲在那里享用时，他们发现这真是天底下最美味好喝的汤。

【评析】 汤石不过是陌生人在路边随手捡到的一颗石头，用它能煮出美味好喝的石头汤是由于每个人都往汤锅内放了食材，这才煮出一锅如此美味的汤。在一个团队中，当你贡献自己的一份力量时，众志成城，普通的石头也能煮出一锅美味的汤来。因为汤石就在每个人的心中。

【案例2】

新龟兔赛跑

很久以前，有一只乌龟和一只兔子为了谁跑得快而争论不休，各自都认为自己比对方强。为了公平起见，他们请来了很多观众和裁判，决定举行一场比赛确定谁跑得快。

选定路线后，只听枪声一响，他们就跑了起来。兔子首先冲出起跑线，他跑了一阵后，眼看他把乌龟远远地甩在身后，自己也跑得有点儿累了。兔子就想，自己可以在树下休息一会儿，养足力气后再继续比赛。

可没想到，兔子躺在树下很快就睡着了。远远落在后面的乌龟爬到树下时，兔子也不知道。等乌龟率先爬到终线时，兔子一觉醒来，才发觉自己输了。

兔子跑输后名声扫地，自然不高兴，他的支持者们自然也大失所望。比赛结束后的新闻发布会上，兔子极不服气，挑衅说："我奔跑的速度每秒达到了

8 米,而乌龟的爬行速度是每秒 0.05 米,也就是说我奔跑的速度是乌龟的 160 倍之多,我当然跑得比乌龟快。有本事的话,乌龟就再跟我比一次。"

面对兔子的挑战,乌龟答应再举行一场比赛。兔子有了这次翻身的机会,自然非常重视。他分析认为,自己第一次比赛失败是太自信,从而导致"大意失荆州"的惨败,但这次比赛再也不会犯这样的错误了。总结了上次失败的教训后,第二次比赛一开始兔子便全力以赴,比赛的枪声一响,他就一口气跑完了全程,领先乌龟好几千米。

第二次比赛后,乌龟的支持者显然也不服输。再说才比了两次打了一个平手,还没有分出胜负来。在支持者的怂恿下,乌龟也不服气地向兔子提出挑战说要举行第三次比赛。乌龟比较了自己与兔子的优势劣势,他发现,按照以前的比赛方法他是不可能跑赢兔子的,于是他提议改变比赛路线。兔子对自己的实力自然是有信心的,没有提出任何异议就同意了,并许诺说他会跟上次比赛一样,一口气跑完全程的。

比赛开始后,兔子自然以每秒 8 米的速度向终点线跑去,可跑到途中他发现比赛的路线必须要经过一条宽阔的河流,河对面不远处便是终点。自己当初怎么就没看一眼比赛路线呢,自己也太大意了。但现在说什么都没有用了,还是想想怎么办吧,但怎么才能过河呢?兔子在河边像热锅上的蚂蚁,急得团团转。兔子甚至还大胆地跳进河里游过几次,但终究由于不会游泳,保命要紧而被迫放弃。结果,直到乌龟爬到河边时兔子也没有想出什么过河的办法来。乌龟爬到河边后,二话不说一头跳进河里,很快便又到了河对岸,爬到终点时,兔子只得在河边低下了他高贵的头。

三次比赛,乌龟胜了兔子两次,乌龟赢了。但兔子的所有支持者和评委们都知道乌龟永远没有兔子跑得快,兔子从内心也不服输,于是双方再次约定举行第四次比赛。

第四次的比赛比赛路线要经过陆地、河流、丛林等。怎么赢得比赛,乌龟和兔子都没有把握。他们认真地分析比较研究对策,还都对自己以前的失败做了反思。更让大家奇怪的是,乌龟竟然还和兔子一起交流心得体会。在交流中,他们很快便成了朋友,所以在比赛一开始后,在陆地和丛林阶段,兔子就背着乌龟跑;过河时,乌龟就背着兔子过河;到了河对岸后,兔子又背着乌龟,两个一起抵达终点。为此,他们赢得了所有观众和评委的喝彩。

【评析】　本案例告诉我们,在竞争中要想取得双赢,那么团队成员必须进行合作,形成强大的凝聚力。在一个团队里,团队成员之间既合作,又不抹杀各个成员的优势和特色;既竞争,又不让各个成员之间丧失和气。

三、任务训练

训练一　同心协力

项目简介

这是一个很有意思的项目，它可以调动学员的兴趣，并且能让他们从项目中体会友谊和协作的乐趣。另外，这个培训项目还可以在培训中或结束时使用，既可以活跃课堂气氛，还能帮助学员放松神经，增强团队成员的归属感，激发学员的奋斗精神，增强训练效果。

操作流程

1. 将所有学员分成几个小组，每组在 5 人以上为佳。

2. 每组先派出两名学员，背靠背坐在地上。

3. 两人双臂相互交叉，合力使双方一同站起。

4. 以此类推，每组每次增加一人，如果尝试失败需再来一次，直到成功才可再加一人。

5. 选出人数最多且用时最少的一组为优胜。

特别提示

1. 要加强企业文化建设，增强企业的向心力和凝聚力。人心齐泰山移，团结就是力量。

2. 无论做什么事都要有明确的目标。没有明确的目标，就没有明确的方向，不仅会浪费时间，更会一事无成。

3. 关键时刻，要沉着冷静，用积极的态度去面对工作，面对人生，不断征服它。

4. 要上下沟通，拓展沟通渠道，确保信息畅通，使整个活动始终处于有效的控制状态，以做出正确的判断和决策，否则就会贻误战机。

5. 态度决定一切。心态决定思维，思维决定行为，行为决定习惯，习惯决定性格，性格决定命运。当我们面临困难和压力的时候，我们最大的敌人不是前方的艰难险阻，而是我们自己，我们最难战胜的敌人就是我们自己。所以我们在做任何事情时，都要保持积极、乐观的态度和勇往直前的斗志。

6. 别看这个项目简单，但是依靠一个人或几个人的力量是不容易完成的。因为在这个项目中，大家组成了一个整体，需要全力配合才可能达到目标。它可以帮助学生体会团队相互激励的含义，帮助他们培养团队精神。

7. 另外，这个项目还考验每个小组的领导者，看他怎么指挥和调动队员。因为这个项目不但需要大家通力合作，还需要每个学员的密切配合。如果步调不一致，大家的力气再大也不可能顺利完成。在这种情况下，小组的领导者应

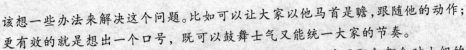

该想一些办法来解决这个问题。比如可以让大家以他马首是瞻,跟随他的动作;更有效的就是想出一个口号,既可以鼓舞士气又能统一大家的节奏。

8. 无论队员还是领导者都应该明白,任何一个人的不配合都会对小组的行动产生负面效果。因此,培训师应注意,在项目结束后,要帮助完成效果不好的小组找出原因。帮助他们树立团队意识,引导他们总结自己的失误。这对学生素质的提高有很大帮助。

9. 你能仅靠一个人的力量就完成起立的动作吗?

10. 如果参加项目的队员能够保持动作协调一致,这个任务是不是更容易完成?为什么?

11. 你们是否想过通过一些办法来保证队员之间动作协调一致?

参与人数:5人以上一组为佳。

所需时间:5～10分钟。

场地要求:空地。

所需器械:无。

训练二　蛟龙出海

项目简介

这是一个考验团队协作、沟通、统一指挥的团体项目。通过训练,增强学员间的情谊与默契合作。

操作流程

团队配合的经典项目,要求每组队员在5名以上,每个小组必须所有队员脚部相连,在规定的路段内完成竞赛。移动时,从起点到终点横向移动,行进过程中要保证队伍的完整不断开,如有断开或散落需重新接好后从原地继续前进,最先到达终点者为胜。

特别提示

1. 通过身体接触,打破团队成员之间的隔阂,消除陌生感。

2. 增进团队成员个体之间的情感交流。

3. 培养团队成员之间的默契与配合。

4. 感受团队统一指挥、步调一致的重要性。

5. 体验在团队中如何做好自己来配合他人。

6. 通过团队成员之间的思维互换、不断地创新与尝试,最终利用最简单、最合适的方式取得成功。

7. 学会互换思考。

8. 向自我挑战，提高心理素质，战胜恐惧。

9. 规范自我行为同社会、集体利益的关系。

参与人数：40人左右。

所需时间：20~30分钟。

场地要求：室外。

所需器械：布带若干。

四、跟踪测试

仔细阅读下面的叙述，在表4.1中每题后做出你的评价，即填入数字1~5。1~5所代表的意义是：1为完全不符合团队的情况；2为不大符合团队的情况；3为难以回答；4为比较符合团队的情况；5为完全符合团队的情况。（本次跟踪共40道测试题，分成3个任务完成，效果评估在任务五。）

表 4.1

1	对团队代表、团队成员都有一致的理解	
2	团队管理层愿意采纳成员提出的合理化建议	
3	团队民主气氛良好，成员都能够畅所欲言，自由表达个人看法	
4	团队领导目光长远，思想开放	
5	团队的每一项活动，成员都有平等的参与机会	
6	团队上下级关系融洽，密切合作	
7	团队成员彼此互相帮助，取长补短	
8	掌握不同成员在表达个人观点的时候，其共同的出发点是什么	
9	团队成员能够通过交流，相互了解彼此的需求	
10	你会提供一些参考意见来支持别人的观点	

注：对表4.1中的问题回答"1"得1分，回答"2"得2分……回答"5"得5分。

任务四　团队合作的误区

【任务目标】

让刚进入职场的大学生明白：在职场中，团队成员既要发挥自己的才华，又要相互结合，从而有力地推动创业进程。

一、理论知识

当前，越来越多的企业强调团队建设，但为什么总搞不好？毛病或许就出在以下四个方面。

（一）团队利益高于一切

1. 极易滋生小团体主义

团队利益对其成员而言是整体利益，而对整个企业来说，又是局部利益。过分强调团队利益，从维护团队自身利益的角度出发常常会打破企业内部固有的利益均衡，侵害其他团队乃至企业整体的利益，从而造成团队与团队、团队与企业之间的价值目标的错位，最终影响企业战略目标的实现。

比如说，一个企业内部各团队都有相应的任务考核指标，出于小团体利益的考虑，某个团队采取了挖兄弟团队墙脚等不正当的手法来完成自己的考核指标，而当这种做法又没有及时得到纠正时，其他团队也会因利益驱动而群起效仿。届时一场内部混战也就不可避免，而企业却要为此支付大量额外成本，以致造成资源的严重浪费。此外，小团体主义往往在组织上还有一种游离于企业之外的迹象，或另立山头，或架空母体。

2. 容易导致个体的应得利益被忽视和践踏

如果一味只强调团队利益，就会出现"假维护团队利益之名，行损害个体利益之实"的情况。目前不可否认的是，在团队内部，利益驱动仍是推动团队运转的一个重要机制。作为团队的组成部分，如果个体的应得利益长期被漠视甚至侵害，那么他们的积极性和创造性无疑会遭受重创，从而影响整个团队的竞争力和战斗力的发挥，团队的总体利益也会因此受损。团队的价值是由团队全体成员共同创造的，团队个体的应得利益也必须得到维护，否则团队原有的凝聚力就会分化成离心力。所以，不恰当地过分强调团队利益，反而会导致团队利益的完全丧失。

（二）团队内部不能有竞争

团队精神在很大程度上是为了适应竞争的需要而出现并不断强化的。这里提及的竞争，往往很自然地被我们理解为与外部的竞争。事实上，团队内部同样也需要竞争。

在团队内部引入竞争机制，有利于打破另一种形式的大锅饭。如果一个团队内部没有竞争，在开始的时候，团队成员也许会凭着一股激情努力工作。但时间一长，他发现无论干多干少、干好干坏，结果都是一样的，每一个成员都享受同等的待遇，那么他的热情就会减退。在失望、消沉后最终也会选择"做一天和尚撞一天钟"的方式来混日子，这其实就是一种披上团队外衣的大锅饭。通过引入竞争机制，实行赏勤罚懒、赏优罚劣，打破这种看似平等实为压制的利益格局，团队成员的主动性、创造性才会得到充分的发挥，团队才能长期保持活力。

在团队内部引入竞争机制，有利于团队结构的进一步优化。团队在组建之初，对其成员的特长优势未必完全了解，分配任务时自然也就不可能做到才尽其用。引入竞争机制，一方面可以在内部形成"学、赶、超"的积极氛围，推动每个成员不断自我提高；另一方面，通过竞争的筛选，可以发现哪些人更能适应某项工作，保留最好的，剔除最弱的，从而实现团队结构的最优配置，激发出团队的最大潜能。

（三）团队内部皆兄弟

不少企业在团队建设过程中，过于追求团队的亲和力和人情味，认为"团队之内皆兄弟"，而严明的团队纪律是有碍团结的。这就直接导致了管理制度的不完善，或虽有制度但执行不力，形同虚设。

纪律是胜利的保证，只有做到令行禁止，团队才会战无不胜，否则充其量只是一群乌合之众，稍有挫折就会解散。

严明的纪律不仅是维护团队整体利益的需要，在保护团队成员根本利益方面也有着积极意义。比如说，某个成员没能按期保质地完成某项工作或者是违反了某项具体的规定，但他并没有受到相应的处罚，或是处罚根本无关痛痒。从表面上看，这个团队非常具有亲和力，而事实上，对问题的纵容会使这个成员产生一种"其实也没有什么大不了"的错觉，久而久之，遗患无穷。如果他从一开始就受到严明纪律的约束，及时纠正错误的认识，那么对团队、对他个人都是有益的。著名的 CEO 杰克·韦尔奇有这样一个观点：指出谁是团队里最差的成员并不残忍，真正残忍的是对成员存在的问题视而不见，文过饰非，一味充当老好人。宽是害，严是爱。对于这一点，每一个时刻直面竞争的团队都要有清醒的认识。

（四）牺牲"小我"换"大我"

很多企业认为，培育团队精神，就是要求团队的每个成员都要牺牲小我，换取大我，放弃个性，追求趋同，否则就有违团队精神，就是个人主义在作祟。

诚然，团队精神的核心在于协同合作，强调团队合力，注重整体优势，远离个人英雄主义，但追求趋同的结果必然导致团队成员的个性创造和个性发挥被扭曲和湮没。而没有个性，就意味着没有创造，这样的团队只有简单的复制功能，而不具备持续创新的能力。其实团队不仅仅是人的集合，更是能量的结合。团队精神的实质不是要团队成员牺牲自我去完成一项工作，而是要充分利用和发挥团队所有成员的个体优势去做好这项工作。

因此，团队的综合竞争力来自于对团队成员专长的合理配置。只有营造一种适宜的氛围，不断地鼓励和刺激团队成员充分展现自我，最大限度地发挥个体潜能，团队才会迸发出如原子裂变般的能量。

团队建设是一项控制难度很大、实践性很强的工作，因此，出现这样那样的偏差就在所难免。但只要坚持以人为本的原则，勤于探索，注重实效，大胆创新，就一定能够走出误区，从而真正培养出团队的凝聚力和向心力，形成团队独有的核心竞争优势。

二、案　例

【案例 1】

"鸡鸣狗盗"

战国时期，招揽门客、扩大家族势力的做法在豪门望族中十分流行。很多人在对门客的录用上采取了一定的准入标准，因此招揽的人才的特长基本上都差不多。而齐国的孟尝君则不同，凡有一技之长的，他都一律以礼相待，投奔他的门客特别多。后来他在秦国担任宰相时，秦昭王因听信谗言要杀他。他的一个门客用"狗盗"之术潜入皇宫，盗取已献给昭王的白狐裘，贿送给昭王宠姬，才得以逃脱。等到他与门客日夜兼程来到函谷关时，城门已经关闭了，必须等到鸡叫之后才能开门。这时又有一个门客模仿鸡叫，引得城内的公鸡一起叫起来，终于骗开城门脱险出关。鸡鸣狗盗之徒在当时是非常不入流的。试想一下，如果当初孟尝君在招揽门客时也像其他贵族一样坚持非饱读诗书、出身高贵的门客不要的话，那么他可能就冤死他乡。

【评析】 这个故事中的孟尝君对有一技之长的人都一律以礼相待，体现了他充分利用和发挥团队所有成员的个体优势，所以后来孟尝君才躲过了杀身之祸。

【案例2】

诸葛亮斩马谡

三国时代的诸葛亮与司马懿在街亭对战，马谡自告奋勇要出兵街亭。诸葛亮心中虽有担心，但马谡表示愿立军令状，若失败就处死全家。诸葛亮才勉强同意他出兵，并指派王平将军随行，交代在安置完营寨后须立刻回报，有事要与王平商量，马谡一一答应。可是军队到了街亭，马谡执意扎兵在山上，完全不听王平的建议，而且没有遵守约定将安营的阵图送回本部。司马懿派兵进攻街亭，围兵在山下切断粮食及水的供应，使得马谡兵败如山倒，重要据点街亭失守。事后诸葛亮为维护军纪而挥泪斩马谡，并自请处分降职三等。

【评析】 于公于私马谡与诸葛亮关系都很好，但马谡丢失了战略要地街亭，诸葛亮最后还是按律将其斩首，维护了军心的稳定。如果诸葛亮不斩马谡，则制度就形同虚设。

三、任务训练

训练一 同舟共济

项目简介

早上上班或者晚上下班的时候，是不是经常遇到挤公交车的情况呢？当你跟身边的同伴挤到一起的时候，除了无奈和一些不爽快之外，是不是还有一种同舟共济的同伴之情？此项目培养学员之间的团队意识，锻炼学员共同患难的精神，加强学员之间的沟通与交流。

操作流程

1. 用一根1.2米的绳子，围成一个圆圈。参与学员进入圆圈内，然后一起跑到30米远的目标地，再折回进行接力。

2. 过程。

（1）所有学员按照10个人一组分成几组。

（2）队员们进入圆圈内项目开始。进入圆圈内的人数不受限制，各组可以发挥自己的聪明才智，让尽可能多的人进入圆圈中。

（3）跑到目标地后折回，交给组内的其他人完成接力。

（4）最快完成的一组获胜。

特别提示

1. 当你与同伴们挤到一个圆圈之内的时候，是什么样的感觉？有没有觉得相互之间感情增进了不少，距离感少了很多？

2. 当圆圈内不能再塞入人时，是否最能体现大家同舟共济的集体精神的时候？

3. 当圆圈内已塞入尽可能多的人的时候，大家要一起开动脑筋，充分利用好每一点空间，同时又不妨碍行动，在比赛中要尽可能快地到达终点并折回。

4. 在现实的生活和工作当中，需要发挥同伴意识，大家要能够在一起共患难、共拼搏、共努力。在成功之后，要能够相互扶持、不生异心，顺境之中也要能够更好地合作与交流。

5. 当很多人在一个圆圈内向前跑的时候，要注意协调好步伐，防止摔倒、跌伤。

参与人数：20人以上10人一组。

所需时间：15分钟。

场地要求：空地。

所需器械：1.2米长的绳子数根。

训练二　极品飞车

项目简介

当所有学员都面对同一个目标的时候，学员之间如果能够很好地配合，各自都明白自己的分工和角色，任务的达成往往就会变得比较容易。相反，如果学员们各自只是作为一个单独的个体来行动，在行动的时候没有考虑其他人的反应，任务的完成就会变得非常困难。培养学员的团队合作能力，活跃气氛，让学员们能够自然地进行身体接触和配合。

操作流程

1. 培训师从所有学员中选出一个人担任骑手，其他的学员担任推手。骑手需要戴上头盔和手套，穿上护肘、护膝和护腕。

2. 推手们以培训师的爬绳为中心向四周扩展开，围成一个大大的圆圈，其中每2个人之间相隔一臂远。

3. 圆圈的中心放一个羽毛球筒。骑手站在小滑车上，手上抓着爬绳。一开始将小滑车放在圆圈中一位队员的前面。

4. 培训师宣布活动规则。

（1）活动的任务是用小滑车撞倒羽毛球筒。

（2）推手必须站在原地，不能移动。推手通过推动骑手使小滑车朝羽毛球筒滑动。

（3）羽毛球筒被撞倒的时候，骑手必须在小滑车上。

（4）骑手利用爬绳来控制小滑车的行动方向，同时避免摔倒。骑手的任务是想方设法让小滑车撞倒羽毛球筒。

5. 由一名队员先将骑手和小滑车朝羽毛球筒的方向推出去，表示项目正式开始。重复这样的步骤，直到羽毛球筒被撞倒为止。骑手要记下自己在这个过程中一共被推了多少次。

特别提示

1. 作为骑手，感觉在实现任务的过程中遇到的困难有哪些？

2. 作为推手，感觉在实现任务的过程中遇到的困难有哪些？

3. 不同的推手之间，应该怎样配合才能更好地完成任务？

4. 有没有什么策略是最有效的？

5. 每推完一次车后，可以让所有的推手们都后退半步。这样，随着项目的进行，圆圈也会变得越来越大，项目的难度也会加大。当然，这时也需要足够长的爬绳。

6. 如果没有小滑车，可以自制一个。找一块 2 厘米厚，约 50 厘米长的正方形的胶合板，在 4 个角上装上结实的滚轴。这样，一个好用的小滑车就制作好了。

7. 如果不是在有爬绳的培训场里，也可以在天花板上能系绳子的大会议室里，或者是有大树掩映的停车场。

8. 一般来说，骑手从小滑车上摔下来的可能性非常小。但是，骑手最好还是穿上护具，以防摔倒后造成损伤。推手们在推骑手的时候，用力不要太猛。用力过大的话，容易使骑手的身体失去平衡，发生摔倒的危险，同时也可能会使骑手撞到对面队员的身上。

参与人数：15 个人左右，最少 10 个人，最多 20 个人。

所需时间：基准为 45 分钟，人数越多，需要的时间越长。

场地要求：有爬绳的体育馆。

所需器械：1 个小滑车、1 个羽毛球筒、1 个头盔、1 对护肘、1 对护膝、1 副手套。

四、跟踪测试

仔细阅读下面的叙述，在表4.2中每题后做出你的评价，即填入数字1~5。1~5所代表的意义是：1为完全不符合团队的情况；2为不大符合团队的情况；3为难以回答；4为比较符合团队的情况；5为完全符合团队的情况。（本次跟踪共40道测试题，分成3个任务完成，效果评估在任务五。）

表 4.2

11	在会议上为别人留出一定时间来发表个人观点	
12	请求别人给自己提缺点	
13	对团队内部的各种不同观点，能够客观进行描述	
14	经常通过提问来确认自己真正理解别人的谈话内容	
15	很少有嫉妒心理，对别人所取得的成就表示祝贺和赞赏	
16	经常与他人交流自己的工作和活动状况，取长补短	
17	与大家一起分享你在工作中取得的荣誉	
18	团队会将信息对所有成员平等开放	
19	团队成员之间经常进行技术交流	
20	每当出现紧张气氛时，你会讲笑话来缓解紧张气氛	
21	你做出某项决定的时候，会反复思考，仔细斟酌	
22	团队管理者会对每次活动进行总结	
23	团队在做出重大决定时会广泛向他人搜集信息，征询专家观点	
24	经常开展讨论，探讨团队的发展	
25	遇到困难时积极求助	
26	团队领导者能够及时调节成员之间的矛盾	
27	待人诚恳，不隐瞒观点	
28	管理者愿意听取其他成员的意见	
29	对别人提出的观点提供一些建设性的意见	
30	在适当的时候，为别人提供帮助	

注：对表4.2中的问题回答"1"得1分，回答"2"得2分……回答"5"得5分。

任务五　团队合作的四大基础

【任务目标】

职场人应该能够明白：在团队中如何建立信任，如何进行良好冲突，如何进行决策，如何树立为团队负责的意识？从而使自己更加胜任职场的工作。

一、理论知识

（一）建立信任

要建设一个具有凝聚力并且高效的团队，第一个且最为重要的一个步骤，就是建立信任。这不是任何种类的信任，而是坚实的、以人性脆弱为基础的信任。

这意味着一个有凝聚力的、高效的团队成员必须学会自如地、迅速地、心平气和地承认自己的错误、弱点、失败、求助。他们还要乐于认可别人的长处，即使这些长处超过了自己。

在理论上，或在幼儿园里，这并不困难。但当一个领导面对着一群有成就的、骄傲的、有才干的员工时，让他们解除戒备、甘冒丧失职务权力的风险，是一个极其困难的挑战。而唯一能够发动他们的办法，就是领导本人率先做出榜样。

对于很多领导来说，表现自己的脆弱是很难受的事情，因为他们养成了在困难面前展现力量和信心的习惯。在很多情况下，这当然是一种高尚的行为，但当犹疑的团队成员需要他们的领导率先脱光衣服、跳进冷水中，以展示人性脆弱为基础的信任时，这些高尚行为就必须弱化。其实这反而需要领导具有足够的自信来承认自己的弱点，以便让别人仿效。

以人性脆弱为基础的信任在实际行为中到底是什么样的？像团队成员之间彼此说出"我办砸了""我错了""我需要帮助""我很抱歉""你在这方面比我强"这样的话，就是明显的特征。以人性脆弱为基础的信任是不可或缺的。离开它，一个团队不能、或许也不应该产生直率的建设性冲突。

（二）良性的冲突

团队合作一个最大的阻碍，就是对于冲突的畏惧。这来自于两种不同的担忧：一方面，很多管理者采取各种措施避免团队中的冲突，因为他们担心丧失对团队的控制以及有些人的自尊会在冲突过程中受到伤害；另一方面，一些人则把冲突当做浪费时间。他们更愿意缩短会议和讨论时间，果断做出自己看来早晚会被采纳的决定，留出更多时间来实施决策以及做他们认为的"真正"的工作。

无论是上述哪一种情况，对团队建设都是不利的。因为无论哪种做法其实都是在扼杀建设性的冲突，将需要解决的重大问题掩盖起来。久而久之，这些未解决的问题会变得更加棘手，而管理者也会因为这些不断重复发生的问题而越来越恼火。

团队管理者和他的团队需要做的是，学会识别虚假的和谐，引导和鼓励适当的、建设性的冲突。这是一个杂乱的、费时的过程，但这是不能避免的。否则，一个团队要建立真正的承诺就是不可能完成的任务。

（三）坚定不移地行动

要成为一个具有凝聚力的团队，领导必须学会在没有完善的信息、没有统一的意见时做出决策。而正因为完善的信息和绝对的一致非常罕见，决策能力就成为一个团队最为关键的行为之一。

但如果一个团队没有鼓励建设性的和没有戒备的冲突，就不可能学会决策。这是因为只有当团队成员彼此之间热烈地、不设防地争论，直率地说出自己的想法，领导才可能有信心做出充分集中集体智慧的决策。不能就不同意见而争论、交换未经过滤的坦率意见的团队，往往会发现自己总是在一遍遍地面对同样的问题。实际上，在外人看来机制不良、总是争论不休的团队，往往是能够做出和坚守艰难决策的团队。

需要再次强调的是：如果没有信任，行动和冲突都不可能存在。如果团队成员总是想要在同伴面前保护自己，他们就不可能彼此争论。这又会造成其他问题，如不愿意对彼此负责。

（四）无怨无悔才能彼此负责

卓越的团队不需要领导提醒团队成员竭尽全力工作，因为他们很清楚需要做什么，他们会彼此提醒，注意不要有那些无助于成功的行为和活动。而不够优秀的团队对于不可接受的行为，一般采取向领导汇报的方式，甚至更恶劣：在背后说闲话。这些行为不仅破坏团队的士气，而且让那些本来容易解决的问题迟迟得不到处理。

承担责任看似简单，但实施起来则很困难。教会领导如何就损害团队的行为批评自己的伙伴不是一件容易的事情。但是，如果有清晰的团队目标，有损这些目标的行为就能够轻易地纠正。

团队合作并非是难以理解的理念，但当所涉及的人是具有坚强意志、自身已经成功的领导时，它就难以实现。团队合作并非不值得经历这些艰辛，但其回报少且代价又高昂。如果领导没有勇气强迫团队成员去实现团队合作所需的条件，还不如彻底远离这个理念。不过，这又需要另一种勇气——不要团队的勇气。

二、案　例

【案例1】

起死回生的钢铁厂

美国一家面临倒闭的钢铁厂，频繁更换了几任总经理，花费了巨大的财力、人力、物力。对于走向破产的钢铁厂大家已经黔驴技穷、一筹莫展，员工也都士气涣散，唯一能做的事情就是等着工厂宣布破产清算。新到任的总经理似乎也拿不出什么好的办法来，但他在几次员工会议上发现了一个现象：每次公司公布决策制度时，大家似乎都不愿意提出反对意见，管理者说什么就是什么，以前怎么做的就怎么做，会议总是死气沉沉。因此，这位总经理果断做出了一个决定，以后会议，不分层级，每个人都有平等发言的权利，如果发现问题，谁提出解决方案并且没有人能够驳倒他，他就是这个方案项目的负责人，公司给予相应的权限和奖励。新制度出台后，以往静悄悄的会议逐渐出现了热烈的场面，大家踊跃发言，争相对别人的提案进行反驳，有时候为争论某个不同意见，争论者面红耳赤，甚至大打出手。但在走出会议室之前，都能达成一个解决问题的共识，不管是同意还是反对，都要按照达成的共识去做。过了一段时间后，奇迹出现了，这家钢铁厂逐步走出困境，起死回生，甚至在几年后进入了美国最优秀的四大钢铁厂之列。

【评析】　一个面临倒闭的钢铁厂能够起死回生，原因是新任总经理采用了良性冲突方法，打破了企业原有的固化思维，将死气沉沉的"一言堂"会议氛围激发为大家群策群力的脑力激荡。企业被注入了新的生命力和竞争力，企业的决策质量和水平都得到了极大地改善和提高，更加贴近市场，贴近一线，执行力更富有效率。

【案例 2】

透明的捐款箱

南方李锦记有一个捐款制度，在公司很多地方设有透明的捐款箱。迟到、早退或者开会期间接打电话的人，无论是员工还是领导都必须捐款——李锦记称之为捐款而不是罚款。且有一个明确的规定：普通员工 10 元，总监以上100 元，总经理和董事长 200 元。南方李锦记的会场总会见到自觉站起来捐款的人，从而形成了一种独特的会议文化。需要说明的是，这些捐款全部用于资助南方李锦记在全国设立的十几所希望学校。所以，大家都非常乐于接受。有次在北京开会，老总路上遇上世纪大塞车，虽然塞车是客观原因，但老总一到会场就先找捐款箱，拿出 200 元放进去。

【评析】 这个案例说明身为领导应该起的模范作用——绝不给自己任何借口。管理层必须以身作则，遵守规章制度，这样才能取得下属的信任。

三、任务训练

训练一 生死抉择

项目简介

这个项目的目的在于说明，团队的智慧高于个人智慧的平均组合，只要学会运用团队智慧的工作方法，就可以得到更好的效果。

操作流程

1. 培训师讲解故事背景。

你是一名飞行员，当你驾驶的飞机在飞越非洲丛林上空时，飞机突然出现故障，这时你必须跳伞。与你一起落在非洲丛林中的有 14 样物品。这时，你必须为生存做出一些决定。14 样物品是：药箱、手提收音机、打火机、3只高尔夫球杆、7 个绿色大垃圾袋、指南针、蜡烛、手枪、1 瓶驱虫剂、大砍刀、蛇咬药箱、1 盒轻便食物、1 张防水毛毯、1 个热水瓶。

2. 先以个人形式把 14 样物品按重要等级顺序排列出来，写下来，作为第一次记录。

3. 当大家都完成之后，培训师把全班学生每 5 个人分为一组，让他们开始进行讨论。以小组形式把 14 样物品重新按重要等级的顺序再排列，把答案写出来，作为第二次记录。讨论时间为 20 分钟。

4. 当小组完成之后，培训师把专家意见（为第三次记录）表发给每个小组。专家的排序：大砍刀、打火机、蜡烛、1 张防水毛毯、1 瓶驱虫剂、药箱、

7个大绿色垃圾袋、1盒轻便食物、1个热水瓶、蛇咬药箱、3支高尔夫球杆、手枪、手提收音机、指南针。

5. 用第三次记录减第一次记录，取绝对值得出第四次记录，用第三次记录减第二次记录，取绝对值得出第五次记录。把第四次记录累加起来得出个人得分，第五次记录累计起来得出小组得分。

6. 培训师把每个小组的分数情况记录在白板上，用于分析：小组得分、全组个人得分、团队得分、平均分。

7. 培训师在分析时主要掌握两个关键的地方。

（1）找出团队得分高于平均分的小组进行分析，说明团队工作的效果（1+1＞2）。

（2）找出个人得分最接近团队得分的个人及其所在的小组，说明该个人的意见对小组的影响力。

特别提示

1. 你对团队工作方法是否有更进一步的认识？

2. 你的小组是否有出现意见垄断的现象，为什么？

3. 你所在的小组是以什么方法达成共识的？

4. 了解同领域的特有规则，将有助于帮助我们深入这个领域而不至于闹笑话。因此，尊重专业性是很必要的。

参与人数：先以个人形式，之后再以5个人的小组形式完成。

所需时间：30分钟。

场地要求：教室或会议室。

所需器械：个人选择表、专家意见表、纸、笔、白板。

训练二 移形换位

项目简介

该项目是训练学员合作精神的有效方法，简便易行，训练中要让全体学员发挥团队的合作精神。每个人都要明确，仅凭自己的力量，很难使事情圆满解决，发挥大家的创造性是解决问题的唯一途径。

操作流程

1. 培训师将学员们分成10个人一组。各组用粉笔在空地上画11个成一条直线的方格子，每一个方格的大小为0.5米长、0.5米宽。

2. 5个组员站在最左边的5个方格子上，余下的5个站在最右边的5个方格子上，所有的组员都应该面对中间空置的那个格子。

3. 各个小组要以最短的时间和最少的步伐将左右两边的组员对调过来。

4. 活动规则。

（1）每个方格只能容纳一个人，且每次只能移动一个人。

（2）所有学员只可前进不可后退。

（3）前进时只可向前一步或向旁边跨出一步。

特别提示

1. 你们的方法是怎样想出来的？是一开始就想好了，还是在摸索中找到答案的？

2. 本团队解决问题的方法和步骤是什么？每个人在一开始都了解团队解决问题的方法吗？

3. 世上本无路，走的人多了，也便成了路。同样的，在本项目的一开始，相信绝大多数的人不知道应该怎样最快地对调。动脑筋想办法是一个方法；边干边想边摸索，应该也是一个方法。但应注意的是，要在实践的过程中不断总结，才可以得到进步，调整队式。

4. 团队的重要性在本项目中的作用也是一览无余的。虽然个人的聪明才智至关重要，但是若没有团队间的合作，也无法完成本项目。

5. 参考方法：在第一队的 1 个队员跨出一步后，第二队应有 2 人连续往前走动（前 1 位跨步走，后 1 位向前一步即可）；接着第一队有 3 个人连续走动（前 2 个人跨步走，后 1 个人向前一步即可），第二队有 4 个人连续走动（前 3 个人跨步走，后 1 个人向前一步即可）；第一队有 5 个人连续走动（前 4 个人跨步走，后 1 个人向前一步即可），第二队有 4 个人走动；第一队有 3 个人走动……这样走下去即可。

参与人数：50 人，10 个人一组。

所需时间：45 分钟。

场地要求：空阔的场地。

所需器械：粉笔。

训练三　控球 30 秒

项目简介

天天坐在教室里面，是不是感觉整个人好像变成了一个雕塑呢？这个项目能够让大家运动起来，在跑动中活动筋骨，放松自己，活跃气氛；激发学生活力，培养学生的团队协作精神，激发学生的竞争意识，还能增强团结协作的精神。

操作流程

1. 培训师将学生们分成人数相等的两队。如果学生总数为奇数，那么从中选一名队员作为培训师的助手。

2. 发给两队学生每人1条头巾，两个队的颜色不同。譬如一个队为红色，另一个队为黑色。

3. 培训师宣读项目规则。

（1）哪个组控球的时间达到30秒即可获胜。

（2）抱住篮球的队员拥有控球权，如果另一个组的队员抓住了他，他就要停止，然后在1秒钟的时间内将球传给自己组的队员。否则，培训师将篮球收回，项目重新开始。

（3）如果两个组的人同时抓住了篮球，培训师重新抛球，开始项目。

（4）所有的队员都必须在规定的边界内活动，不得出界。如果出界，培训师将篮球收回，重新开始项目。

（5）当一组的控球时间达到25秒的时候，培训师会倒计时，大喊："5，4，3，2，1"。此时，另一个组要抓紧时间抢夺控球权，否则，另一个组就获胜了。

（6）可以进行多轮比赛，看看哪个组获胜的次数多。

4. 培训师将篮球抛向场地，项目正式开始。

特别提示

1. 小组内部是如何确定分工来扮演不同的角色的？

2. 当其他组队员过来抢球的时候，你的第一反应是什么？

3. 当面对众多同组队员，你是如何确定传球对象的？

4. 当运动场地比较大的时候，可以延长控球时间。

5. 如果没有头巾，也可以使用臂章或者一组将袖子挽上去、一组将袖子放下来等方式来表示不同的组别。

6. 队员们在抢夺控球权的时候，注意相互之间的安全，不可用力过猛将其他人撞倒。

参与人数：不限。

所需时间：30分钟。

场地要求：宽敞的运动场。

所需器械：1个篮球、1个秒表、每人1条头巾。

四、跟踪测试

仔细阅读下面的叙述，在表 4.3 中每题后做出你的评价，即填入数字 1～5。1～5 所代表的意义是：1 为完全不符合团队的情况；2 为不大符合团队的情况；3 为难以回答；4 为比较符合团队的情况；5 为完全符合团队的情况。

表 4.3

31	你提个人建议的时候，会综合考虑其他人的观点	
32	团队内部的矛盾冲突都能得到及时妥善处理	
33	鼓励团队成员积极对已有的观点提出各种补充意见	
34	团队充满活力，很少经历失败	
35	团队成员工作配合默契，不会因个人情绪影响工作	
36	团队成员能够互相交流，认真倾听彼此谈话	
37	团队管理层做出重大决定时总是先征求员工的意见	
38	团队成员都支持团队目标	
39	经常进行合作意识教育，提高成员合作意识	
40	团队领导经常下到基层，了解基层人员的需求	

注：对表 4.3 中的问题回答"1"得 1 分，回答"2"得 2 分……回答"5"得 5 分。

评估效果及结果分析：

任务三、任务四、任务五上面 40 个题目的得分加起来就是这个测验的得分。

150～200 分，说明你所在团队合作意识非常强，团队成员团结协作、配合默契，团队工作充满活力，是一个富有战斗力的团队。在这样的团队中，管理者能够充分调动和培养团队内所有成员的优势和特长，每个团队成员都能够提出一些合理化建议，来帮助团队更有效地开展工作。这样的团队，不管现在和将来都能够取得辉煌的成果。

100～149 分，团队合作意识较好，团队有战斗力，团队成员能够通过合作完成工作任务。但在合作意识的建立和培养方面还有需要改进的地方，团队成员需要在自己的合理权益与他人合作权益之间寻求一个平衡点；团队成员应该把自己和他人当做团队的整体资源而不是一个单独的个体来看待；加强沟通与合作，进一步提高团队的战斗力。

99 分以下，团队的合作意识较差，团队管理者应当改变管理方式，强化合作意识，使全体成员识大体、顾大局，齐心协力为团队的生存和发展贡献力量。

作为一名团队成员，我们每个人都拥有自己所特有的才能，拥有将自己的才能与周围其他成员的技能相融合的能力。团队成员的言行举止都体现出自己是团队集体智慧、技能和观念的一部分，并且他们也能够成功地影响其他成员，使其他成员也同样做到这些。

第五部分　团队信任篇

 学习目标

【知识目标】

1. 了解团队信任的基本问题。
2. 掌握团队信任的因素。
3. 掌握团队成员之间如何建立起信任。
4. 掌握团队信任替代性及补充机制。

【能力目标】

1. 训练团队成员彼此之间相互信任的能力，从而提升团队的凝聚力和战斗力。
2. 通过团队信任训练，使每个团队成员都具有信任他人的能力及被人信任的能力。
3. 能够有效地利用团队每个成员的技能和知识。

【情感目标】

1. 培养学生的交流能力及信任能力。
2. 培养学生谦虚谨慎的品格，营造良好的人际关系。

任务一 团队信任的基本问题

【任务目标】

能够让学生明确团队信任的基本问题，从而在职场工作中建立同事间的信任关系。

一、理论知识

职场新人刚进入工作团队，迫切希望工作会有成果，得到承认，这都需要与同事们建立团队信任关系。信任是合作的开始，它对团队的正常运作和绩效产生直接影响。一个不能相互信任的团队，无法完成任何的合作与交流，是一支没有凝聚力的团队，也是一支没有战斗力的团队。团队必须建立在相互之间的信任之上，才能有配合、有合作，以共同完成大型的任务。团队成员彼此之间的信任程度，是影响工作绩效及成果的一个关键因素。

（一）项目团队信任的基本问题

1. 信任的定义

对于信任的定义，许多研究都曾试图说明清楚。本文列举对信任的看法，以寻找信任的内在特征。

罗宾斯认为："信任就是对他人的一种肯定的预期，认为他人不会通过语言、行动或决定而任意行事。"

梅耶等认为："相互信任就是尽管一方有能力监控和控制另一方，但他愿意放弃这种能力而相信另一方会自觉地做出对己方有利的事情。"

艾里克森将信任定义为："对他人的善良所保佑的信念或指一种健康的人格品质，强调了对意向因素的内部期待。"

彭泗清等认为："中国人习惯于将信任区分为对他人能力的信任或对他人人品的信任。"

根据许多学者的定义，我们认为："信任是对他人的言词、行为、承诺的可靠的肯定的期望，相信合作的另一方会自觉做出对自己有利的事情，而不会利用合作伙伴的脆弱点去获取利益。"

这种信任是建立在对他人能力的信任或人品的信任的基础上，体现了合作的一方对另一方的可靠性、诚实度有足够的信心。但这种信任关系的缺陷就是一方要依赖于另一方，使得信任本身具有一定的不确定性和脆弱性。我们信任别人，也就预示着我们必须承担信任风险。

2. 信任的类型

对于信任的类型，主要有三种分类法。

第一种是把信任分成契约信任、能力信任和善意信任。其中契约信任指与坚持协议和承诺相关的信任；能力信任包括对能力和绩效的期望；善意信任指伙伴间关系的相互承诺，它可以使关系持久，减少机会主义行为。

第二种是把信任分成基于威慑因素的信任、基于知识的信任和基于识别的信任。基于威慑因素的信任，指如果无法保持行为的一致性时将会受到惩罚的威慑；基于知识的信任，指双方彼此都非常了解（即拥有足够的关于对方的信息）以至于能准确预测对方的行为；基于识别的信任指合作的双方都把对方的偏好充分内在化，以至于一方作为另一方的代理人，另一方则相信他的利益将受到很好的保护。

第三种是把信任分成基于声誉的信任、基于社会相似性的信任和基于法制的信任。由声誉产生的信任，即根据对他人过去的行为和声誉的了解而决定是否给予的信任；社会相似性产生信任，一般来说，相似性越多，信任度越高；由法制产生信任，即基于非个人性的社会规章制度的保证而给予的信任（龚晓京，1999）。

3. 信任的构成要素

有四个要素对于团队信任是非常关键的：获得成效、一致性、诚实和表现关注。

（1）获得成效。首要的甚至是最重要的因素就是获得成效。就算一个人的动机是善意的，如果他不能实现我们对他的期望，他也不可能得到我们的信任。而能力是个人获得成效的保证，因此个人必须具备一定能力，且这种能力足以使他的承诺得到实现时才会可能得到别人的信任。

（2）一致性。一致性与个体的可靠性、预见性和把握局势的良好判断力有关，言行不一必然会降低信任。在大多数情况下，我们信任那些言行一致的人；言行不一意味着他可能是不诚实的或者是自私的，那是不值得别人信任的。

（3）诚实。首先是真诚和正直，其次是坦白。我们认为，如果一个人缺少了真诚和正直的品质，则很难会对这个人产生信任；而且，人们往往相信一个告诉别人真相的人。

（4）表现关注。一般来说，我们是信任那些关心我们的人，信任那些我们认为行为处世符合我们的需要至少不和我们的需要相冲突的人。这种关注的要素包括，在多大程度上，我们相信其他人会支持我们的福利乃至全体人的福利；同时，关注还应包括更大的范围，比如对我们所在群体的关注，乃至对我们的工作团队、组织的关注。

4. 信任在项目团队中的重要性

在许多研究中，信任被认为是组织成功的重要因素。对于虚拟组织和团队，信任的重要性也是无可置疑的。同样的，对于项目团队来说，它的重要性也是丝毫不受怀疑的。信任对于项目团队的重要性主要体现在以下几个方面：

（1）它横越团队的整个生命循环过程。新团队需要信任才能起步；信任是团队克服艰难工作的全效润滑剂；当团队解散时，来自组织环境的信任（或缺乏信任）将会继续流传（利普耐克等，2002）。

（2）促使团队成员之间愿意进行合作，有助于避免和减少"搭便车行为"的发生，降低因加强监督而带来的附加成本。

（3）团队成员间信任度的提高，有助于相互间信息共享程度的进一步提高。

（4）团队信任有助于组织对团队更多的支持和更大的自主权。

（5）团队信任有助于提高个体成员工作满意度，从而有助于提高个体对团队、组织的忠诚度。

（6）团队信任有助于团队绩效的提高和团队项目的顺利进展及成功。

总之，项目团队信任的建立有利于促进组织、团队、个人三方的"共赢"。

（二）培养信任感的方法

管理人员和团队领导对于团队的信任气氛具有重大影响。因此，管理人员和团队领导之间首先要建立起信任关系，然后才是团队成员之间的相互信任关系。下面总结了一些可以用来培养信任感的方法。

（1）表明你既是在为自己的利益而工作，又是在为别人的利益而工作。我们每个人都关心自己的利益，但是，如果别人认为你利用他们，利用你的工作，利用你所在的组织为你个人的目标服务，而不是为你的团队、部门、组织利益服务，你的信誉就会受到损害。

（2）成为团队的一员，用言语和行动来支持你的工作团队。当团队或团队成员受到外来者攻击时，维护他们的利益，这样就会说明你对你的工作群体是忠诚的。

（3）开诚布公。人们所不知道的和人们所知道的都可能导致不信任。如果你开诚布公，就可能带来信心和信任。因此，应该让人们充分了解信息，解释你做出某项决策的原因，对于现存问题则坦诚相告，并充分地展示与之相关的信息。

（4）公平。在进行决策或采取行动之前，先想想别人对决策或行动的客观性与公平性会有什么看法。该奖的就奖，在进行绩效评估时，应该客观公平、不偏不倚。在分配奖励时，应该注意其平等性。

（5）说出你的感觉。那些只是向员工传达冷冰冰的事实的组织管理人员与团队领导，容易遭到员工的冷漠和疏远。说出你的感觉，别人会认为你是真诚的、有人情味的，他们会借此了解你的为人，并更加尊敬你。

（6）表明指导你进行决策的基本价值观是确定的。不信任来源于不知道自己面对的将是什么。花一些时间来思考你的价值观和信念，让它们在你的决策过程中一直起指引作用。一旦你了解了你的主要目的，你的行动相应地就会与目的一致，而你的一贯性能够赢得信任。

（7）保密。你信任那些你可以相信和依赖的人。因此，如果别人告诉你一些秘密，他们必须确信你不会同别人谈论这些秘密，或者说不泄露这些秘密。如果人们认为，你会把秘密透露给不可靠的人，他们就不会信任你。

（8）表现出你的才能。表现出你的技术和专业才能以及良好的商业意识，能引起别人的仰慕和尊敬。应该特别注意培养和表现你的沟通、团队建设和其他人际交往技能。

二、案　例

【案例1】

神父的境界

有一部美国电影，讲的是一个做过盗贼的逃犯，在冻饿中为一位神父所接纳，供食宿，不料他贼性不改，又偷了神父家的银器出逃，被警察逮住送到神父面前，神父却一口咬定那些银器是自己送给他的，于是这个贼被放了。神父的这一举动从此改变了此人的一生，使他从一个贼变成了一个一心为穷人谋利的好人。

【评析】 一个充满信任的团队或社会，需要每个成员随时随地地投入并添加一份自己对他人的"信任"。"我为人人，人人为我"，因为这份人与人之间的信任，大地才会变得美丽。当然，作为一个团队的存在，信任能否为大家接受，首先要看这个团队的领导者是否值得信任。

信任是成功的前提，是突破心理"禁区"的利刃，能让人放下防备和顾虑，更积极地投入到团体工作中。我们要培养相互信任，一方面，同事间无论如何都要以诚相待。有些人认为迎合就能赢得信任，可这却让人觉得虚伪，倒不如坦诚己见。另一方面，在赢得别人信任的同时，要多看别人的长处，相信他们有能力完成工作，不要总认为事情离了自己就做不成，地球可是离了谁都照转。

【案例 2】

立木为信

春秋战国时，秦国的商鞅在秦孝公的支持下主持变法。当时处于战争频繁、人心惶惶之际，为了树立威信，推进改革，商鞅下令在都城南门外立一根三丈（1 丈＝3.333 米）长的木头，并当众许下诺言：谁能把这根木头搬到北门，赏金十两。围观的人不相信如此轻而易举的事能得到如此高的赏赐，结果没人肯出手一试。于是，商鞅将赏金提高到 50 金。重赏之下必有勇夫，终于有人站起将木头扛到了北门。商鞅立即赏了他五十金。商鞅这一举动，在百姓心中树立起了威信，而商鞅接下来的变法很快在秦国推广开来。新法使秦国渐渐强盛，最终统一了六国。

【评析】 上面的案例说明这样一个道理：想让人家信任你，首先你得突破别人信任你的心理防线，也就是你的所作所为的诚信度如何。一个团队无论成员之间还是领导与成员之间要想取得别人的信任，首先应在职场中赢得别人对你的信任度，有了信任度，你的观点、方法决策才会让别人相信。

【案例 3】

"宁教我负天下人"

曹操行刺董卓不成，独自一人骑马逃出洛阳，飞奔谯郡，路经中牟县时被擒。县令陈宫见曹操忠义，于是弃官与之一起逃亡，两人行至成皋，投宿曹父故人吕伯奢家中。

吕伯奢一见曹操，非常高兴。又听说其刺杀董卓未遂，正逢缉拿，毫不犹豫地将他们带回家中，之后，转身出门，吩咐家人杀猪款待，自己出庄买酒。

　　由于刺杀董卓之事，曹操终日紧张，加上他生性多疑，所以就没有真正地静下来过。即使在吕伯奢家中，他依然两耳高竖，坐立不宁。他刚喝完一杯茶，就听见了外面的磨刀之声，侧耳再听，竟听到有人说，马上堵门，别让他跑了。

　　多疑的曹操哪知道是准备杀猪，他认为是吕伯奢家人要报官杀害他，他心一横，拔剑出门，"好一群不顾大义的小人！"吕伯奢的小孙子正在瞅他，却被他忽的一剑刺去，一股鲜血喷涌而出。曹操没有停手，一剑一人杀向后院。

　　提剑的曹操见后院吕伯奢的 4 个儿子正在捆猪，心中猛然一顿，知道自己错杀人了，但他仍提剑砍去，将此 4 人杀死。曹操觉得自己的身体突然软了下来，遂挂剑在地，闭目不语。良久，忽然拔剑挺直，对天长啸："宁教我负天下人，休教天下人负我！"啸毕，一剑砍断马缰，跃身而上，催马离去。

　　【评析】　职场新人千万不能有曹操的这种心态。有些人对团队中的同事全然不信任，疑神疑鬼，总担心下属夺权造反，不敢放权；担心同事面前一套，背后一套，处处设防，工作开展起来十分缓慢；或者平日看似合作无间，其实信任没有基础。一旦患难或面临危机，信赖关系破裂，团队内部即土崩瓦解，成员自己一无所得。

【案例4】

信任的力量

　　周朝末代天子周幽王有个宠妃叫褒姒，她从不言笑，周幽王为博她一笑，下令在都城附近的烽火台燃起象征警报的烽火狼烟。各诸侯见到烽火，以为有敌人入侵周朝都城，急忙纷纷率兵赶到都城救援。到了城下才知道是君王为博妃子一笑而在戏弄大家，各路诸侯愤然离去。褒姒看到平日庄严威仪的军队这次却匆匆来去的狼狈样，终于嫣然一笑。

　　几年后，西夷犬戎发重兵攻打周朝都城，幽王急忙再燃烽火，而诸侯都以为他又在开玩笑，没有一家出兵。结果敌人入城，幽王自刎，褒姒被俘，周朝灭亡。

　　有一种力量叫信任。

　　早在两千多年前，信任的力量与价值就已经受到了广泛的重视。春秋时期，子贡曾问政于孔子，何为一个强大的国家，孔子答曰："足食，足兵，民信之矣。"子贡曰："必不得已而去，于斯三者何先？"孔子曰："去食"，子贡又问："必不得已而去，于斯两者何先？"孔子答曰："去兵"，续言："无粮无兵国可生，而民无信则国不立。"可见孔子对"信"的重视。在今天的社会中，信任已不仅仅是一个社会的道德现象，更是一个关乎企业，甚至是国家兴衰的重要因素。小到一个企业，大到一个国家，信任都是生存发展的基石。一个国家信任度的降低可能产生经济混乱，国民安全感降低，严重时甚至可以导致政权的危机。

盖洛普国际公司做了一项题为"政府领导层诚信度"的全球民意调查。调查结果表明，越是强大的国家，国民对政府的信任度就越高。以国家总领土面积不足 700 平方公里的新加坡为例，缺乏土地、淡水等各种资源，但是可以在经济强国之林中占有一席之地，其国民对政府的信任度居全球首位。而国民对政府信任度低的国家，其经济发展水平也相对较低。此项调查公布时显示，当时美国国民对政府的信任指数下降得非常快，不久，美国经济发生大动荡。美国次贷危机与金融风暴其表象是经济问题，而背后却是国民对政府信心的缺失，由此造成了恐慌。反之，如果国民信任政府，不忙于挤兑，自然不会形成多米诺效应。伊拉克等政治、经济混乱的国家其国民信任指数也处于极低的水平。

【评析】 对于企业来讲，组织内部建立充分的信任可以切实提高组织成员的工作效率、执行力、创新力、向心力及忠诚度与归属感，从而降低管理成本，更能使被信任者产生强烈的责任感并释放能量与潜力。有时，信任还能使被信任者发现自身的价值。家族式企业中，成员间的信任度即明显高于非家族式企业，因此抵御外部风险的能力也较高，内部也减少了很多沟通成本，执行力提高，工作效率也明显提升。中国一些企业的员工跳槽非常频繁，他们在职业生涯中，平均主动更换工作的次数是欧美、日本企业的 3～4 倍。在美国、日本，很多人几乎一生只在一家企业工作。造成这种落差的原因有很多，但是一个主要原因就是来自于组织成员间信任度的不同。如今的社会，员工工作不仅只想获得物质酬劳，同时也期待精神上的奖励、满足与安全感，同事与上下级之间相互的信任就是这种满足与安全感的基础。而缺乏信任的组织中，员工缺少工作热情与信心，更可能损伤员工的自尊心，猜忌多疑，工作效率自然低下，员工离开这样的组织时会毫无眷恋。

而外部对企业的信任可以使企业获得无价的商誉，这种商誉可以转化为具体的经济价值。比如，贷款时企业的信誉与领导者的信誉直接影响贷款的成功率与信贷额度；与客户建立高度的信任会使合作更加顺畅，获得更长的账期或先货后款等机会；消费者信任的企业品牌或产品品牌不仅可以提高销售量，更可以赚取以信任为担保的溢价；当企业或行业遭遇危机时，信任力更可以帮助企业渡过难关。如海尔、格兰仕，到三聚氰胺事件受到影响的蒙牛、伊利等企业，都因为曾经建立了对社会的高度可信赖形象，才使企业在消费者草木皆兵、对企业产生质疑时屹立不倒。即使发生一些负面事件，公众也会对信誉良好的企业持一种冷静、理解，甚至是宽容的态度。而很多实力虽然强大，却缺乏信任力的企业，在遇到危机时，内部极容易产生分裂，外部又施加压力，导致组织猝然死亡。

三、任务训练

训练一　请您保持距离

项目简介

自信的人总是那些能坚持自己原则，按照自己的价值观生活的人，但是坚持自己和尊重别人是否冲突呢？本项目就是通过训练，提高沟通能力，应付讨厌的人。

操作流程

1. 培训师将所有人按照两个人一组的标准进行分组，让每组中的两个人面对面站着，间隔2米左右。

2. 让两个人一起向对方走去，直到其中有一个人（例如A）认为到了比较适合的距离（即再往前走，他会觉得不舒服）停下。

3. 让小组中的另一个人（例如B），继续向前走去，直到他认为不舒服为止。

4. 现在每个小组都至少有一个人觉得不舒服，事实上，也许两个人都觉得不舒服，因为B觉得他侵入了A的舒适区，没有人愿意这样。

5. 现在请所有人回到座位上去，给大家讲解四级自信模式。

6. 将所有的小组重新召集起来，让他们按照刚才的站法站好，然后告诉A（不舒服的那一位），现在他们进入自信模式的第一阶段，即很有礼貌地劝他的同伴离开他。例如"请你稍微站开点好吗？这样让我觉得很不舒服！"注意：要尽可能地礼貌，面带微笑。

7. 告诉B和同伴，他们的任务就是对对方笑笑，然后继续保持那个姿势，原地不动。

8. A的同伴现在有很多人已经对他们的搭档感到恼火了，他们进入第二级，有礼貌地重申他的界限，例如"很抱歉，但是我确实需要大一点的空间"。

9. B和同伴仍然微笑，不动。

10. 现在告诉A和同伴，他们下面可以自由选择怎么做，以此来达到目的，但是一定要依照四级自信模式，要有原则，要控制你的不满，尽量达成沟通和妥协。

11. 如果你们已经完成了劝服的过程，互相握手道歉，回到座位上。

特别提示

1. 当别人跨越到你的区域的时候，你是否会觉得很不舒服？如果别人不接受你的建议，不离你远一点，你会有什么感觉？

2. 是不是每一组的 B 都退到了令 A 足够满意的地步？是不是有些是 A 和 B 妥协以后的结果？

3. 有多少人采用了全部的四级自信模式？有没有人只采用了一级，对方就让步了？有没有人是直接跳到了第四级，例如破口大骂的？

4. 由于个性、文化、伦理道德观不同的人对于彼此之间距离的忍耐程度是不同的。例如阿拉伯人喜欢跟人靠得特别近，而西方人则习惯于与人保持一定距离，所以我们经常会看到阿拉伯人进一步，西方人退一步，阿拉伯人追着西方人跑的现象。

5. 实际上，只要大家可以平心静气地进行沟通，这些问题都是可以解决的，关键是要克制住你的不满情绪，理解对方。

6. 尊重对方并不等于是忽视自己权益的忍让，如果对方好像上述项目中的 B 似的，那么我们所要做的就是在有礼貌地沟通的基础上坚持自己的原则。

附 发放材料

四级自信模式

第一级：通过有礼貌地提出请求，设定你个人的界限。

这不是宣称你的道德高尚！只是对你的需要的简单、诚实的表达。为了使他能得到尊重，使用下面的表述：你介意吗（顿一下）？我觉得……

第二级：有礼貌地再重申一次你的界限或边界。

记住，这不是杰丽·斯平加格的表演。你可以不得罪任何人，而坚持你的需要。事实上，你不必出言不逊就可以做到。你可以考虑这么说："很抱歉，我真的需要……"（提示：你第一次请求之后没有退让的表现，将会给出第二次请求——尽管他还是以和善的方式，但增加了许多力量。）

第三级：描述不尊重你的界限的后果。

"这是对我很重要的事。如果你不能……我就不得不……"注意：你的后果也许只是简单地走开，否则将会更难堪。但是大多数人在这个时候通常会放弃的，即使这个需要对他们的健康和心态至关重要。我们大多数人

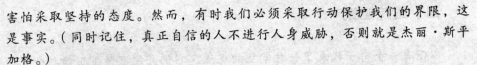

害怕采取坚持的态度。然而，有时我们必须采取行动保护我们的界限，这是事实。（同时记住，真正自信的人不进行人身威胁，否则就是杰丽·斯平加格。）

第四级：实施结果。

"我明白，你选择不接受。正如刚刚所说的，这意味着我将……"

参与人数：2个人一组。

所需时间：50分钟。

场地要求：不限。

所需器械：四级自信模式材料。

训练二 信任人椅

项目简介

团队的力量是巨大的，成功属于团队的每一个成员。如果没有团队的每一个成员的相互协作、信任、共同努力，很多事情是难以完成的。本项目就是为了培养队员之间的协调能力、合作精神和责任意识，以及如何相互扶持达到明确目标的能力。

操作流程

1. 全体队员站立围成一圈。
2. 队员与队员之间间距一个拳头的距离。
3. 每个队员将双手放在前一名队员的双肩上。
4. 每个队员缓缓坐在后一位队员的大腿根部。
5. 全体队员都坐稳后，每个队员放开双手，上半身缓缓向后倒至大家可承受的程度，保持数秒后，恢复原状。

特别提示

1. 看似不可完成的任务，最终是否完成了？是怎样完成的？
2. 当你坐在队友腿上，或者被队友坐着时，是什么感觉？
3. 整个圈，某一个队员（环节）断开，都将前功尽弃。

参与人数：45人，一组15人为佳。

所需时间：5分钟。

场地要求：室内或户外场地。

所需器械：无。

四、跟踪测试

以下每一个句子代表了一种常见的观点，它们并没有错误正确之分，你可能同意其中一些说法而不同意另一些说法。请仔细阅读每一个句子，依照同意或不同意的程度，给每一个句子打分。假如你非常同意，打 +3 分，比较同意打 +2 分，有点同意打 +1 分，有点不同意打 -1 分，比较不同意打 -2 分，非常不同意打 -3 分。

打分时，第一印象通常是最好的。如果发现以上的数字不能确切地表达你自己的看法，请选择感觉最接近的数字。

1. 大多数成员在队长计错分时会把这一情况告诉队长，即使队长错给的分数比他们应得的分数高。

2. 人们总是声称自己具有诚实和道德的准则，但是在关键时刻，却很少有人能坚守这些准则。

3. 大多数人如果得知他们所见所闻的新闻大都是歪曲的报道时，他们将会震惊不已。

4. 如果你希望人们做好工作，你应该详细给他们讲解，并且严密地监督他们。

5. 人们通常是说真话的，甚至在他们知道说谎会对自己有好处时也是如此。

6. 能够防止大多数人犯法的是恐惧、社会羞辱及惩罚，而不是良心。

7. 如果你很信任他人，几乎所有的人也会以信任回报你。

8. 大多数人并不是因为什么伟大的理由诚实，他们诚实只不过是担心被抓住而已。

记分方法：奇数题的实际分数即为所打的分数，如第 3 题打分为 +2 分，则实际分数依然为 +2 分；偶数题的得分为所打分数的相反数，如第 4 题打分为 +2 分，则实际分数应该为 -2 分。

结果分析（所有分数相加）

高度信任（+24~+8）：你的人缘很好，因为你倾向于认为每个人都是值得信赖的，这会令他人感到被尊重和承认。但你同时也应注意要保持一定的警惕性，避免上当受骗。

适度信任（+7~-9）：你能在信任他人与避免轻信方面达到一定的平衡，你所要注意的只是何时信任，何时怀疑而已。

缺乏信任（-10~-24）：你可能对他人过于怀疑了，要知道并不是总有那么多的坏人在周围。试着多一些信任，你会发现，生活会更轻松。

任务二　团队信任的因素分析

【任务目标】

通过本任务的学习，使刚进入职场的大学生能够明白：在职场后的工作中与同事间建立彼此信任，相互合作的关系。

一、理论知识

职场新人刚进入职场工作团队时，迫切得到团队的认可，可有时事与愿违，希望与结果正好相反。那么职场新人在刚进入职场团队时，如何能够得到职场这个团队的认可。作为职场新人，首先应了解团队信任的因素，通过对团队信任因素的分析，在此基础之上，恰到好处地与职场团队成员进行交往，从而更加快速地融入团队，并且得到团队成员的认可。

（一）影响团队信任因素分析

团队的信任涉及组织对团队的信任、团队对组织的信任、团队对成员的信任以及成员对团队和组织的信任等四个方面。因此，信任的影响因素分析可以从组织、团队、个体三个层次来进行。这里需要说明的是，团队信任的研究，有的只关注到组织对团队的信任、团队管理者对成员个体的信任和团队成员间的信任三个方面，这是不够的。信任的建立应该是双向的，而不仅仅是单向的，如果成员对团队和组织不信任，或团队对组织不信任，那么其后果是对信任关系的破坏。一旦信任关系受到破坏，要重新构建信任将会遇到更大的麻烦。

1. 组织层次

从组织层次来说，以往组织领导对团队的偏见、组织对团队授权不充分、过多干预和控制团队的决策和行动、组织行为前后不一致、组织与团队缺乏沟通和交流、缺乏必要的团队激励、对团队缺乏支持、对团队及其成员的关注不够、不公正、低信任度的组织文化特征等，是导致团队和个人对组织低信任度的主要原因。

2. 团队层次

从团队层次来说，缺乏与组织之间的沟通和交流、以往的不成功的经历、团队领导的不称职，缺乏让组织信任的能力、团队整体的凝聚力低，则导致组织对团队的低信任度；另一方面，由于团队领导对其成员缺乏信任、相互之间的互动沟通不够、对成员的行动过多地干预或授权不足、薪酬和其他相应激励措施力度不够、言行不一致、不公正、团队规模大等，导致团队成员对其所在团队的低信任度，其结果是导致团队凝聚力松散，战斗力不强。

3. 个体层次

从团队成员层次来说，成员个体的受教育程度、家庭背景和文化背景、经历、年龄、收入水平等方面的差异、成员之间的相互沟通机会少、相互间熟悉程度低、受到的待遇不公平，是导致成员间低信任度的原因；同时，成员个人的成功或失败的经历、成员个人的能力水平、个人的品质及其过去在组织中的表现、与领导之间的互动沟通等，将直接关系到组织和团队对成员个体的信任。

二、案 例

【案例1】

囚犯的故事

一个劳改犯人在外出修路时，捡到了 1 000 元钱，不假思索地交给了警察。可是，警察却轻蔑地对他说："你别来这一套，用自己的钱变着花样贿赂我，想换资本减刑，你们这号人就是不老实！"

囚犯万念俱灰，心想这世界上再也不会有人相信他了。晚上，他越狱了。

亡命途中，他大肆地抢劫钱财，准备外逃。在抢得足够的钱财后，他乘上开往边境的火车。火车上很挤，他只好站在厕所旁。这时，一位十分漂亮的姑娘走进厕所，关门时却发现门扣坏了。她走出来，轻声对他说："先生，你能为我把门吗？"

他一愣，看着姑娘纯洁无邪的眼神，点点头。姑娘红着脸进了厕所。而他像一位忠诚的卫士一样，严严把守着门。

在这一刹那间，他突然改变了主意。下一站，他下车到车站派出所投案自首了。

【评析】 这就是信任的力量，来自灵魂深处，胜过金钱和武力，洗涤人的灵魂，给人自信。正是这份信任，让囚犯决定到派出所投案自首；也是由于不信任，囚犯才越狱，进行大肆的抢劫钱财，可见信任的力量如此巨大。

【案例2】

陌生人之间的小事

一天早上妻子打开了小卖部的窗口，刚把公用电话摆到柜台上，就有一位女士用电话。当她放下话筒时，妻看了一下计时器，告诉她收费3元钱。

女士从精美的手提兜里掏出一张百元面值的钞票递过来，妻无法找回钱去，手里没备这么多要找的钱。小卖部属微利经营，有时一天也卖不了这么多的钱，何况又是才开业。妻说，你什么时候有零钱送来吧。女士脸上现出惊讶的神色，问妻："你认识我吗？"妻细看她一眼，说："我不认识您，可我信任您。"

女士不再说什么，转身离去了。十几分钟后，这位女士又出现在小卖部里，把3元钱电话费送给妻，她说，为了换开这一百元钱，我特意去了一趟百米之外的农贸市场，又特意走回来送这3元钱电话费。

妻接过电话费，说："不送也没关系的。"

女士说："我是因公出差到这个小城，早上顺便打个长途，我要是没给电话费走了，你也无法找到我。可我一定要回来，一个人能被人信任不容易，我要珍惜。"

【评析】　一个人能被别人信任，那份心情的确不一样。别人信任我们，我们也因此尊敬自己，这时人自然会更加纯洁和高尚了，愿你我多一份信任。

三、任务训练

训练一　众志成城

项目简介

要想使团队在规定的时间内完成看似不可能的任务，只有把自己的力量给予对方，自身才能获得对方的支持。增强团队成员之间的协作与配合能力，提升团队的竞争力；培训学员的团队精神面貌，让学员在"完全无语言沟通"的情况下相互信任，进行合作。

操作流程

开场白示例。

"现在我们要进行一个项目，我知道你们会喜欢的，而且我现在向你们保证，你们不用语言也可以交流（给学员一些时间讨论）……好了，现在请大家全体起立，每小组将椅子排成一行。"

1. 培训师将所有学员分成若干组，但小组数一定是双数（如果人员太多，可以增加每组的人数），每小组调整男女比例，最好是1∶1的比例。

2. 培训师把每两个小组确定为一个竞赛组，胜者与其他竞赛组的胜者继续比赛，直到产生最后的获胜小组。

3. 第一组排成一排，全部站在椅子上（椅子的排列不要有空隙），男女交叉站立，然后给每个人发一根牙签（没有牙签的，就用吸管），给第一个人的牙签上套上一个小纸圈（没有纸圈的用橡皮筋，用纸圈难度大），要求第二个人用吸管接住往后向下传。依此类推，传到小组的最后一个人，再从最后一个人传回来，项目结束。（培训师要提醒学员注意不要从椅子上掉下来。）如果在传递的过程中，纸圈掉了，则不能再捡起来。规定时间5分钟。看可以成功传送多少个纸圈。

4. 站在地上的另一组学员，可以用任何办法进行干扰，但不可以碰上面的人，也不能碰椅子。要求做干扰方的小组一定要想尽一切合理的办法阻止比赛小组顺利完成任务，这样项目的效果会更加显著。

5. 时间到，请两组学员交换角色，最后传送的纸圈最多的组为胜利方。

变通玩法。

前面项目1、2步骤相同，在第3步骤时，在传递纸圈的过程中，如果纸圈掉了，可以捡起来，从掉下来的位置开始继续传，最后看哪个小组完整传递一个纸圈，所需时间最少者即为胜利方。如果培训师要加大难度或者人数不多、时间充分的话，纸圈掉下来以后可以要求从第一人重新开始传递，这样效果更好。

替代项目。

给每个人一次性的纸杯，几个容器，也可以进行传水比赛，两组可同时进行，当然传递的工具不是手，而是嘴；第一个人含住杯子，将水倒入第二个人的杯子里，第二个人依此类推地传递下去。

特别提示

1. 这个项目说明了什么？可能答案：协作和配合才能完成任务；全力以赴，以团队目标为重，才能达成更大的成功。

2. 这个项目在实际工作中的意义在哪里？引导方向：小成功靠个人，大成功靠团队，工作中你的团队之所以能出类拔萃靠的就是团队各个角色的通力合作，群策群力达成目标，不管团队中是否存在矛盾，一切要以团队利益为重。

3. 在刚开始时为什么会出现男女之间传递时的尴尬场面而造成失误？可能答案：放不开，有顾忌、有心理障碍；注意力没有集中在要完成的任务上。

4. 为什么有的小组受到外界环境的干扰却能非常出色地完成任务？可

能答案，引导方向：焦点集中，全情投入，自然不受影响；在工作中只有我们众志成城，排除一切干扰，才能抱团打天下。

参与人数：50 人，最好是每 10 人以上一组，每个小组人数相等，小组数应该为双数。
所需时间：15 ~ 25 分钟，根据小组数和每小组人数具体确定。
场地要求：室内。
所需器械：牙签（吸管）、用纸做成的戒指状的小纸圈（橡皮筋）若干个，椅子若干张。

四、跟踪测试

问答：团队信任的因素有哪些？结合实际例子分析这些因素在团队管理中的意义。

任务三　构建团队的信任

【任务目标】

能够让进入职场的新人明白如何在职场中建立团队之间的信任关系。

一、理论知识

刚步入职场的新人，由于业务不熟练，团队成员陌生，往往很难得到团队的认可的。那么职场新人如何快速的得到团队的信任，我们认为可以从组织与团队间的相互信任、团队与成员间的相互信任以及团队成员间的相互信任三个方面来考虑。

（一）构建组织与团队间的相互信任

组织与团队间的相互信任，包括组织与团队领导之间的相互信任，组织与成员个体间的相互信任。

1. 组织层次

这里的组织层次，我们指的是企业的高层领导。作为企业的高层领导，个人应该具备出众的才能和卓越的领导艺术，在组织中的岗位上或曾经在类似方面有良好的业绩表现，这样才能在个人条件方面服众，对企业组织中的工作开展也非常有利。

同时，对项目团队进展中的各种问题和困难给予及时的帮助和解决，提高项目团队的适应性和战斗力。建立一套科学、合理的团队激励机制，保证团队能够沿着组织目标前进而不偏离方向。建立起高信任度的、公开的、公正的组织文化，提倡在组织范围内敢于讲实话、讲真话，让团队及成员个体了解组织目前的状况，使员工与组织一起患难与共，共图发展。

2. 团队层次

团队层次，这里主要指团队领导。对于团队领导以往的经历，个人能力情况，以及目前团队的工作进展情况将直接影响到组织对团队领导的信任；这就要求团队领导必须指导成员们尽力做好每一件事情，尽可能地使工作进展得更顺利，这将在一定程度上增强领导对团队的好印象，为团队取得组织的信任打开了良好的局面。

其次，团队领导个人的品质，比如真诚、正直和坦白，也将会影响到组织对其信任程度，这要求团队管理者要保持对组织忠诚，保持对员工的正直和坦白，处理事情要秉着公正、公开的态度。

3. 个体层次

个体层次指的是团队成员。首先，个体的能力情况及其过去的相关工作经历将直接影响到组织对其的最初印象，不过个体的能力可以通过相应的培训来获取，因此对于个体来说，获得工作的成效是关键，它将直接影响到团队领导和组织对其办事能力的信任，这正如利普耐克所说的"信任来自业绩的表现"。这就要求员工做好职责范围内的岗位工作，保质保量按时地完成上级领导布置的各项工作。

（二）构建团队与成员间的相互信任

对于团队与成员相互信任的建立，应该从团队领导如何赢得成员的信任和成员个体如何赢得团队领导的信任两个方面考虑。

1. 团队领导如何赢得成员的信任

我们同意下述两种观点以建立团队领导的凝聚力。威尔逊和乔治在《团队领导生存手册》中指出，要建立团队内的信任，团队领导应该做好以下九点：必须知道自己所做的事是否对建立团队内部的信任有意义；能识别同伴间的不信任以及不信任对团队的不良影响；要知道如何避免信任陷阱，如随便猜疑别人、掩饰自己、不守承诺、打击报信人、混淆信息、糖衣炮弹等；在陷入信任陷阱时，有自己信任和尊重的人来提醒自己；坦率表达自己的看法；善于倾听别人的谈话；适当的时候，承认自己不全知道所有的解决办法；让别人提供反馈意见，同时要对他们的意见作出合理的、恰当的反馈；要告诉别人，你是非常信任他们的。费西尔等在讨论团队领导与成员间的信任时，认为应该注意以下要点：公开且经常沟通；要得到信任，先给予信任；真实诚恳；树立有力的经营道德规范；要说到做到，行动可见；务必使你与团队的互动前后一致，有章可循；从一开始就决定将来互动的调子；易于接近和反应迅速；保密；注意用词；要为团队创造社交时间。

2. 成员个体如何赢得团队领导的信任

首先，获得工作的成效是关键，它将直接影响到团队领导对其办事能力的信任，这就要求员工做好职责范围内的岗位工作，保质保量按时地完成工作，并协助其他成员完成团队工作。

其次，要求个体成员必须忠诚、正直和坦白，这是非常重要的信任构建要素。个体成员要始终忠诚于团队，不做不利于团队的事情。

最后，互动沟通是非常必要的。通过互动的沟通和交流，让团队领导更多地了解自己，及时解决对技术问题处理的意见分歧，消除相互间的矛盾和误解。

二、案 例

【案例 1】

马卡连柯对"小偷"的信任

苏联伟大的教育家马卡连柯非常注意对孩子的信任。他认为，信任可以培养孩子的诚信。

有一次，马卡连柯派一个曾经是小偷的学生去几十里外取一笔数额不小的钱。这位学生由于曾经是小偷，在同学的眼中被视为另类，几乎没人与他来往，他非常渴望得到信任。

接到马卡连柯的任务后，这位学生简直不敢相信这是真的，他问马卡连柯："校长，如果我取了钱不回来了，你会怎么办呀？"马卡连柯平静地回答："这怎么可能？我相信你是一个诚实的孩子。快去吧！"当这位学生把钱交给马卡连柯的时候，他要求马卡连柯再数一遍。谁知，马卡连柯却说："你数过了就行。"于是，随手把钱扔进了抽屉。事后，这位学生是这样描述自己的心情的："当我带着钱在路上时，一路上我在想，要是有人来袭击我，哪怕有十个人，或者更多，我都会像狗一样扑上去，用牙咬他们，撕他们，除非他们把我杀死！"马卡连柯就是运用信任的方法培养了这位学生诚信的行为。因为，只有信任才能换来诚信。

【评析】 要想让别人相信你，首先你得信任别人。有时给别人充分的信任，也是赢得别人信任的前提。文中那位"小偷"学生取得了老师的信任，他珍惜这来之不易的信任，所以他圆满地完成了老师交给的任务。那么，在团队中，要想赢得别人的信任，首先应给别人充分的信任。

【案例2】

船长与黑人小孩

一艘货轮在烟波浩渺的大西洋上行驶。一个在船尾搞勤杂的黑人小孩不慎掉进了波涛滚滚的大西洋。孩子大喊救命，无奈风大浪急，船上的人谁也没有听见，他眼睁睁地看着货轮托着浪花越来越远……求生的本能使孩子在冷冰的水里拼命地游，他用全身的力气挥动着瘦小的双臂，努力使头伸出水面，睁大眼睛盯着轮船远去的方向。船越来越远，船身越来越小，到后来，什么都看不见了，只剩下一望无际的汪洋。孩子力气也快用完了，实在游不动了，他觉得自己要沉下去了。放弃吧，他对自己说。这时候，他想起了老船长那张慈祥的脸和友善的眼神。不，船长知道我掉进海里后，一定会来救我的！想到这里，孩子鼓足勇气用生命的最后力量又朝前游去……船长终于发现那黑人孩子失踪了，当他断定孩子是掉进海里后，下令返航，回去找。这时，有人规劝："这么长时间了，就是没有被淹死，也让鲨鱼吃了……"船长犹豫了一下，还是决定回去找。又有人说："为一个黑奴孩子，值得吗？"船长大喝一声："住嘴！"终于，在那孩子就要沉下去的最后一刻，船长赶到了，救起了孩子。当孩子苏醒过来之后，跪在地上感谢船长的救命之恩时，船长扶起孩子问："孩子，你怎么能坚持这么长时间？"孩子回答："我知道你会来救我的，一定会！""怎么知道我一定会来救你的？""因为我知道您是怎么样的人！"听到这里，白发苍苍的船长扑通一声跪在黑人孩子面前，泪流满面："孩子，不是我救了你，而是你救了我啊！我为我在那一刻的犹豫而耻辱……"

【评析】 上文的故事告诉我们，我们不能相信一切，因为这个世界还存在着虚假与欺骗；我们也不能怀疑一切，因为这个世界不只存在着虚假与欺骗。黑人小孩因为对船长的信任，让他得以生存下来；因为黑人小孩对船长的信任，让船长心灵得到了洗涤。也可以说，船长救了黑人小孩的生命，黑人小孩救赎了船长的心灵。

三、任务训练

训练一　信任传递

项目简介

增强团队成员的配合、信任能力。了解面对转变的策略，重视团队的沟通。它是一项考验对他人信任度、训练人换位思考意识的项目。

操作流程

1. 将学员分成若干队，每队由 8 名左右队员组成，并从中选出 1 员队员担任监督员。

2. 各队面向黑板排成纵队，队列的最后一名队员作为代表到培训师面前。培训师向各队队员和监督员宣布项目规则。

3. 项目规则。

（1）培训师给各代表一个数字，通过肢体语言把这个数字传递给各队的全部队友，并由各队的第一名队员将这个数字写到黑纸上，传递速度最快、最准确的队为胜。

（2）项目中，任何队员不可以说话、发出声响，由后依次向前传递，后面各队员只能够通过肢体语言向前一名队员进行表达，通过层层传递，直到第一名队员将这个数字写在黑板上。

（3）项目进行三局（数字分别是 0，900，0.01），每轮期间讨论时间为 1 分 15 秒。第一轮胜利积 5 分，第二轮胜利积 8 分，第三轮胜利积 10 分。

特别提示

1. P（计划）D（实施）C（检查）A（改善行动）循环，在这个项目中如何得到体现？

2. 四个循环中，哪个步骤更为重要？

参与人数：40 人左右为佳。

所需时间：30 分钟。

场地要求：室内。

所需器械：数字卡、黑板。

训练二 红黑游戏

项目简介

本项目是在管理界广为人知的"囚徒困境悖论"博弈游戏基础上加以发展创新而来，原始背景是这样的。甲、乙两个嫌疑犯被警方逮捕了，警方没有足够的证据确定他们有罪。警方把两人分开关押后，分别和他们见面，并提供相同的选择。如果其中一个人作证检举另外一个人，而另外一个人保持沉默的话，这个沉默的同谋将被判处整整10年监禁，背叛者将被释放；若两个人都保持沉默，警方只能给每个人6个月的轻微指控；如果两个人都背叛对方，他们都将被判处5年监禁。当一个囚徒假定他们俩都自私自利，要将自身的监禁期限缩至最短时，困境就出现了。每个囚徒有两个选择：与同谋合作，保持沉默；或者背叛同谋，供出证据。每种选择的结果都依赖于同谋的选择。但是，任何一个囚徒都不知道他同谋的选择。即使他们能交谈，亦无人能肯定相信对方。让我们来设想故事中的囚徒，如果他们理性地做出自己的最佳选择。如果他的同伴保持沉默，他的最佳选择是背叛，因为这样他能获得自由，而不是得到轻微6个月的判决。如果他的同伴背叛，他的最佳选择仍然是背叛，因为背叛他只需监禁5年而非10年。同样的，另一个囚徒的理性思考也会导致相同的结论，并因而选择背叛。一个囚徒选择合作将是不理性的，即使他能肯定另一个囚徒会合作。如果从团体（两个囚徒组成）的最优利益来考虑，正确的结论将是两个囚徒彼此合作，因为这将使他们的总监禁时间减少到6个月。任何其他的结果都将比两个囚徒的合作要差。然而，由于每个人都只追求他们的个人利益，两个囚徒都得到了更长的判决，这实际既伤害了团体的利益，也伤害了他们的个人利益。

操作流程

1. 两个公司各有红、黑牌各一张，双方通过出牌进行交易。

2. 双方同时出红各亏损30万，双方同时出黑各赢利30万；一方出红一方出黑，红方赢利30万，黑方亏损30万。

3. 第三轮结果乘3，第六轮结果乘6，其他保持不变。

4. 第一轮结束后，AB公司可为今后交易谈判，第七轮不可谈判。

5. 所有交易费用来自银行贷款，需要予以偿还。

6. 轮次表（见表5.1）

表 5.1　轮次表

公司＼轮次	一	二	三	四	五	六	七	最终结果
A 公司								
B 公司								

要求：追求公司利益最大化或者……

特别提示

世界上大概可以归纳成四种人。

第一种人是希望你好我不好。

第二种人是希望我好你不好。

第三种人是希望你好我也好。

第四种人是希望我不好你也别想好。

1. 对照学员自己，看属于哪一种人？

2. 总结人类的弱点，关键在于"朋友"的概念究竟是什么。刚才还是好朋友，现在两败俱伤。

3. 最后，再拉手、拥抱刚才的好朋友。

4. 分组可同时进行。

参与人数：40 人，可 10 人一组。

所需时间：1.5 小时。

场地要求：室内。

所需器械：黑板、红黑牌各一张。

四、跟踪测试

王总是某公司的项目经理，接受了一个新的项目。为此他组织了一个临时的项目小组。在项目开展的初期，成员不了解项目的情况，主要按照王总的要求去做工作。在项目的进展过程中，项目成员逐渐熟悉、掌握了各种问题，对一些问题提出了自己的意见和看法。于是，王总经常组织会议，让团队成员讨论解决各种问题的方法。然后再从中选出较好的解决方案，作出决定。到了项目的后期，项目团队成员熟悉了各种问题，掌握了各种解决问题的方法和能力，经常能够独立地完成各种任务。所以，王总经常让他们自己去完成各种工作。

他现在只是起到一个支持他们工作的作用，只是定期地检查一下进度情况。王总对自己的团队成员很满意，他始终相信自己团队中的每一个成员。

1. 上述案例说明，王总的领导方式是（　　）。

A. 命令　　B. 授权　　C. 协商　　D. 随着不同的情况而变化的

2. 王总在项目的后期采用的领导方式是（　　）。

A. 命令　　B. 协商　　C. 参与　　D. 授权

3. 王总采用授权的方式来管理团队，他认为（　　）对于授权来说最重要。

A. 信任　　B. 自信　　C. 参与　　D. 员工的能力

4. 对于王总的授权，说法正确的是（　　）。

A. 没有重视成员的观点

B. 没有授予成员作出决定的权力

C. 王总对成员的工作不负责任

D. 王总对成员授予一定的权力，并不等于把他的全部责任都转给成员承担

5. 领导者考虑授权时，（　　）对于促使领导者授权是没有作用的。

A. 信任　　　　　　　　　　B. 员工愿意工作的程度

C. 员工本身的能力　　　　　D. 团队的绩效水平

答案：1. D　2. D　3. A　4. D　5. D

任务四　团队信任的替代性和补充性机制

【任务目标】

大学生刚进入职场之后，当遇到信任危机时，要学会如何避免信任的风险，掌握信任的替代性和补充机制。

一、理论知识

在我们对信任的定义中曾经提出，信任的缺陷就是一方要依赖于另一方，使得信任本身具有一定的不确定性和脆弱性，即预示着信任本身具有一定的风险。要避免信任的风险，团队还需要相应的替代性和补偿性机制。这正如巴伯在《信任：信任的逻辑和局限》序言所说的，"信任从来不是完全充分的。各种替代性的和补偿性的社会机制，诸如法律、官僚规定、监督、保险和制裁，对于建立和维持某种基本的社会秩序，也是不可或缺的。"替代性和补

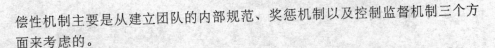

偿性机制主要是从建立团队的内部规范、奖惩机制以及控制监督机制三个方面来考虑的。

（一）团队规范

团队规范，对于团队的运作是非常重要的，不管团队信任程度多高，它都是不可或缺的。俗话说："没有规矩不能成方圆"，通观全球卓越的团队，无不是以不断健全的规章制度作为规范团队发展的依据和准绳（梭伦，2001）。但在制订规范时一定要注意其具体可行性，使项目团队成员便于了解和接受。规范一旦形成，就要在团队范围内严格实施，并坚决做到一视同仁、公平公正，使团队规范真正成为信任的替代性和补偿性机制之一。

（二）奖惩机制

严格的奖惩制度，就要真正实现对绩优项目团队进行一定程度的物质和精神奖励，对突出的个人给予组织和团队范围内的嘉奖，如发放一定额度的奖金，或给予带薪的旅游假期，费用由企业承担，或给予晋升、加薪、聚餐等形式；对绩效不佳的项目团队在组织范围内公布，并减少或取消奖金；对于表现不佳的个人，给予调整岗位或降低薪资的处理，对于阻碍项目团队发展的成员要坚决予以警告或开除等。严格的奖惩制度有利于成员间的相互合作，为所在团队的发展共谋策略，也有助于团队信任的建立和进一步发展。

（三）控制监督机制

国外学者在对信任的研究中经常会提到囚徒困境中的信任问题，他们认为信任的本身存在着不确定性和风险问题。团队中的"搭便车"问题实际上是团队信任的风险体现。因此，一定的监督和控制机制是必要的。在不影响成员与团队、团队与组织之间的信任的前提下，组织可以定期检查项目团队是否按进度进行，定期与团队进行沟通，了解存在的困难和问题。如果是团队的原因造成进度缓慢，就要加大监督和控制的力度；当团队一切按部就班时，可以减少监督和控制的力度。

信任是人类彼此良好沟通和良好合作的基础，项目团队要完成他们共同的事业，建立项目团队同事间的相互信任，领导对下属的信任以及下属对领导的信任都是十分重要的。坚强的项目团队能够攻克最困难的项目，最前端的项目要依赖彼此信任的团队来攻克，团队的信任是建设坚强核心团队的主题。

二、案 例

【案例 1】

德国人的规则

最近读到一篇短文，是嘲笑循规蹈矩的德国人的。中国的留德大学生见德国人做事刻板，不知变通，就存心捉弄他们一番。大学生们在相邻的两个电话亭上分别标上"男""女"的字样，然后躲到暗处，看"死心眼"的德国人到底会怎么样做。结果他们发现，所有到电话亭打电话的人，都像是看到厕所标志那样，毫无怨言地进入自己该进的那个亭子。有一段时间，"女亭"闲置，"男亭"那边宁可排队也不往"女亭"这边运动。我们的大学生惊讶极了，不晓得何以"呆"到这份上。面对大学生的疑问，德国人平静地耸耸肩说："规则嘛，还不就是让人来遵守的吗？"

【评析】 德国人的刻板可以让我们开心地一连笑上 3 天，而他们看似有理的解释，也足以让某些一贯无视规则的人笑掉大牙。但是在开心之余，嘲笑之余，我们漠视规则已经多久了？我们总是聪明地认为，那些甘愿被规则约束的人不仅是"死心眼"，简直是"缺心眼"。规则是死的可人是活的，活人为什么要被死规则套住呢？ 正是因为这样，我们才会落后人家好多年。

制度、规范就是让人来遵守的。规范一旦形成，就要在团队范围内严格实施，并坚决做到一视同仁、公平公正。这样的制度、规范才能让人信服，也才能成为准则。

【案例 2】

让员工和企业一起成长

郑州华丽灯饰有限公司在经过 20 多年的发展和辛苦经营，公司已经初具规模。不论从市场占有率还是从行业地位来说，都已处于领先地位。但最近几年，有个问题深深困扰着他们，就是人才的大量流失。一般来说，企业的人才流动在一定比例以内是可以接受甚至是必需的，它能保持组织结构的流动和活力。但对于一个正处于高峰或者迅速成长的企业来说，频繁大量的人才流失，会给企业发展带来深深的伤害和难以弥补的损失。华丽公司目前正面临这样的困境，人才的流失已经开始影响公司的生存和发展了。于是公司的变革就这样开始了。

在实际的调查过程中发现，华丽公司员工流失的很大一部分原因是薪酬的不合理，每次发工资的时候，员工的情绪波动最大。大家都感觉到自己的付出和收入不相匹配。鉴于此，华丽灯饰公司对薪酬等不合理的制度做了改革，以此来挽留人才。

【评析】　收入是一个人劳动价值的具体表现，当一个人的收入不能体现其应有的社会价值时，人才的流失就成为必然。而华丽公司的薪酬体系还处于大锅饭的状态，直接的后果就是造成员工积极性不高，内部矛盾频生，人浮于事，权责不分，员工的满意度一降再降。

一个企业、团队必须有一定程度的物质和精神奖励，对突出的个人给予组织和团队范围内的嘉奖。如发放一定额度的奖金，或给予带薪的旅游假期，费用由企业承担，或给予晋升、加薪、聚餐等形式；对绩效不佳的项目团队在组织范围内公布，并减少或取消奖金；对于表现不佳的个人，给予调整岗位或降低薪资的处理，对于阻碍项目团队发展的成员要坚决予以警告或开除等。决不能干多干少一个样，吃大锅饭；否则，人才就会严重流失。

三、任务训练

训练一　信任背摔

项目简介

信任背摔，是一项心理素质拓展训练活动，通过这个活动可以有效地建立团队成员彼此间的信任关系。同时，这个活动还可以锻炼其心理素质，克服恐惧，对业务人员的心理素质提升有很大帮助。

操作流程

全队每个人轮流上到背摔台，背摔队员背向队友，双脚后跟 1/3 出台面（培训师做示范动作），身体重心上移尽量垂直水平倒下去，下面的队员安全把他接住即为完成。

在做这个项目的过程中需要注意几个方面。

首先，背摔队员在背摔台只能严格按照动作要领来做才可以保证足够安全，特别要遵守以下四点：不要向后窜跃；倒下时肘关节收紧不要打开；不要垂直向下跳；要控制自己的双脚不要上下摇动并打开。

其次，搭人床的队员第一组队员的肩膀距背摔台沿约 30 厘米的距离，个子可以不用很高，通常可以安排女士；第二、三组应用力度最强的四个人。当然，如果背摔者的个子较高受力点应向后调节。每组队员的肩膀应紧密相连勿留空隙；人床形状应保持由低渐高的坡状，剩下的队员要用双掌推住最后一组队友的肩膀处，以保护人床的牢固，所有队员在任何时候都不可以撒手或撒退；当听到背摔队员的询问：准备好了吗时，头要向后仰同时侧向队友的背部，当队友倒下来后一定遵守"先放脚后将身体扶正"的拓展安全第一原则；另外，做保护的队员不要迅速撒手或鼓掌，以免发生其他意外。

最后，第二、三组队员在承接几名队员后要互相交换组位以免疲劳。

动作要领

背摔队员：当队员站到背摔台上后，应双脚开立，与肩同宽。体前双臂交叉，十指握拢翻至下颌处。头略低，双手离下巴略约10公分，双臂向胸前夹紧，然后并拢双脚。

人床队员：每位队员寻找与自己身高体形相仿的队友，在背摔台前相对站立，伸出同侧腿。前面的腿弓后面的腿略绷（严禁蹦直），脚心相对约10公分距离，膝窝相抵形成轴心，上身挺直。伸出双臂，十指平伸，手心、肘心朝上，肘窝略弯，与队友手臂交错搭在队友的肩胛骨处。头向后仰并侧向背摔队友背部，利用身体上肢移动可调整承接背摔队员的倒下方向。

搭人床队员将被分为若干组，第一组队员的肩膀距背摔台沿约30公分；每组队员的肩膀应紧密相连，勿留空隙；整个人床形状应保持由低（背摔台近端）渐高（背摔台远端）的坡状；第二、三、四组队员由于承受的压力较大，所以必须选一些力量较大的队员，同时要互换组位以免疲劳。力量较小身材较低的队员排在两端，一般搭建5组即可。如果队员足够多，未搭建人床的队员可用双掌推住最后一组队友的肩膀处（面向背摔台），以保证人床的牢固。

特别提示

1. 病情询问。如身体存有异常的（脊椎错位……），可告知培训师视伤病程度决定其参加与否。

2. 所有队员进行项目前都要将身上的尖锐物品（如眼镜、发卡、手表、钥匙、戒指等）放在一边，做完项目后再收回去。

3. 所有队员在做项目前都要由队长组织所有队员给他充电加油，具体方法为：将背摔队员站立在人床之间，其他所有队员用手扶住其头部、腿部、背部、腰部，背摔队员首先喊出自己的名字，接着所有队员喊出本队队训，并大喊三声"加油、加油、加油"。

4. 当背摔队友准备开始背摔时，应问人床队员："准备好了吗？"，人床队员应整齐高声回答："准备好了。"最后背摔队员高喊："1，2，3"，随即挺直身体、重心上移成垂直水平倒下。当听到背摔队员的询问："准备好了吗"时，人床队员的头要向后仰，同时侧向队友的背部。

5. 背摔队员站在背摔台上不要向后窜跃、不要垂直向下跳，在倒下的过程中，背摔队员的肘关节要收紧，严禁打开，双脚也不要上下摇动并打开。

6. 所有队员在担当人床任务承接背摔队友时不可以撒手或撒腿；接住背摔队员后，停两秒钟再先放脚将身体扶正站稳后方可松手，不可迅速撒手或鼓掌，更不许抛接和开其他玩笑。

7. 队长协助培训师调整人床队员的队形，以确保安全；这个项目的安全要求比较高，所以大家一定要端正自己的态度，保持极高的警觉性，严格按照培训师讲解的动作要求做，方能确保自己和队友的安全。

8. 宣布完之后，询问队员是否还有不明白的地方，待所有队员均无疑问后，方可开始项目。

注意事项

1. 在第一名队员开始背摔前，培训师须首先站立到背摔台上，方可请队员上到背摔台，严禁在培训师未上背摔台之前，队员单独上背摔台。

2. 在项目实施过程中，培训师应随时站立在背摔台无护栏一侧。同时，在每位队员上到背摔台后提醒其向前站立（远离背摔一侧），待背摔队员做好手势并系好扁带后，培训师应伸出一只脚以提示背摔队员站立的合适（左右）位置。

3. 重点关注背摔队员"脚并拢""头内含""手臂内收"（向胸前尽力收紧而不是向腋下夹紧，否则会引起手臂打开伤及人床队员面部）的正确方法，可以安排背摔队员在完成背摔动作后，立正向团队鞠躬致谢，团队报以掌声回应，也可避免人床队员急于鼓掌祝贺而提前松手。

4. 若使用扁带等较长物品约束背摔队员双手，培训师应虚握未系结的部分扁带，在背摔队员背摔倒下的同时，立即将虚握的部分松开，任其自由下落。

5. 往往越在后面参与的队员，越是担心或恐惧该项目。故在项目进行到尾部，培训师不能放松警惕，应更加关注最后几名队员，同时也要提示人床队员不能松懈，可以把动作要领提炼为几句简短的话（臂微弯曲、手掌平伸、头向后仰、看向背部），让队员跟着念诵来提醒规范队员的动作。

6. 培训师对于队伍中的身材特殊队员（主要指身高较高和体重较重）更要密切关注，并采取一定的防范措施。例如：身材较高的背摔队员，应保证人床第二、三、四组，甚至第五组为力量较大队员。很多队员在完成背摔过程中会恐惧同时弯曲身体使臀部先接触人床（压力都集中在臀部），由于身材较高，臀部也会相应远离背摔台；对体重较重的队员也是尽量让所有男队员参与搭建人床，并请未搭建人床的队员推住人床队员的背部，同时提示所有队员集中精力。

7. 在提示背摔队员身体挺直的同时，培训师应提醒队员不要仰头，因为人在挺直时的惯性动作就是头往后仰。往往挺得越直，头仰得越厉害。头后仰的结果是，头部先接触人床，对头部会有较大的碰撞。

8. 队员两两一组练习搭建人床后，培训师应逐一检查搭建方法和每组人床能承受的力度：培训师喊"准备好了吗？"，被检查的两队员齐声回答"准备好了"；培训师喊"1，2，3"时用双臂下压各队练习人床，不正确的人床要重试重检查，确保每一组都掌握动作要领。

9. 无论是搭建人床的队员还是背摔队员，都必须将眼镜去掉；人床队员须将头往后仰，同时看向背摔台。

10. 若团队中确实有由于身体不适无法参加项目的队员，可以请他在一旁休息，但在加油时应要求他参加。这样不会让他由于无法参加项目而感到失落，更能使其同样具有团队意识。

分享要点

1. 换位思考问题，己所不欲，勿施于人。练习思维、化解烦恼、从容应对。

2. 为什么信任？信任是如何产生并建立起来的？

3. 悖论。

4. 为什么会恐惧？为什么会弯曲？

5. 对你来说，如果是未知的领域，怎么去面对？

6. 弯与不弯有没有本质区别？之所以弯也许是由自己的控制能力来决定的。

7. 自控能力如何把握？

8. 假设处在一个陌生的团队，大家素不相识，没有经过热身和团队建设，你还敢不敢摔？那么说，信任是建立在相互了解基础上的。

9. 如果第一个人没接住，摔伤了，你还敢不敢摔？我们说信任很难建立，但很容易被打破。

10. 责任—承诺。

11. 自信心。

12. 了解有效沟通的环节和步骤。

13. 如果将自己的生命完全交给别人，你会信任对方吗？

14. 信任，是精诚合作的基石。如果团队之间缺少了信任，那么不仅这个大家庭不会和睦，而且会直接影响整体的战斗力。

15. "信任背摔"经过心理专家的反复论证，形式虽然简单，但使人与人之间的信任迅速升值。

16. 高台将折射出你心中隐而未现的世界，让你体验到你未曾意识和思索到的对自己和他人的认识和理解。

研究人类行为的发展史发现，人类的恐惧心理是与生俱来的。这是和自然相容、相适、相抗的结果。人类的恐惧有"向前的预见未知"与"向后的想象未知"，且均出自于自我保护与防范受伤害的心理，因而信任是客观存在而又合理的命题。但人类又是群居动物，因而哪一个群体能营造出相互信任的氛围，谁就首先拥有了强大的生存能力。信任是一个永恒的主题，那么让我们搭建一个信任的平台，最重要的是那些因素呢？

（1）倒下的一瞬间最担心的是什么？

（2）每个人会有信任的人和不信任的人，为什么信任，又为什么不信任呢？

（3）你觉得别人为什么会信任你呢？

17. 自信与信任关系的建立。

背面的恐惧是可怕的，是在做之前的状态，会影响你，即信任——相信——的重要性，相信公司的目标？老人带新人，士为知己者死（引导学员说出工作中的一个最值得自己依赖的人），不要对自己说不可能，我们都是自信的人，有人会肯定地说我做不到。

18. 相信的信念。（心信则可行，纵有移山填海之难，终有成功之日）成功的人和失败的人的分界线。你认为在生活、工作中，谁是最值得依赖的一个人？为什么？你觉得自己在生活中是被你的领导相信吗？我们常抱怨别人不信任我。那你信任别人吗？

19. 换位思考。信任的重要性，成员间相互信任是有效团队的显著特征。就是说，每个成员对其他人的行为和能力都深信不疑。

20. 信任维度的建立。正直、能力、一贯、忠实、开放。这五个维度的重要程度是相对稳定的。如果你想让别人相信你，就告诉自己做一个可以让别人掌握的人、可以判断的人。

参与人数：40人。

所需时间：40分钟。

场地要求：室外、室内均可。

所需器械：背摔台或者椅子、绳子。

四、跟踪测试

作为团队成员，对于以下表现你曾有过吗？

1. 相互隐藏自己的弱点和错误。

2. 不愿请求别人帮助，不愿给别人提出建设性的反馈意见。

3. 不愿为别人提供自己职责之外的帮助。

4. 轻易对别人的用意和观点下结论而不去仔细思考。

5. 不愿承认和学习别人的技术和经验。

6. 浪费时间和精力去追求自己的特定目标。

7. 对别人抱有不满和怨恨。

8. 惧怕开会，寻找借口，尽量减少在一起的时间。

评估效果及结果分析：在团队活动中，如果有 4 点以上表现，这说明对团队缺乏信任。应正视自己，建立充分的信任，这样才可以提高组织成员的工作效率、执行力、向心力及团结力。

第六部分 团队沟通篇

 学习目标

【知识目标】

1. 理解什么是沟通。
2. 掌握沟通的方式。
3. 掌握沟通的技巧。

【能力目标】

1. 能够根据团队成员的状况，选择恰当的方式、技巧与团队成员进行沟通。
2. 能够与团队所有成员充分沟通，彼此尊重，休戚与共。
3. 能够有效地利用团队每个成员的技能和知识。

【情感目标】

1. 团队成员能够互相信赖，彼此沟通，形成团队精神。
2. 增进与人和谐相处的能力，营造良好的人际关系。

任务一　团队沟通的基本内容

【任务目标】

让团队成员明白：在不同的场合快速融入团队，与团队每个成员采用恰当方式、技巧进行沟通。

一、理论知识

（一）团队沟通缘起背景

随着全球信息化时代的到来，在经济信息化的强烈冲击下，传统的管理模式、管理方法面临着巨大的挑战。为了摆脱传统管理模式所面临的危机，使管理更加适应经济和社会发展的需要，在20世纪八九十年代，世界范围内掀起了一轮管理创新的热潮。由于企业的外部生存环境从根本上发生了改变，这就要求企业必须快速准确地对千变万化的市场做出反应，必须变大规模的福特制生产方式为灵活的弹性生产方式；变分工和等级为合作与协调。这样才能使充分调动员工的积极性，最大限度地发挥其专业技能。自工业革命以来形成的传统的垂直功能化管理组织模式，已经不再适应现在的市场环境。在这种情况下，一种全新的以团队为核心的企业组织结构应运而生，并迅速盛行起来。

那么团队如此盛行，原因何在？事实表明，团队是组织提高运行效率的可行方式，它有助于组织更好地利用员工的才能，而且比其他形式的群体更灵活，反应更迅速。但是，团队还有另一方面的作用不可忽视，那就是他们在激励协调方面的作用：团队能够促使员工参与决策，增强组织的民主氛围，提高员工的积极性。团队所具有的种种优点是在很大程度上都取决于团队成员之间有效的沟通与协作。

（二）沟通的定义

沟通是一个经常使用的字眼。但究竟什么是沟通，却是众说纷纭。据统计，沟通的定义有一百多个。我们认为：沟通是人们在互动过程中，通过某种途径或方式，将一定的信息从发送者传递给接受者，并获取理解的过程。

沟通是人与人之间转移信息的过程，有时人们也用交往、交流、意义沟通、信息传达等术语，它是一个获得他人思想、感情、见解、价值观的一种途径，是人与人之间交往的一座桥梁。通过这座桥梁，人们可以分享彼此的感情和知识，也可以消除误会，增进了解。

（三）团队沟通的含义

1. 团队沟通的定义

所谓团队沟通，是指按照一定的目的，有两个或两个以上的雇员组成的团队中发生的所有形式的沟通。团队成员之间和谐的关系有利于团队任务的完成，而他们之间的沟通则有利于关系的建立和维持。

一个好的团队绝不仅仅是一群人的组合。一个团队的沟通力是指成员之间互相吸引的程度。这是一个团队赖以自豪的一种整体感，包括忠诚、投入、志趣相投以及为团队作牺牲的意愿，它是将每个成员"粘"在一起的"胶"。团队成员在一起工作的时候，他们的智慧和力量都融合在一起，沟通力便成为整个团队前进的一股特殊力量。这是所有成员的动机、需求、驱动力和耐力的结合体。当所有成员都忠诚于团队以及团队的远景目标，他们都努力为团队的目标的实现而奋斗时，团队内部的沟通就会产生一种协同力，从而使得团队能够成为一个真正的团队。一个团队的绩效和其沟通力密切相关。显然，每个人都希望自己的团队有沟通力：在团队和工作中营造出一种"人人为我，我为人人"的氛围，帮助做到那些仅凭个人力量无法做到的伟大的事。

2. 团队沟通的构成要素

团队成员的角色分担。每个团队都有若干个成员组成，这些成员在团队成立之后到团队解体之前都扮演着不同的角色。我们按照团队成员扮演的角色是否能对团队工作起到积极的作用，将角色分成两大类：积极角色和消极角色。

第一，积极的角色。

领导者——能确定团队目标任务并激励下属完成的成员。

创始者——能为团队工作设想出最初方案的成员。其行为包括明确问题，为解决问题提出新思想、新建议。

信息搜寻者——能为团队工作不断澄清事实、证据提供相关信息的成员。

协调员——能协调团队活动、整合团队成员不同思想或建议并能减轻工作压力、解决团队内分歧的成员。

评估者——分析方案、计划的成员。

激励者——起到保持团队凝聚力作用的成员。

追随者——按计划实施的成员。

旁观者——能以局外人的眼光评判团队工作并给出建设性意见的成员。

第二，消极的角色。

绊脚石——固执己见，办事消极的成员。

自我标榜者——总想通过自吹自擂、夸大其词寻求他人认可的成员。

支配者——试图操纵团队，干扰他人工作以便提高自己地位的成员。

逃避者——总是跟他人保持距离，对工作消极应付的成员。

团队中一个成员可能扮演几个角色，也有可能几个成员扮演者同一个角色。另外，各成员所扮演的角色不是一成不变的。

（四）研究团队沟通的目的和意义

沟通作为一种相互交换信息、交流情感的手段，一直伴随着我们的成长。若管理是引导群体和个人一起完成组织目标的过程，沟通则是管理的灵魂。在管理过程中，无论是安排工作、化解冲突，还是进行计划控制，无不需要良好的沟通。一个优秀的管理人员必将其70%的时间用在与他人的沟通上。因此，无论管理组织还是团队，只有进行有效的沟通，才能打造出高效率的团队，从而显示出其在企业经营活动中的强大生命力。

随着团队管理理论的发展与成熟，随着组织形式和组织活动内容的改变，团队管理的方法也必然随之改变。未来的管理方法的最大改变在于进行民主的管理，组织各类活动将更多地依赖说服教育，而非强制命令。每个团队成员都是组织的主人，他们将积极参加各类活动，进行自我控制，并为组织活动出谋划策，自觉的为实现组织目标而努力。因而，团队成员间的有效沟通就发挥出越来越大的作用，甚至决定一个团队或一个企业的兴衰成败。所以说，在进一步探讨和研究团队沟通时，有效沟通非常重要而且很有意义。

（五）沟通的方式

沟通的方式是人们在沟通时所采取的渠道、方法和媒介。

1. 语言沟通

语言沟通是指导人们用口头或书面的表达方式来进行信息传递和交流的方式。其中口头沟通包括交谈、座谈、会议、演讲、谈判等。这种沟通类型有快速传递和反馈、信息量大、双方可自由讨论等优点。书面沟通则是用书面文字作为信息传递媒介的沟通方式。如通知、通告、简历、合同、方案、会议记录等。它具有准确、内容可保存等许多优点。美国组织行为学家戴尔（T. L.

Dahle）通过在美国一公司进行测验后对数据进行比较研究后认为：效果最好的沟通方式为口头和文字混用的沟通方式，其次是口头沟通，再次是书面沟通。

戴尔的 3 种沟通方式测验效果数据比较，如表 6.1 所示。

表 6.1

沟通方式	员工人数	平均测验分数
口头、书面混合	102	7.70
口　头	94	6.17
书　面	109	4.91

2. 非语言沟通

在日常工作中，我们也都在自觉或不自觉地使用各种非语言沟通方式，如用身体语言等来代替有声语言，进行信息的传递和交流。非语言沟通作为沟通活动的一部分，在完成信息准确传递的过程中起着重要的作用。据研究，在沟通中，55% 的信息是通过面部表情、形体姿态和手势传递的。非语言沟通在交际活动中的作用是丰富多彩的，它能使有声语言表达得更生动、更形象，也能更真实地体现传递者的心理活动状态。另外，许多用有声语言所不能传递的信息，通过非语言沟通却可以有效地传递。

3. 电子媒介沟通

在许多组织中，电子沟通已成为最快捷且最流行的沟通方式。它是即时性的，而且可能会非常有效。随着网络技术的发展，电子沟通越来越便捷且成本越来越低，并已极大地改变了当今组织和团队的沟通模式，如电子邮件、即时聊天软件（QQ、MSN、飞信等）、电话和网络会议等，已成为团队间沟通的重要内容，并已影响到人们的工作习惯。

二、案　例

【案例 1】

名医劝治的失败

我国春秋战国时期，有一位著名的医生，他的名字叫扁鹊。有一次，扁鹊谒见蔡桓公，站了一会儿，他看看蔡桓公的脸色说："国君，你的皮肤有病，不治怕要加重了。"蔡桓公笑着说："我没有病。"扁鹊告辞走了以后，蔡桓公对他的臣下说："医生就喜欢给没病的人治病，以便夸耀自己有本事。"过了十几天，扁鹊又前往拜见蔡桓公，他仔细看看蔡桓公的脸色说："国君，你的病已到了皮肉之间，不治会加重的。"蔡桓公见他尽说些不着边际的话，气得没有理他，扁鹊走后，蔡桓公还闷闷不乐。

再过十几天，蔡桓公出巡，扁鹊远远地望见桓公，转身就走。蔡桓公特意派人去问扁鹊为什么不肯再来谒见，扁鹊说："皮肤上的病，用药物敷贴可以治好；皮肉之间的病，用针灸可以治好；肠胃之间的病，服用汤药可以治好；如果病入骨髓，那生命就掌握在司命之神的手里了，医生是无法可想的了。如今国君的病已深入骨髓，所以我不能再去谒见了。"蔡桓公还是不相信。五天之后，桓公遍身疼痛，连忙派人去找扁鹊，扁鹊已经逃往秦国躲起来了。不久，蔡桓公便病死了。

【评析】　蔡桓公之死主要原因就是医生与病人之间没能进行有效的沟通。作为一代神医的扁鹊先生，医术高超自不必说了，但却最终没能挽救蔡桓公的性命，虽然说是蔡桓公自己不治的原因，但我认为扁鹊也难辞其咎。如果他有一张三寸不烂之舌，或者沟通水平更好些，沟通方式多样化，甚至让蔡桓公身边的亲信一起帮忙劝说他，想办法让蔡桓公相信他自己得了病，同意接受治疗，也不至于让蔡桓公一命呜呼，扁鹊自己也不必远走他乡了。

【案例 2】

耕柱与墨子

春秋战国时期，耕柱是一代宗师墨子的得意门生，不过他老是挨墨子的责骂。有一次，墨子又责备了耕柱，耕柱觉得自己真是非常委屈。因为众多门生之中，自己是被公认的最优秀的人，但又偏偏常遭到墨子指责，让他感觉很没面子。

一天，耕柱愤愤不平地问墨子："老师，难道在这么多学生当中，我竟是如此差劲，以至于要时常遭你老人家的责骂吗？"

墨子听后反问道："假如我现在要上太行山，依你看，我应该要用良马来拉车，还是用老牛来拖车？"

耕柱回答说："再笨的人也知道要用良马来拉车。"

墨子又问："那么，为什么不用老牛呢？"

耕柱回答说："理由非常简单，因为良马足以担负重任，值得驱遣。"

墨子说："你答得一点也没错，我之所以时常责骂你，也正因为你能够担负重任，值得我一再地教导与匡正你啊。"

【评析】　案例中，耕柱如果与墨子没有进行有效沟通，不理解墨子通过磨炼对他的栽培提携之意，很可能就认为是老师对他有意刁难，"愤愤不平"中很可能产生不堪设想的后果。

同时也要明白沟通是双向的，误会可以在沟通中消除。沟通是双方的事情，如果任何一方积极主动，而另一方消极应对，那么沟通是不会成功的。作为管理者，应该有主动与部属沟通的胸怀，作为部属也应该积极与管理者沟通，说出自己心中的想法。沟通只有互动起来，才能消除误解，理解互信，团结协作。

三、任务训练

训练一　驿站传书

项目简介

展示在团队内怎样获得正确的沟通方法和进行有效的领导，促进学员对沟通的深一步理解；培训团队合作精神；制度规则的建立和修正。

操作流程

全队成员排成一列，这时候每名学员就相当于一个驿站，培训师会将一个带有一组自然数或数学符号的卡片交到最后一位队员手中，发挥大家的聪明才智把这个数字信息传到最前面的队员，当这位队员收到信息以后迅速将传递过来的信息写在纸板上。然后由最后一位队员大声读出卡片上的信息，看是否与纸板上所写的内容相符。项目任务：将培训师所下达的指令完整不变的快速依次传递给最前面的队员。

在进行这个项目的过程中要遵守如下规则。

1. 所有队员嘴里面不允许发出任何声音。

2. 从最后一名队员依次传递到最前面的队员。

3. 所有队员的肢体不能超越自己前后面队友身体中心的平行线（以两肩轴为基点）。

4. 所有队员严禁扭转身体以及回头。

5. 最前面队员得到信息后第一时间写到纸板上后不得再进行更改。

6. 以信息到达最前面队员最快并且最准确的队得分。

特别提示

1. 在项目开始前是否有决策过程，是有序的还是无序的。

2. 个人缺陷、团队完美、化繁为简的突破思维能力。

3. 激进的方法不一定是坏主意；当好的意见出现时是否被倾听并接受；

好主意是什么时候谁想出来的。

4. 遇到挫折和失误时的态度（是否及时调整，是否打破思维定式）。

5. 只有在行动的过程中不断修正自己的错误，发现更好的工作方法才能使团队朝着完美的目标前进。

6. 这个项目考验的就是全队信息传递的密切配合，如果只注意速度而不注意信息的准确性，传得再快也等于前功尽弃。

7. 一个优秀的团队能很好地进行沟通，好的沟通包括清晰地发送信息和准确地接收信息两个方面。

8. 揭示培训中的沟通技巧、方法的重要性。

9. 怎样才能进行有效沟通？沟通中最重要的环节是什么？

10. 怎样才能成为一名好的发送者与接收者？

11. 在日常工作、学习、生活中，如何学会沟通？

12. 作为学生有没有意识到，充分沟通对团队目标实现的重要意义。

13. 制度规则的建立与修正。

14. 怎样才能实现有效沟通，并迅速形成有效决议？

15. 在此次团队行动中，领袖的作用力体现在哪些方面？

16. 可以根据项目时间规划进行多轮传递竞争，每轮结束后给团队成员3～5分钟时间进行讨论总结。

参与人数：50人。

所需时间：40分钟。

场地要求：室内。

所需器械：纸板、椅子。

训练二　苏武牧羊

项目简介

通过不同角色的模拟演练，使新队员快速融入团队，并且迅速了解团队内部情况，掌握有效的沟通技巧，畅通团队交流的渠道，将有效的信息进行及时准确地传递。缓解团队内部因沟通问题制造的障碍，使队员快速融入团队。

操作流程

将四处奔走的羊赶回各自的羊圈，规则是将每队成员分成两组，从中选出一人充当"牧羊犬"（哑人）的角色，其余成员则充当"羊"（盲人），所有"羊"须带上眼罩，"牧羊犬"只能通过特定的信号（不能肢体接触，可以事先沟通准备）向"羊"表达意思，将所有的"羊"赶到规定的位置上。一方面"牧羊犬"要发出正确的讯号引导"羊"，另一方面"羊"要能准确地辨别信号，并根据信号做出正确的反应，最终达到预定的效果。

特别提示

1. 此项目有两种模式。一种是先在团队中选好"苏武"，然后让他们讨论沟通方式；另一种是先沟通，这时候谁都不知道谁会是"苏武"，沟通完后让他们戴好眼罩，培训师从中拉一个出来。

2. 沟通的重要性。

3. 管理执行活动需要计划前的信息采集、有计划的信息交流和讨论、计划后的阐述和分析落实。

4. 资源有效配置及综合利用，将孤立的人们组织在一起制造和生产出某些服务或产品的行为过程。

5. 信息的传送和反馈控制就失去了其真实依据和实施途径。

参与人数：40人，分组进行，每组10人。

所需时间：50分钟。

场地要求：室外。

所需器械：眼罩。

四、跟踪测试

1. 林总总是习惯与其团队成员进行口头沟通，在口头沟通时应该注意的问题是（　　）。

A. 沟通对象　　B. 信息内容　　C. 方式方法　　D. 以上内容都是

2. 齐总严格遵守"五要素"进行沟通，下列属于"沟通五要素"的是（　　）。

A. 目的意图　　B. 沟通对象　　C. 信息内容　　D. 以上都对

3. 于经理总是强调要获得优质的信息，这种信息应该具备的特点有（　　）。

A. 正确的内容和形式　　　　　B. 正确的时间和人员

C. 适度的费用　　　　　　　　D. 以上都对

4. 小吉所在的团队，其中非语言沟通占很大的比重，尤其是目光和表情的沟通，这属于非语言沟通中的（　　）。

A. 身体语言沟通　　B. 副语言沟通　　C. 道具沟通　　D. 以上都不对

5. 在沟通交流的过程中，人们常常忽略一些情况。林总的团队也遇到了类似的情况，属于人们常常忽略的情况是（　　）。

A. 善于聆听 　　　　　　　　　B. 适时提问

C. 让旁人接受你的观点 　　　　D. 和沟通对方搞好关系

6. 关于人与人之间的沟通，说法正确的是（　　）。

A. "沟通时要达到一种目的就可以了"

B. "在沟通和交流的过程中，各种障碍都能克服"

C. "专注地聆听别人的讲话是对别人的一种尊重"

D. "对于较长的文件，最好应用书面的方式进行交流，但是对简短的文件则最好不用"

答案：1. D　2. D　3. D　4. A　5. A　6. C

任务二　团队沟通的技巧

【任务目标】

通过本任务的学习，使刚毕业的大学生能够在进入职场后的工作中与同事采用恰当的沟通技巧，从而在团队中能与团队成员和谐相处。

一、理论知识

沟通是计划、组织、领导和控制等各项团队管理职能得以实施和完成的基础。任何一个企业都知道沟通对于企业正常运转的重要性，没有沟通就没有企业。沟通如果能够迅速达成共识，并去执行，能降低团队运行成本，沟通的有效性依赖于沟通技巧。沟通是一门艺术，也是一名卓越团队领导者不可缺少的能力。下面我们介绍沟通中的一些实用技巧。

（一）沟通的技巧

1. 积极、有效的倾听

积极倾听是真正主动参与沟通、聚集讲话者的需要，把注意力从自己转移至讲话者，不带偏见，不作预先判断，使讲话者从你的参与中受到鼓励；有效的倾听能增加信息交流双方的信任感，是克服沟通障碍的重要条件。

要提高倾听的技能，可以从以下几方面去努力。

（1）使用目光接触。

（2）展现赞许性的点头和恰当的面部表情。

（3）避免分心的举动或手势。

（4）要提出意见，以显示自己不仅在充分聆听，而且在思考。

（5）复述，用自己的话重述对方所说的内容。

（6）要有耐心，不要随意插话。

（7）不要妄加批评和争论。

（8）使听者与说者的角色顺利转换。

2．缩短信息传递链，拓宽沟通渠道，保证信息的双向沟通

信息传递链过长，会减慢流通速度并造成信息失真。因此，要减少组织机构重叠，拓宽信息渠道。另一方面，团队管理者应激发团队成员自下而上的沟通。例如，运用交互式广播电视系统，允许下属提出问题，并得到高层领导者的解答。如果是在一个公司，公司内部刊物应设立有问必答栏目，鼓励所有员工提出自己的疑问。

3．正确地使用语言文字

语言文字运用得是否恰当直接影响沟通的效果。使用语言文字时要简洁、明确，叙事说理要言之有据，条理清楚，富于逻辑性；措辞得当，通俗易懂，不要滥用辞藻，不要讲空话、套话。非专业性沟通时，少用专业性术语。可以借助手势语言和表情动作，以增强沟通的生动性和形象性，使对方容易接受。

4．团队成员提高沟通的心理水平

团队成员要克服沟通的障碍必须注意以下心理因素的作用。

（1）在沟通过程中要认真感知，集中注意力，以便使信息准确而又及时地传递和接受，避免信息错传和接受时减少信息的损失。

（2）增强记忆的准确性是消除沟通障碍的有效心理措施，记忆准确性水平高的人，传递信息可靠，接受信息也准确。

（3）提高思维能力和水平是提高沟通效果的重要心理因素，高的思维能力和水平对于正确地传递、接受和理解信息，起着重要的作用。

（4）培养稳定的情绪和良好的心理气氛，创造一个相互信任、有利于沟通的小环境，有助于人们真实地传递信息和正确地判断信息，避免因偏激而歪曲信息。

5. 团队领导者的责任

领导者要认识到沟通的重要性，并把这种思想付诸行动。企业的领导者必须真正地认识到与员工进行沟通对实现组织目标的重要性。如果领导者通过自己的言行认可了沟通，这种观念会逐渐渗透到组织的各个环节中去。

6. 建立和谐的人际关系

团队内部的人际关系是做好团队沟通的一项基本要求，人际关系的好坏直接决定了团队的沟通效率。一个人获得成功的因素中，85%决定于人际关系，而知识、技术、经验等因素仅占15%。大学毕业生中，人际关系处理得好的人平均年薪比优等生高15%，比普通生高出33%。

要学会从内心深处去尊重他人，客观地评价别人，能找得出他人的优点，你会发现你的亲人、朋友、同事、上司或下属身上都有令你佩服、值得你尊重的闪光之处。你会发自内心去欣赏和赞美他们，你会在行为上以他们为榜样模仿他们。这时你就会发自内心去尊重和欣赏他人，你就达到了处理人际关系的理想境界。换个角度想，若有人对你有发自内心深处的毫不虚假的欣赏和尊重，你肯定会由衷地喜欢他们并与他们真诚相待。健康和谐的人际关系是那些获得巨大成功的团队所独有的特性。

二、案　例

【案例 1】

不是我的错

某公司三位负责人共进午餐，这是一家新建的集团公司，其中两位分别是 H 女士与 C 先生，他们早就相识，还有一位日本朋友 W 先生。W 中国话说得不太好，因此他听得较多。

H 女士是一个心直口快的人，是典型的活泼型性格的人，外向而感性，最早是做外贸出身，加入这家新公司任高管时间不长，她与这家公司的老板 C 先生相互熟悉，因此说起话来，就比较放松。

H 在吃饭的时候说："像我这样的性格，如果与我在一起工作还不开心的话，那就不是我的问题。"

她话刚说完，我们就看到了 C 总与 W 先生脸上就有点挂不住。当然，他们没有说出来。

【评析】　我们虽然了解 H 说话的背景，但我们认为她的这个认知是不妥的。

我们可以想想：天行有常，春播夏种，秋收冬藏。天行又无常，狂风暴雨，说来就来。团队之间岂能日日快乐，事事和谐，而永无冲突或矛盾呢？这是不可能的。一张嘴里，上门牙还有搁着下门牙的时候呢。何况是两张不同的嘴，两个以上的嘴？更何况不但是嘴，行为举止也都是矛盾的根源。

团队内部成员有了冲突，有了不开心、不和谐。其实一定是所有团队成员都有相应的责任。而不能像 H 那样说，那不是我的责任。

【案例2】

四大箱档案

有一个老板告诉其秘书："你帮我查一查我们有多少人在华盛顿工作，星期四的会议上董事长将会问到这一情况，我希望准备得详细一点。"于是，这位秘书打电话告诉华盛顿分公司的秘书："董事长需要一份你们公司所有工作人员的名单和档案，请准备一下，我们在两天内需要。"分公司的秘书又告诉其经理："董事长需要一份我们公司所有工作人员的名单和档案，可能还有其他材料，需要尽快送到。"结果第二天早晨，四大箱航空邮件到了公司大楼。

【评析】　团队没有默契，不能发挥团队绩效，而团队没有交流沟通，也不可能达成共识。身为领导者，要能善用任何沟通的机会，甚至创造出更多的沟通途径，与成员充分交流。唯有领导者从自身做起，秉持对话的精神，有方法、有层次地激发员工发表意见与讨论，汇集经验与知识，才能凝聚团队共识。团队有共识，才能激发成员的力量，让成员心甘情愿地倾力打造企业的通天塔。领导之间、领导与团队之间，沟通是形成领导力的基础。

三、任务训练

训练一　盲人足球赛

项目简介

如果你需要一个能增进信任和沟通的项目，那么这个项目将是非常好的选择。

操作流程

1. 留出 2~3 个人做监护员。监护员的任务是负责安全问题，同时兼任边裁。把其他的队员带到场地中间，把他们分成两个人数相等的小组。注意，要求每队的总人数为偶数。

2. 每个队员在自己的小组内找一个搭档。

3. 根据蒙眼布的颜色给两组命名。如果是黄色和绿色的蒙眼布，那么把一个队称为黄队，另一个队称为绿队。确保每对搭档拿到一块蒙眼布。每对搭档中只有一个人戴蒙眼布，另一个人不戴。

4. 此项目以足球赛的方式进行，每对搭档中，只有被蒙上眼睛的队员才可以踢球，他的搭档负责告诉他向什么方向走、做什么。

5. 详细解释项目规则。要求那些被蒙上了眼睛的队员保持类似于汽车保险杠的姿势——弯曲双肘，手掌向外，手的高度与脸齐平。在发生意外碰撞时，这种姿势有助于避免或减轻对身体上半部的伤害。负责指挥的队员不允许碰自己的同伴，只能通过语言表达指令。这场球赛中没有守门员，每个队踢进对方球门一个球得一分。培训师作为培训专员，是这场比赛的裁判。任何一队进球后，都要把球拿回场地中间，重新开始比赛。不允许把球踢向空中，在任何时候，球都是在地面上滚动。如果某个队员踢了高球，裁判会暂停比赛，并把该队员罚下场一段时间。如果球被踢出界了，裁判将负责将球带回场地。

6. 宣布完项目规则之后，让两个队用投掷硬币的方法选择场地。场地定好后，把两个球（每队各一个球）放在场地中间，然后吹哨，开始。

特别提示

1. 哪个队取得了最终的胜利？

2. 哪些因素有助于最终取得胜利？

3. 被蒙上眼睛的队员感受如何？

4. 指令的清晰度如何？哪些方面还有待改进？

5. 这个项目对我们的实际生活有何启发？

6. 安全：确保那些被蒙上了眼睛的队员保持类似于汽车保险杠的姿势。不允许把球踢向空中，因为这非常容易导致队员们受伤。

7. 在中场休息的时候，你可以让每队搭档交换角色，即蒙上负责指挥的那个队员的眼睛，让原来被蒙着眼睛的队员指挥。

8. 在参加人数较多的情况下，可以考虑用3~4个球。

参与人数：不限。

所需时间：30~60分钟，参加人数越多，所需的时间越长。

场地要求：室外一块比较大的场地。

所需器械：2个足球（要用含气量不足的足球，这样每踢一下，球不会滚得太远），1只哨子，两种颜色的蒙眼布。

训练二　偷天陷阱

项目简介

一个人提供信息，一个人单独决策，在暂时不能看见物的情况下穿越纵横交错障碍重重的偷天陷阱。这能顺利通过吗？那要看两人有效沟通的程度和能否捕捉正确信息并迅捷传递给决策者以及决策者的执行力。

操作流程

所有的队员在规定的时间内，在规则约束下尽快通过指定区域（危险地带）。

1. 成员2人1组，正面穿越一个模拟有红外线的封锁的空间，不可绕行。
2. 通过过程中要戴眼罩，不许偷看。
3. 身体、头发、衣服等均不可触网。
4. 穿越过程中2人中有1个人触网要求2人返回原处，重新开始。
5. 项目进行中穿越过去的人不得返回起点。
6. 其他队员不得进入偷天陷阱区域。
7. 全队在规定时间内通过视为成功。
8. 服从培训师口令，培训师发现有安全隐患会及时制止。

特别提示

1. 场地考察：安全、整洁、平整。
2. 注意冬天防冻、夏天防暑。
3. 在特殊地形下当心过"陷阱"的队员安全。
4. 提示队员不可无意中触网，当心不要绊倒。
5. 协助队员触网也要回来重走，不可摘下眼罩。
6. 增进队员间的沟通，学会沟通。
7. 良好的组织与策划，培养平常心及自我控制力。
8. 选择合适的人做合适的事。
9. 分析环境，谨慎行动。
10. 充分的信任与配合，充分相信伙伴，队友之间的有效合作，更好的协调与配合。
11. 领导力的发挥与引导能力。
12. 培养相互协作的精神团队，建立危机意识，慎重地走好每一步，为其他的伙伴创造并争取更多的机会。团队的成功是至高无上的。
13. 学会换位思考，相互理解。
14. 将复杂的工作简单处理。
15. 感悟责任、信任与勇气之间的关系。

参与人数：40 人。

所需时间：40 分钟。

场地要求：室外，平整草地最好。

所需器械：细线（50 米左右，根据场地长度调整），眼罩，铃铛（若干），如有专业装备更好（模拟激光设备）。

训练三　盲哑队伍

项目简介

对于管理人员和销售人员来说，用语言、表情甚至延伸沟通并传递信息都不是难事，现在这个项目要打破常规，制造一些限制条件来训练学员的沟通能力，并让他们体会改变自己已适应的环境和条件后会有什么变化。通过训练学会以良好的心态去适应环境，认真体会进行有效沟通的方法。

操作流程

1. 培训师把学员按照 15 个人一组进行分组，发给每个学员一个号码，一个眼罩。这个号码只有本人知道，不允许其他人知道。然后，学员戴上眼罩。

2. 学员根据各自的号码，按照从大到小的顺序排成一列。这个过程中，任何人都不能说话或发出声音，如果有人摘下眼罩或说话，项目即宣告失败。

特别提示

1. 你是怎样与其他队员交流的？在沟通中你们遇到了什么困难，是怎样解决的？

2. 你们用什么方法得知别人的号数和位置？

3. 一般的沟通训练往往只注重现实环境，培训人们的语言技巧。但是作为一个真正出色的管理者或销售者，必须有应付更复杂、更难缠的环境的信心和能力。比如，作为向聋哑人销售产品的销售人员，语言的作用非常有限，这就需要他们想出其他办法与顾客沟通。这个项目教会我们，当环境有限制时，不要只顾着抱怨，而应该积极地想办法解决。

4. 由于限制了学生所面对的条件，所以他们要想解决问题，必须密切配合。他们不仅需要关心自己的号码，还要知道自己所处的位置以及别人，特别是邻号的人的位置。对于被蒙住双眼，又不能说话的人来说，这确实是一个挑战。

5. 可以通过拍掌或在别人手上写字的方法告知他人自己的号数，号码相邻的人渐渐组在一起，最后再连成一条线。

参与人数：45人，15个人一组。

所需时间：30分钟。

场地要求：空阔的场所。

所需器械：每组15个眼罩，15个号码纸。

训练四　图说交流

项目简介

交流分为两种，一种是单向交流，一种是双向交流。沟通强调"互动"，即交流双方彼此分享意见和想法。相对的，单方面的交流不能称其为沟通，甚至会造成交流失败。这个项目就是一个生动的例子，它让学员体会到了单方面交流和被迫接受信息的困难，从而提醒他们要采用互动的方式进行交流，以提高交流技巧，加强团队沟通。

操作流程

1. 培训师发给每名学员1支笔和2张A4纸。

2. 培训师请一名学员来协助做这个项目，给他看事先准备好的一张图，但是不能给其他人看到，时间为2分钟。

3. 让这名学员为他们描述这张图的内容，请其他学员按照这名学员的描述把内容画出来。要求这名学员背向大家站立，避免与其他学员的眼神和表情交流。这名学员只能做口头描述，不能有任何手势或动作。其他学员也不能提问，一切听从培训师的指挥。

4. 项目完毕后，将原图展示给大家看，并让大家校对自己的图画得是否正确。

5. 请另一位学生上台做这个项目，给他看事先准备好的另一幅图，但这次允许大家提问题、进行双向交流，看看结果怎么样。

特别提示

1. 当我们只能靠听觉交流时，是否感到不顺畅、焦急和困难？为什么？

2. 为什么单向交流如此困难？即使是双向交流也会有人出错，这是为什么？

3. 单向交流常常使人不能及时得到准确的信息。有问题不能问，出了错也不能及时知道。

4. 单向交流表达的只是一方的想法和意见，严格来说并不能算是沟通。你完全不知道对方面临的实际困难是什么，也就无法提供有用的信息。

5. 在一个团队中，只有彼此之间随时保持双向交流，才能使大家的意见都得到重视、使每个人都能获得起码的权益，不至于使上下级之间产生隔阂、使同事之间勾钩斗角，只有这样才能使这个团队正常地向前走。

参与人数：不限。

所需时间：20分钟。

场地要求：教室。

所需器械：2张图，每人1支笔和2张A4纸。

四、跟踪测试

1. 在说明自己的重要观点时，别人却不想听你说，你会（   ）。

A. 马上气愤地走开

B. 不说完，但你可能会很生气

C. 等等看还有没有说的机会

D. 仔细分析对方不听和自己的原因，找机会换一个方式去说

2. 去参加老同学的婚礼回来，你很高兴，而你的朋友对婚礼的情况很感兴趣，这时你会告诉她（他）（   ）。

A. 详细述说从你进门到离开时所看到和感觉到的以及相关细节

B. 说些自己认为重要的

C. 朋友问什么就答什么

D. 感觉很累了，没什么好说的

3. 你正在主持一个重要的会议，而你的一个下属却在玩他的手机并有声音干扰会议现场，这时你会（   ）。

A. 幽默地劝告下属不要玩手机

B. 严厉地叫下属不要玩手机

C. 装着没看见，任其发展

D. 给那位下属难堪，让其下不了台

4. 你正在跟老板汇报工作时，你的助理急匆匆跑过来说有你一个重要客户的长途电话，这时你会（   ）。

A. 说你在开会，稍后再回电话过去

B. 向老板请示后，去接电话

C. 说你不在，叫助理问对方有什么事

D. 不向老板请示，直接跑去接电话

5. 去与一个重要的客人见面，你会（   ）。

A. 像平时一样随便穿着

B. 只要穿得不要太糟就可以了

C. 换一件自己认为很合适的衣服

D. 精心打扮一下

6. 你的一位下属已经连续两天下午请了事假，第三天上午快下班的时候，他又拿着请假条过来说下午要请事假，这时你会（　　）。

A. 详细询问对方因何要请假，视原因而定

B. 告诉他今天下午有一个重要的会议，不能请假

C. 你很生气，什么都没说就批准了他的请假

D. 你很生气，不理会他，不批假

7. 你刚应聘到一家公司就任部门经理，上班不久，你了解到本来公司中就有几个同事想就任你的职位，老板不同意，才招了你。对这几位同事你会（　　）。

A. 主动认识他们，了解他们的长处，争取成为朋友

B. 不理会这个问题，努力做好自己的工作

C. 暗中打听他们，了解他们是否具有与你进行竞争的实力

D. 暗中打听他们，并找机会为难他们

8. 与不同身份的人讲话，你会（　　）。

A. 对身份低的人，你总是漫不经心地说

B. 对身份高的人说话，你总是有点紧张

C. 在不同的场合，你会用不同的态度与之讲话

D. 不管是什么场合，你都是一样的态度与之讲话

9. 你在听别人讲话时，你总是会（　　）。

A. 对别人的讲话表示兴趣，记住所讲的要点

B. 请对方说出问题的重点

C. 对方老是讲些没必要的话时，你会立即打断他

D. 对方不知所云时，你就很烦躁，就去想或做别的事

10. 在与人沟通前，你认为比较重要的是，应该了解对方的（　　）。

A. 经济状况、社会地位

B. 个人修养、能力水平

C. 个人习惯、家庭背景

D. 价值观念、心理特征

评分方法

题号为 1，5，8，10 时，选 A 得 1 分、B 得 2 分、C 得 3 分、D 得 4 分；

其余题号选 A 得 4 分、B 得 3 分、C 得 2 分、D 得 1 分；将 10 道测验题的得分加起来，就是你的总分。

结果分析：

如果你的总分为 10~20 分。因为你经常不能很好地表达自己的思想和情感，所以你也经常不被别人所了解；许多事情本来是可以很好解决的，正是你采取了不适合的方式，所以有时把事情弄得越来越糟；但是，只要你学会控制好自己的情绪、改掉一些不良的习惯，你随时可能获得他人理解和支持。

如果你的总分为 21~30 分。你懂得一定的社交礼仪，尊重他人；你能通过控制自己的情绪来表达自己，并能实现一定的沟通效果；但是，你缺乏高超的沟通技巧和积极的主动性，许多事件只要你继续努力一点，你就可大功告成的。

如果你的总分为 31~40 分。你很稳重，是控制自己情绪的高手，所以，他人一般不会轻易知道你的底细；你能不动声色地表达自己，有很高的沟通技巧和人际交往能力；只要你能明确意识到自己性格的不足，并努力优化，一定能取得更好的成绩。

第七部分　团队创新篇

　学习目标

【知识目标】

1. 认识什么是团队创新。
2. 了解团队创新的基本内容。
3. 掌握团队创新的方法。

【能力目标】

1. 通过训练增强学生对创新的认识。
2. 通过训练增强学生的创新意识。
3. 通过训练提高学生创新的能力。

【情感目标】

1. 培养学生创新意识。
2. 培养学生学会思考、转变思维方式的能力。

任务一　团队创新概述

【任务目标】

让学生了解团队创新的概念和意义。

一、理论知识

（一）创新与团队创新

创新是以新思维、新发明和新描述为特征的一种概念化过程，起源于拉丁语。它原意有三层含义：一是更新；二是创造新的东西；三是改变。创新是人类特有的认识能力和实践能力，是人类主观能动性的高级表现形式，是推动民族进步和社会发展的不竭动力。简单地说就是利用已存在的自然资源或社会要素创造新的矛盾共同体的人类行为，或者可以认为是对旧有的一切所进行的替代、覆盖。具体地说，创新包括创造和革新。创造指新的观念、新的构想的产生，革新指新的观念、新的构想的运用。从这个意义上说，创造是革新的前导，革新是创造的后续。

创新对团队管理很重要。著名管理学家德鲁克在其名著《管理、任务、责任和实践》中曾经这样说过："由于企业的目的是创造顾客，工商企业的基本职能共有（而且只有）两项：营销和创新。只有这两项才能产生成果，其余的都属于成本范畴。"他同时指出，"在这样一个时代中，一个不知道如何对创新进行管理的管理当局是无能的，不能胜任其工作。对创新进行管理将日益成为管理当局特别是高层管理当局的一种挑战，并成为检验它的能力的一种试金石。如果管理人员只限于做已经做过的事情，那么，即使外部环境和条件资源都得到充分的利用，他的组织充其量也不过是一个墨守成规的组织。这样下去，很有可能会造成衰退，而不仅仅是停滞不前的问题，在竞争的情况下，尤其是这样。"

对团队创新的含义有很多种理解。一般认为，团队创新是放弃旧的传统的管理模式及其相应的管理方式和方法，创建新的管理模式及其相应的方式和方法。用经济学的语言说，管理创新是指创造一种更新、更有效的资源整合范式，这种范式既可以是新的有效整合资源的方式，从而达到团队目标和责任的全过程式管理，也可以是新的具体目标制订等方面的细节管理。从这个意义上说，团队创新至少可以包括以下五种情况：一是提出一种新经营思路并加以有效实施；二是创设一个新的组织机构并使之有效运转；三是提出一种新的管理方式方法；四是设计一种新的管理模式；五是进行一项管理制度的创新。我们认为，团队创新不只是管理手段的新组合，也不只是对组织内部资源的调整和创新。它也不一定是一种范式，只要能结合组织的实际，对本团队管理有效就可以。团队创新是创造一种新的更有效的方法来整合团队内外资源，以实现既定管理目标的活动。这个概念不仅强调了团队创新的创造性，要求团队创新要在观念和技术创新的基础上创造出一套资源整合方式，而且又强调了管理系统的新颖性和有效性。只新颖而无效不是团队创新的目的，创新只是一种手段，其目的是更有效地实现管理目标。

二、案　例

【案例1】

海尔的创新精神

微软总裁比尔·盖茨讲，微软离破产永远只有 180 天；海尔总裁张瑞敏"战战兢兢，如履薄冰"；华为总裁任正非大谈危机管理。这些都不是危言耸听，这就是所谓丛林生存法则——优胜劣汰。你不创新，别人就会超过你，就要灭掉你，没有什么可商量的。

一个人搞点创新，搞点发明、创造并不难，难的是建立一个创新型的团队。爱迪生一生有 1 000 多项发明，但是现在随着人的知识更新速度的加快，一项创新、一项成果，很多时候已经不是一个人的力量可以完成的，而是一个团队搞出来的。中国的海尔，从 1984 年成立，20 年后已成为中国企业的一面旗帜，成功原因是什么呢？吴官正在任山东省省委书记时到海尔视察后说："海尔之所以发展得这么快，是因为它有一个创新的企业文化和一个团结的领导班子。"

"海尔文化"精髓之一就是它的创新精神。从 1984 年引进德国利勃海尔公司一个 212 的电冰箱生产技术开始，经过 16 年的发展，到 2000 年，海尔已形成了 69 大系列 10 800 多个规格品种的产品。现在，海尔平均每天可推出 1.3 个新品种，平均每天申请国家专利 2.5 个，是中国拥有专利最多的企业。

像海尔这么多的创新，绝不是几个工程师能搞成的，而在于他们有一个创新型团队，鼓励人人创新。1998—2000 年的三年间，海尔人一共提了 3 万多条合理化建议，被采纳了 17 000 多条。海尔规定：工人一年提十条合理化建议，只要被采纳了七条，就可以从"合格员工"升为"优秀员工"，连许多老工人一年都可以提出十几项合理化建议。这就是海尔创新型团队的力量。

【评析】 现代社会竞争要求，一个团队也必须是一个创新型团队。我们中国人素以谦虚好学著称，我们的企业要想实现跳跃式发展，也就必须站在巨人的肩膀上。创新最重要的是观念的创新，也就是邓小平同志所说的解放思想。落后就要挨打。要想不挨打，就要不落后；要想不落后，就要与时俱进；要想与时俱进，就要不断创新；要想不断创新，只有坚持学习。创新型的团队来自学习型团队。

【案例 2】

寻找新路径，成功就在不远处

有一位卖松饼的小贩安东尔，正想着在一年一度的嘉年华会上大展身手，他现在摩拳擦掌、满怀信心地准备好好地赚一笔钱。嘉年华会如期开始，果然不出安东尔所料，热腾腾的松饼再淋上甘甜的蜂蜜，飘散浓浓的香味，吸引了许多人，围绕在小贩的摊位四周，生意好得令周围许多卖冰淇淋的小贩眼红。安东尔的生意持续兴隆，但人生不如意很常见的。一直很稳定供应他纸盘的供应商，为了配合全国性的纸业大罢工，不能再供货给他。

安东尔的纸盘库存随着每天大量的消耗而用尽，安东尔的生意也随之发生危机。没有纸盘可以盛装松饼卖给顾客，安东尔试着用纸巾来代替纸盘，但客人们又嫌纸巾会被蜂蜜沾黏在松饼上，吃起来相当不方便；随着顾客们不断地抱怨，安东尔的生意逐渐清淡，终至没有任何人上门光顾。

眼看着嘉年华会期的时间还相当漫长，而摊位的租金已付清了，却苦于无生意可做，旁边冰淇淋的摊贩好意劝他，不如来帮着卖冰淇淋好了。安东尔迫于无奈，只得以较高的价格，向隔邻的冰淇淋摊贩批购了一些冰淇淋来贩卖，聊以补贴自己摊位的开销。就这样做了几天生意，安东尔想着，还好，冰淇淋的生意不是十分热络；若是冰淇淋的生意一旦好起来，还是需要大量的纸杯来盛装冰淇淋。万一再遇上纸业大罢工，生意一样做不下去，自己的生计，还是一样操纵在别人的手里。安东尔有了这一层顾虑，随即动脑。试着将他唯一会做的松饼和眼前贩卖的冰淇淋联系在一起。他想到，若是将松饼压薄使之坚固一些，再将压实的松饼卷成圆锥状，就能够盛装冰淇淋了。如此一来，客人既可以吃到冰凉甜美的冰淇淋，又能享受香脆爽口的松饼，真是一举两得。经历困境而激发的创意，让安东尔又再次成为嘉年华会中最

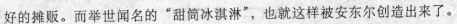

好的摊贩。而举世闻名的"甜筒冰淇淋"，也就这样被安东尔创造出来了。

【评析】　对于一件失败的事，只要转换一下思维视角，便会引出一连串的创意。创意只会垂青会思考的人。人们应该锻炼这种能力，想办法让自己的头脑转换方向，朝思维盲点出发，走出一条创新之路。

三、任务训练

训练一　雷区取水

项目简介

你是否知道你现存的资源，你是否有资源优势，你是否合理有效地配置资源，充分发挥了资源的最大效用。此项目旨在提高学员的组织、沟通、协作、创新思维能力与技巧，培养学员集体荣誉感，为团队勇于奉献的精神。

操作流程

在一个直径5米的雷区中间有一个水源，要在仅用一根绳子，不接触地面的情况下，取到全体队员的救命水。

项目背景由培训师介绍给学员，培训师说："同志们请注意，我们现在的战场条件很艰苦，没有水，缺水怎么办，我们要想办法解决。大家看到了吗，绳子围成的圈里有水，但是里面布满了地雷，我们不能碰到圈里任何地方，只要地雷一响，敌机马上会飞过来轰炸我们。而且我们只有30分钟，时间一到，大家都有危险。我们的工具只有绳子。"

特别提示

1. 总结提高集体决策的质量。

2. 促进团队的沟通和理解，增强团队凝聚力。

3. 体会创造性和前瞻性思维的绩效。

4. 体会有意见分歧时的解决方式和遇到挫折时的态度。

5. 有效的资源配置。

6. 注意事项：讲清规则，可以把水瓶拿出雷区，类似的取水方法不能再用。

参与人数：40~60人，分组进行，每10~15人一组。

所需时间：30分钟。

场地要求：室外。

所需器械：绳子、水。

训练二　建绳房

项目简介

锻炼团队中的领导能力，增强队员之间的沟通能力，发挥创造能力，从而达到和谐完成任务的目的。

操作流程

1. 培训师发给每队一捆绳索，若干根，中间还有很多无名结，必须在最短时间内将这些绳子理清。

2. 培训师发给每人一个眼罩，并通知他们带上眼罩后要做的事情。

小组1：建一个三角形"△"；

小组2：建一个正方形"□"；

小组3：建一个圆形"○"；

3. 当完成第一阶段后，培训师现在告诉了3个队的全体人员，要他们统一起来建一个绳房子。

特别提示

1. 有关讨论。

（1）你对比第一阶段及第二阶段，然后说明哪一个阶段更加混乱，为什么？

（2）如果你作为领导，你会怎样组织第二阶段以尽快更好地完成任务？

2. 有效沟通。在非常状态下，学会如何跟团队中的每个人进行沟通，以达到团队的整体目标。

3. 没有完美的个人，只有完美的团队。可见团队领导与决策的力量是无穷的。

4. 个人利益如何服从团队利益以促进目标的达成？

5. 学习如何在团队建立一种合作的气氛。

6. 培养创新思维能力。

参与人数：45人，分为三组。

所需时间：20分钟。

场地要求：空地。

所需器械：绳子、眼罩。

四、跟踪测试

1. 以下不属于诚信的领导行为方式表现的是（　　）。

A. 言行一致　　　　　　　　B. 信守诺言

C. 以身作则　　　　　　　　D. 表里如一

2. 以下不属于管理角色与领导角色共同之处的是（　　）。

A. 两者都要经常做决定

B. 都要建立一个完成某项任务的人际关系网

C. 两者都是不完整的行为体系

D. 都要保证任务能完成，能实现目标

3. 真正的创新素质是（　　）的有机统一。

A. 学习与创造　　　　　　　B. 学习与再现

C. 巩固与提高　　　　　　　D. 创造和再现

4. 知识经济时代（　　）是最重要的。

A. 物质资源　　　　　　　　B. 组织资源

C. 人力资源　　　　　　　　D. 高水平的人力资源

答案：　1. D　2. C　3. A　4. D

任务二　团队创新的基本内容

【任务目标】

通过本任务学习，让团队成员掌握创新的角度，进而掌握不同的创新方法。

一、理论知识

社会组织的性质不同、生存环境的不同决定了不同团队管理创新所涉及的内容、侧重点有所不同。团队创新是一项复杂的系统工程。从系统的观点来看，团队创新指团队的管理者要不断根据团队所处的环境的变化，利用新思维、新技术、新方法、新机制，创造一种新的更有效的资源组合范式，以适应和创造市场，促进团队综合效益的不断提高，达到以尽可能少的投入获得尽可能多的综合效益的目的。它是具有动态反馈机制的全过程管理。

（一）理念创新

团队在管理中最重要的是管理理念，团队创新首先需要进行的也是管理理念的创新。没有理念创新，则作为先行的管理创新很难发生，也难以持久。

171

从现代团队管理科学的高度看，必须摒弃越来越不适宜的经营管理思想，完成以下转变：管理绩效的评估标准要从是否遵循团队领导者意志转变为综合效益的完成量；管理的内容要从管理方式是否需要强化、管理形式是否需要更加严格转向对岗位职责、工作流程、规章制度的科学性和有效性以及对于资金、人才、时间、物质的使用效率的实质性控制；管理方式要从家长专断型的独裁管理转向基于广泛咨询的、遵循决策程序的科学管理，从事无巨细的越级干预转向注重决策和预算的权责明确的层级管理；管理的机制要从对团队成员的形式化约束转向建立互动式自我教育与激励型行为规范；管理理念的创新重在用新的策略、新的技巧、新的形式打破陈旧平衡，敢于标新立异，形成自己的管理特色。

（二）团队战略创新

在团队创新中，战略创新也是非常重要的。团队理念的创新首先要落实到团队战略的创新上面。所谓战略，是对团队长远发展的全局性谋划，即团队战略管理的实质不是战略而是动态的管理，它是一种崭新的管理思想和管理方式。这种在动态环境中帮助团队实现目标的理论在团队管理中产生了非常大的影响。战略管理思想提出以后，战略创新开始成为团队管理创新的重要问题被人们关注。团队战略创新所要解决的本质问题有四个方面：一是应该创新什么，二是应该向什么方向创新，三是应该创新到什么程度，四是如何实现这些创新。

（三）制度创新

制度创新是指在人们现有的生产和生活环境条件下，通过创设新的、更能有效激励人们行为的制度、规范体系来实现社会的持续发展和变革的创新。所有创新活动都有赖于制度创新的积淀和持续激励，通过制度创新得以固化，并以制度化的方式持续发挥着自己的作用，这是制度创新的积极意义所在。团队管理制度是团队运行方式的原则规定。科学的规章、严密的程序是团队得以正常运转的前提条件。制度关系到团队的运转机制，关系到每个组织成员的积极性和创造性。

（四）组织和结构创新

团队的正常运行，既要求具有符合团队特点的运行制度，又要求与之相适应的运行载体，即合理的组织形式。因此，团队创新必然要求组织形式的变革与发展。团队的组织形式不是一成不变的，必须根据环境的需要进行调整和创新。各项管理活动相互交织以及环境的日益复杂化，要求组织具有更大的弹性。与此相适应，团队组织结构的创新趋向就势必是专业化的职能部门转变为以任务为导向、充分发挥个人能动性和多方面才能的过程小组，从而使团队组织形态从高耸型向扁平型转变。因此，团队组织结构创新时要顺应管理创新的潮流，在团队管理创新过程中必须重视增加组织的柔性，探讨更高效、更灵活的组织结构方式，如建立跨职能机动团队。进行组织和结构创新的目的是更合理地组织管理人员的工作，提高管理的劳动效率。

（五）管理技术与方法创新

任何一个团队要提高竞争力，必须使所有资源得到优化的配置，这首先就要求资源要能够在一种科学、合理并且先进的管理模式下运行，这种模式的实质就是以任务为导向、以系统观念工程为指导、以现代管理技术和方法为支撑的、综合的、系统集成的、整体优化的管理系统。现代科学技术的发展，为加强团队管理提供了全新的条件。要重视和广泛采用现代管理技术、方法和手段来加强管理。

（六）团队文化创新

团队竞争的最高层次是文化竞争。团队文化是以团队精神为核心的独特的思维方式、行为方式和团队形象，是一种看不见摸不着又时刻影响着人们观念和行为的一种精神力量。它是在长期工作过程中形成的并为全体员工遵守和奉行的价值观念、行为准则和审美理念的集中反映。文化具有传承性，所以创新文化，一方面，必须重新整合并赋予旧的团队文化以新的内涵；另一方面，必须紧紧盯住世界团队文化创新的趋势。团队文化应该是有个性的，团队必须寻找更高形态的团队理念和团队文化模式，必须拥有最高尚的人格理想、最高级的社会理想和最道德的行为理想。

二、案　例

【案例1】

鸡尾酒

在一次酒会上，有7个人，分别为美国人、俄国人、英国人、法国人、德国人、意大利人、中国人。每个人都要宣传自己国家有什么好酒。中国人拿出了茅台，酒盖一启，香气扑鼻，在座的各位说了茅台了不起。俄国人拿出了伏特加，英国人拿出了威士忌，法国人拿出了 XO，德国人拿出了黑啤酒，意大利人拿出了红葡萄酒，都很了不起。到了美国人这里，美国人找了个空杯子，把茅台等几种酒都倒了一点，晃了晃，什么酒？鸡尾酒。

【评析】 综合就是创造。这就是美国人，他不管有没有东西，但能够把别人的东西拿来，把好的东西综合起来。他的这种做法就是创新。

【案例 2】

思路决定出路

19 世纪，美国加州传来发现金矿的消息。许多人认为，这是一个千载难逢的发财机会，纷纷奔赴加州。17 岁的小农夫赫伯特也加入这支庞大的淘金队伍。越来越多的人蜂拥而至，一时间加州遍地都是淘金者，金子越来越难淘，生活也越来越艰苦。当地水源奇缺，赫伯特和大多数人一样，没发现黄金，反而被饥渴折磨得半死。赫伯特望着水袋中一点点舍不得喝的水，听着周围人对缺水的抱怨，他突发奇想：淘金太渺茫了，还不如卖水。赫伯特毅然放弃对金矿的挖掘，将手中挖金矿的工具变成挖水渠的工具，把远方河水引入水池，用细沙过滤，成为清凉可口的饮用水，然后将水装进桶里，挑到山谷一壶一壶地卖给淘金的人。

许多人嘲笑赫伯特胸无大志，千辛万苦赶到加州来，不挖金却干起这种蝇头小利的小买卖。这种生意在哪儿不能干，何必到这里来？可他却毫不在意，不为所动，继续卖他的水。结果大多数淘金者都空手而归，而赫伯特却在很短的时间里靠卖水赚到 6 000 美元。这在当时是一笔非常可观的财富了。赫伯特告诉其他人："当你面对难题时，不妨停下来问问自己，在这个难题之下，可能蕴藏着什么样的机会呢？做一个善于思考的人吧！对出现的一切问题加以研究，找出正确的答案，那么成功之路就会向你开放。"

【评析】 满足于现状的人，总会被事物的表面现象所迷惑，无法打破常规，开创出新的业绩。成功者之所以永远都是少数，就是因为大多数人都掉进了陷阱和圈套。人一旦选择了跟风从众，往往意味着失败。

三、任务训练

训练一　如饥似渴

项目简介

本项目体现的是一种创新与合作的精神。只有学员间的相互沟通、合作，才能顺利完成任务。

操作流程

1. 根据人数将培训师分成若干组，每组两人，其中一人用布将眼睛蒙上。

2. 全体学员必须站在尼龙绳圈以外，不可越过界线。

3. 未蒙上眼睛的学员不可以接触蒙上眼罩的学员，只可为蒙上眼睛的同伴作提示。

4. 只有蒙上眼罩的学员才可拿工具取水杯。

5. 将水杯完整移出绳圈以外才可得分，如水溢出水杯则不计分。

特别提示

1. 本项目需要与别人配合才能完成。它的目的在于培养人们的创新能力和团队精神。它告诉我们，一个人的能力、智慧是有限的，要虚心听取别人的意见和指导。只有这样，思维才能不断得到更新，行动才能取得最佳的效果。

2. 被蒙上眼睛的学员感觉就好像一个人在黑夜里摸索。在求知的旅途中独自前行固然勇气可嘉，却难免会走许多冤枉路。与同行和朋友的交流就好比一盏明灯，指引每个人前进，就如项目中大家的指导一样。所以，不时地听取他人的意见有利于思想的更新和提高。

3. 小组成员可在规则范围内用各种方法取水杯，但要看哪一个小组最有创新。

参与人数：45人。

所需时间：40分钟。

场地要求：室外。

所需器械：装有水的一次性杯子、绳子、橡皮筋、眼罩等。

训练二　水　草

项目简介

充分发挥队员的创造能力。案情是一个男人，走到湖边的一个小木屋，同一个陌生人交谈以后，就跳到湖里死了。

操作流程

1. 由培训师交代案情，学员通过问封闭性问题的方式去判断案情的起因。

2. 培训师只负责回答学员的问题，但只能说"是"或"不是"。

3. 计时间。

特别提示

故事的起因：

在一个夏夜的湖边，一对热恋男女在谈情说爱。由于夏夜炎热，男人去买饮料解渴，留下小姐在湖边等。结果十五分钟之后，等男人回来时，发现小姐已经不在原来的地方，于是这个男人在湖的周围大声呼唤她爱人的名字，没有人回应。时间一分一秒过去，男人越想越担心，一种不祥的预感已经笼罩在他的心头。"扑通"一声，男人跳下湖里，在湖里寻找爱人的足迹。他在湖底摸索了许久，除了一些像水草一样的东西，什么也没有发现。因担心水草会有危险，所以，就放弃了湖底寻找，上岸之后，男人沿着湖边到处寻找。夜深了，人静了，男人拖着疲惫的身体继续沿着湖边寻找。这时他看到湖边有一个亮着灯的小木屋，于是敲门，开门的是一位陌生的老大爷。

"老大爷，你没有看到一位长头发，穿红色裙子的女孩？"

"没有。"

男人仍不放过一线希望，把爱人失踪的遭遇包括在湖里寻找的经过详细地告诉了陌生人。

"我是这个湖的看守员，这个湖里几十年来一直都没有生长过一根水草"。

原来，男人在湖里摸到的不是水草，而是她爱人的长发。于是，男人跳到湖里殉情了。

参与人数：不限。

所需时间：20分钟。

场地要求：室内。

所需器械：无。

训练三　颠倒的习惯

项目介绍

人们以前所学到的知识技巧及态度在学习新知识的过程中有着很大的威胁，甚至会对人们学习新知识的能力和欲望产生阻碍。本项目将帮助我们克服这一点。项目本身不难，难就难在我们往往不能够摆脱旧的思维方法对我们的局限性，不自觉地采用了旧的方法，所以克服旧思维的框架是项目成功的关键。

在日常的工作中，我们往往会形成一些固有的习惯和思维模式，一旦遇到问题，我们的大脑首先就会试图从这些方面中寻找解决方法，而不会去想是否有其他更好的解决问题的办法。这就是为什么有时候新员工反而能够做出成绩来的原因，因为他们脑子中没有多少旧的思维模式，他们可以在更广阔的领域寻找答案。

操作流程

1. 培训师给每位学员发一份新的学习方法表。

向上＝向右；

向下＝向后；

向左＝向下；

向右＝向前；

向前＝向上；

向后＝向左。

2. 给学员们 5 分钟时间，让大家熟记旧方法与新方法之间的联系。

3. 让所有的学员都站起来，培训师说出旧的方法，同时要求学员们按新的方法做动作。

4. 培训师让所有学员分成两排站立，面对面站着，其中一排操作，另一排来记录他们动作的准确度；做动作做得不对的学员应该受到适当的惩罚。

特别提示

1. 本项目的方法难不难？你是否能自如地按照新的方法做出所指定的动作？

2. 本项目会给你带来什么体会？

参与人数：集体参与。

所需时间：10 分钟。

场地要求：空阔的场所。

所需器械：每个人一份新的学习方法表。

四、跟踪测试

下面是 10 个题目，如果符合你的情况，则回答"是"，不符合则回答"否"，拿不准则回答"不确定"，具体分值如表 7.1 所示。

1. 你认为那些使用古怪和生僻词语的作家，纯粹是为了炫耀。

2. 无论什么问题，要让你产生兴趣，总比让别人产生兴趣要困难得多。

3. 对那些经常做没把握事情的人，你不看好他们。

4. 你常常凭直觉来判断问题的正确与错误。

5. 你善于分析问题，但不擅长对分析结果进行综合、提炼。

6. 你审美能力较强。

7. 你的兴趣在于不断提出新的建议，而不在于说服别人去接受这些建议。

8. 你喜欢那些一门心思埋头苦干的人。

9. 你不喜欢提那些显得无知的问题。

10. 你做事总是有的放矢，不盲目行事。

表 7.1

题　号	"是"评分	"不确定"评分	"否"评分
1	−1	0	2
2	0	1	4
3	0	1	2
4	4	0	−2
5	−1	0	2
6	3	0	−1
7	2	1	0
8	0	1	2
9	0	1	3
10	0	1	2

评价分析：

得分 22 分以上的，则说明被测试者有较高的创造思维能力，适合从事环境较为自由，没有太多约束，对创新性有较高要求的职位。如美编、装潢设计、工程设计、软件编程人员等。

得分 21～11 分的，则说明被测试者善于在创造性与习惯做法之间找出均衡，具有一定的创新意识，适合从事管理工作，也适合从事其他许多与人打交道的工作，如市场营销。

得分 10 分以下的，则说明被测试者缺乏创新思维能力，属于循规蹈矩的人，做人总是有板有眼，一丝不苟，适合从事对纪律性要求较高的职位，如会计、质量监督员等职位。

任务三　团队创新的途径

【任务目标】

让团队成员通过掌握创新途径，提升其自身的创新能力。

一、理论知识

（一）改善管理创新主体的心智模式，培养创新思维

阻碍我们进行团队创新的一个主要因素是心智模式，它影响人们的思维模式和行为方式。因此，要进行团队创新，必须跳出固有的心智模式的束缚，敢于打破常规。要训练和掌握科学的思维方法，要学会用系统思维的方法来思考和处理问题，以看清事物表象背后的真正原因和矛盾，提出突破性的解决方案，而不仅仅是按经验办事。

1. 发散思维

发散思维，又称辐射思维、放射思维、扩散思维或求异思维，是指大脑在思维时呈现的一种扩散状态的思维模式。它表现为思维视野广阔，思维呈现出多维发散状。发散思维是从某一点出发向四面八方想开去，寻找事物的多种构成因素、多种可能性、事展的多种原因（条件）和多种结果，从而找到解决问题的多种设想、办法和方案。如"一题多解""一事多写""一物多用"等方式，培养发散思维能力。不少心理学家认为，发散思维是创造性思维的最主要的特点，是测定创造力的主要标志之一。

2. 逆向思维

逆向思维也叫求异思维，它是对司空见惯的似乎已成定论的事物或观点反过来思考的一种思维方式。敢于"反其道而思之"，让思维向对立面的方向发展，从问题的相反面深入地进行探索，树立新思想，创立新形象。当大家都朝着一个固定的思维方向思考问题时，而你却独自朝相反的方向思索，这样的思维方式就叫逆向思维。人们习惯于沿着事物发展的正方向去思考问题并寻求解决办法。其实，对于某些问题，尤其是一些特殊问题，从结论往回推，倒过来思考，从求解回到已知条件，反过去想或许会使问题简单化。丰田公司前总裁丰田章一郎说："我这个人如果说取得一点成绩的话，是因为什么都爱倒过来思考。"所谓"倒过来思考"就是逆向思维，也叫反向思维，是将人们要考虑问题的方向和路径反过来思考的方法。

3. 横向思维

横向思维是通过借鉴、联想、类比，充分地利用其他领域中的知识、信息、方法和自己头脑中的问题或课题联系起来，从而提出创造性的设想和方案。这种思维方式有其横向、往宽处发展的特点。具有这种思维特点的人，

思维面都不会太窄，且善于举一反三。这种方法的特点是：① 不是过多地考虑事物的确定性，而是考虑它的多种多样的可能；② 关心的不是怎样在旧观点上修修补补，而是注意如何提出新观点；③ 不是一味追求正确性，而是着重追求它的丰富性；④ 不拒绝各种机会，尽可能去创造和利用机会。

4．分合思维

分合思维法是将思考对象的有关部分，从思想上将他们分离或合并，试图找到一种新思维方法。

（二）以人为本，促进管理创新

人本管理是目前团队管理所推崇的有效的管理方法和思想。目前在理论界和管理实践中，有许多人都把人本管理狭义地理解为"以人为中心"的管理理论和方法，因而在实践上仅仅要求管理者树立"尊重人、理解人、关心人、重视人"的理念和合理地开发和使用人力资本。这种认识把人本管理当成实现团队利益最大化的手段，带有极强的功利性和一定的欺骗性，没有把人真正视为团队的主体，没有把人和团队这两个利益主体统一起来。在民主开放的、以人为主体的现代社会，人应凌驾于物之上而不能受物的制约，要实现人对自我的自主管理和人对物的管理的统一，通过自主的或在自主基础上的联合劳动来谋求人自身全面的、自由的发展。在实际工作中我们完全可以在这种思想的基础上推行"以人为本"的管理方法（如弹性工作制、自主管理、参与管理、工作内容丰富或多样化等）。因此，人本管理应具有以下两层含义：一是团队为确立人在管理过程中的主体地位和主导作用而进行的调动人的积极性的一切管理活动；二是团队为提高人的素质（比如增强人的意志和体力、提高人的智力和能力、健全人的心理、培育高尚的品格和思想），使人全面地、自由地发展所进行的一切管理活动。也即人本管理要体现出人的主体性和自我发展性。第二层含义才是人本管理的实质和目的，才是运用人本管理时应持的根本指导思想。我们认为，到了第二个层次，人本管理将成为推动团队创新的极大动力。实施人本管理要做好以下工作：对管理者而言，要牢固树立依靠全体成员，以员工为主体的思想，要加强宣传教育，向员工灌输"我就是团队"的理念；要合理开发人力资本，善于使用人才，做到用人之长、容人之过、用人不疑、取长补短、奖惩分明；要强化员工的自我管理。人本管理的核心是员工通过自我管理来控制自己，进而达到自由发展自己的目的，因此，要给下属一个自由发展的空间使下属能运用自己的权利积极地完成承担的任务，使自己在工作中得到享受。要让下属参与领导和决策，让下属参与领导，充分发挥集体的力量。参与决策和领导的员工在感受到自身的价值后，会更加努力地、创造性地完成既定计划和工作任务。对员工而言，要树立"我就是主人"的思想意识。要有主人翁责任感，做到敬业乐业，团结合作，并要积极主动地参与团队的管理和决策；在树立主人翁意识的同时，要追求自身价值的实现和自由的发展。要不断地学习科技和知识，在不断地创新中求得团队和个人自身的共同发展。

（三）构建创新型团队

一个成功的团队并非单单依靠个人的力量，它是以团队为基础来进行的。现代社会，随着人的知识更新速度的加快，一项创新、一项成果，很多时候已经不是一个人的力量可以完成的，而是一个团队才能完成。

创新型工作团队强调共同宗旨和绩效目标，让员工打破原有的部门界限，改变命令链的信息传递方式，让人员直接面对团队的战略目标和目标市场，以群体和协作的优势赢得整个团队的高效率。

构筑创新型团队需要注意以下几点。

1．营造和谐与危机感共存的团队文化

团队和谐与合作的基础是凝聚力，而凝聚力在很大程度上来自于危机感。这种文化的形成是一个长期的价值观灌输过程。艾伦·威尔金斯教授（Alan wilkins）的研究结果表明："可以把一种价值观寓于某个具体的故事，而不是予以抽象的叙述，让人们更容易地相信它和记住它。""当雇员们有广泛的共同经验作为检验标准，并通过这些'试金石'以大量的微妙方式沟通思想时，该机构的文化就发展了。"以此方式，通过大量的共同经验，创造共同宗旨的文化，以此作为加强沟通的基础，从而减少文化冲突的产生。

2．协调稳定与创新

创新型工作团队的稳定并不是指单个团队内部成员的稳定性，而是指整体高素质人员的相对稳定性。这就要求采用各种合理、有效的激励措施留住高素质人才，使他们产生归属感和认同感。同时，为避免创新的丧失，团队内部成员的组合必须不断更换，强调与其他团队的合作、联盟，从而在保持组织竞争优势的同时，为创新打下良好的基础。

3．高素质人才的保证

创新的源泉是高素质人员的创新性思想。从这个角度出发，团队要从战

略高度把好"三关"：① 入口关。除了对个人教育培训的背景和技术能力的严格要求外，更要注重人员的个性特点，考察其信念、价值观的共容性。② 检验关。对不合格人员要设立灵敏的检测和淘汰机制，以避免"搭便车"行为的产生。③ 发展关。充分尊重员工的自我选择，将员工职业发展规划纳入到管理计划中。同时，制订周密的培训计划，使员工进行全方位、随时性的学习，让员工感觉到学习的紧迫性，把每个交流和合作的机会转变成学习机会，也把每个学习机会转变为交流和合作的机会。

4. 知识共享机制的创立

知识共享的基础包括：共享文化、权力淡化、人员平等、外部危机和信息共享平台。这就要求在改造层级结构之后，信息技术支撑的硬件和管理技术支持的软件相辅相成、相得益彰，形成一个以创新型工作团队为中心的新型管理环境。

二、案 例

【案例 1】

创新取财

美国食品大王鲍洛奇是一位白手起家的亿万富翁。他最初在一家食品店帮人卖水果。有一次，食品店里的 20 箱香蕉，被一场意外的大火烤得黄里带黑，老板让鲍洛奇降价出售。鲍洛奇感到十分为难，他硬着头皮将香蕉摆到摊上，拼命吆喝。但是，人们一看到香蕉的模样，都会失望地扭头就走。任凭鲍洛奇使出浑身的解数来解释，也无济于事。到傍晚的候，鲍洛奇把嗓子都喊破了，却连一根香蕉也没卖出去。夜里，又累又沮丧的鲍洛奇守着香蕉睡不着觉。他若有所思，起身又仔细地检查一遍。香蕉没有变质，只是皮上有些黑点，且因为烟熏火燎，吃起来反而别有风味。鲍洛奇灵机一动，便也有新想法。第二天，鲍洛奇又把香蕉摆出来，仍是大声叫卖，只是吆喝的内容与前一天大不相同："快来瞧，快来看，最新进口的阿根廷香蕉，全城独此一家，数量有限，先到先得，快来买呀。"

不一会儿，水果摊前便围了一大群人。鲍洛奇注意到一位年轻的小姐，已经在摊前转了半天，就礼貌地问她："请问小姐，你以前见过这样的香蕉吗？你尝一根，我敢保证，你从来没有吃过这么好吃的香蕉。"鲍洛奇一边说着，一边麻利地剥了皮，递到小姐的手里。小姐尝了一口，马上说："嗯，的确味道与众不同，我来 5 公斤吧。" 围观的顾客看在眼里，他们不再犹豫，一拥而上，纷纷购买。所有被烤的香蕉在不到半天时间里，以高出市价近一倍的价格被抢购一空。鲍洛奇能以两倍于正常香蕉的价格，让"阿根廷香蕉"脱销。其原因就在于，他找到了这批具有特殊外观和口味的香蕉推销出去的方法。有了方法，一切变得轻而易举，财富源源不断。

【评析】 现实生活中，一般在乎赚多少钱，钱多则喜，钱少则忧。忧忧喜喜的人，财神怎么喜欢他的？世间有一个神奇的规律：你越在意往往越得不到。只有收回贪婪地看钱的眼光，静下心来，开动脑筋，研究赚钱的方法，才有可能成功。

【案例 2】

鱼丸成吨卖

5 年前，新加坡有一个卖鱼丸的小伙子。因为鱼丸味道好，很受欢迎，没几年，他就有了可观的存款。多年以前，鱼丸只是为防止腐烂而加工成的一种小食品，有几个人看他做的鱼丸好卖，就与他合伙，部分人在家里做，部分人到街上卖。这样一来，生意做大了。

没过多久，这个小伙子说，要向银行贷款 15 万元去日本买设备。原来，他看到了一则消息，说日本生产出一种高产量的肉类绞磨机。"你疯了吗？鱼丸手工就能做，根本没必要去买那么贵的设备"，他的合伙人非常不满。"我们要把眼光往远处看，只有做大才能赚得多。"小伙子说。一颗鱼丸卖两毛钱，只赚七分钱。所有人都认为这是一件没必要做的事，简直是往火坑里跳。"既然这样，我们可不陪着你做傻事"，合伙人见他不听劝说，和他分道扬镳了。

几个月后，小伙子从日本买回那套设备。没多久，人们发现他再也没到街上卖过鱼丸，但是，他的鱼丸在城市的各个角落都看得见。那个小伙子的鱼丸上市后，他们的鱼丸就卖不动了，因为无论从外形上，还是口感上，小伙子的鱼丸都高出一筹。渐渐地，他们也纷纷开始贩卖小伙子的产品。几年下来，小伙子的鱼丸日产量提高到 10 吨，还是满足不了市场的需求。二十多年过去，他的鱼丸年产量达到 8 000 吨，营业额已经达到 3 000 多万元。

当初那位小伙子，就是今天新加坡最大的鱼丸制造商"鱼丸大王"林文才。新加坡《联合早报》对他进行专访时，他说："其实，我只是在心里把鱼丸换了一个量词，鱼丸是'一颗颗'的，但在我的心里，它是用'吨'来计算和销售的。"把"颗"改成"吨"，是一个量词上的升级，更是一个创业目标和人生志向的升级。

【评析】 不怕做不到，就怕想不到，角度决定高度，高度决定命运。

三、任务训练

训练一　灯的开关

项目简介

本项目考察学员的逻辑思维能力和判断能力，锻炼学员的创造性思维，鼓励学员要勇于打破传统思维的局限。

操作流程

1. 培训师将所有学员按照 5 个人一组的标准进行分组，然后由培训师讲述智力题。有两个房间，一间房里有 3 盏灯，另一间房里有控制着这 3 盏灯的 3 个开关，这两个房间是分割开的，从一间房里不能看到另一间房的情况。现在要求学员们分别进这两个房间一次，然后判断出这 3 盏灯分别是由哪个开关控制的。

2. 各小组分别进行讨论，寻找答案，时间为 5 分钟。

3. 每个小组派一名代表，向大家介绍本组的解决方案。

4. 培训师给出答案：

（1）先走进有开关的房间，将 3 个开关编号为 a、b、c。

（2）将开关 a 打开 5 分钟，然后关闭；然后再打开开关 b。

（3）走到另一个房间，即可辨别出正亮着的灯是由开头 b 控制的。再用手摸另外两个灯泡，其中发热的灯泡是由开关 a 控制的，另一个灯泡就一定是由开关 c 控制的了。

特别提示

1. 请学员们说出解决这个问题的关键在哪里？

2. 学员们有没有想过灯泡能够发热的特性？

3. 项目的主要障碍和解决方式。

4. 俗话说："会者不难，难者不会。"本项目有一定的难度，当学员们不知道解题的思路时，会不知所措，但这也正是本项目的目的所在。所以，在项目开始前，培训师应提出要求：请知道答案的同学回避或请他们先不要说出答案，否则会影响培训效果。

参与人数：40 人，5 个人一组。

所需时间：10 分钟。

场地要求：不限。

所需器械：无。

训练二　数字队列

项目简介

创新性答案不一定很复杂，但一定需要大胆的构思联想，将数字呈规律性地摆放就体现了这一点。本项目就是为了训练学员的联想、创新思维能力。

操作流程

1. 培训师请学员们将 4，6，8 三个数字按规律放在以下数字中的适当位置（左或右）。

1　7　2　3　5

2. 在两分钟之内摆出来，摆不出来者视为失败。

特别提示

1. 这个问题很难吗？解决这个问题的关键是什么？

2. 本项目的答案：14723568（只有直线的在左边，有弯角的在右边，数字按从小到大排列）。

3. 这个问题的关键在于要鼓励学员自由联想，同时还有必要提醒他们注意事物之间的规律性。只有找到了数字之间的规律，才能够驾轻就熟地解决问题。

参与人数：集体参与。

所需时间：5 分钟。

场地要求：教室或会议室。

所需器械：纸、笔。

训练三　头脑风暴

项目简介

本项目主要训练学员发散性地思考问题。迅速转动大脑搜求解决问题的各种方法，称为头脑风暴。其意义在于激发学员的创造性思维，鼓励他们更有创造力地去解决问题。培养学员产生创造性的观点的能力，理解创造性思维的意义。

操作流程

1. 培训师确定一样物品，例如铅笔或者其他任何东西，让学员们在 3 分钟以内想出它的尽可能多的用途。

2. 每 5～7 个人为一个小组，每个组选出 1 个人记录本组人员所想出的主意的数量、内容。在 3 分钟之后，小组成员推选出本组中最新奇、最疯狂、最具有建设性的主意。想法最多、最新奇的小组获胜。

3. 规则：

（1）不许有任何批评意见，只考虑想法，不考虑可行性。

（2）想法越古怪越好，鼓励异想天开。

（3）可以寻求各种想法的组合和改进。

特别提示

1. 你是否会惊叹于人类思维的奇特性，惊叹于不同人想法之间的差异性？

2. 头脑风暴对于解决问题有何好处，它适于解决什么样的问题？

3. 人的大脑是一个无比奇怪的器官，它所蕴藏的力量是世人无法估量的。在短时间内，聚精会神地努力搜索大脑有助于许多创造性思维的产生。

4. 不要嘲笑人们的想法异想天开，要知道科技和人类的进步正是建立在一项又一项异想天开的想法基础上的。试想，如果不是古人一直希望像鸟儿一样在天空飞翔，又怎么会有莱特兄弟历尽艰辛制造的飞机？如果没有千里传音的想象，又怎么会有现在的电话？

5. 在解决问题的时候，头脑风暴往往用来解决诸如创意之类的难题，但是它取决于一个环境氛围的因素。只有在一个民主、完全放松的环境中，人们才能异想天开地解决问题。所以说，如果有的公司没有发挥好头脑风暴法的作用，那么并不是他们的员工缺乏创意，而是他们的公司缺乏一个民主的氛围。

参与人数：45人，5~7个人一组。

所需时间：3分钟。

场地要求：不限，最好是有沙发的休息室。

所需器械：笔、纸。

四、跟踪测试

下面是 20 个问题，要求应聘者回答。如符合他的情况，则让他在（　　）里打上"√"，不符合的则打"×"。

1. 听别人说话时，你总能专心倾听。（　　）

2. 完成了上级布置的某项工作，你总有一种兴奋感。（　　）

3. 观察事物向来很精细。（　　）

4. 你在说话以及写文章时经常采用类比的方法。（　　）

5. 你总能全神贯注地读书、书写或者绘画。（　　）

6. 你从来不迷信权威。（　　）

7. 对事物的各种原因喜欢寻根问底。（　　）

8. 平时喜欢学习或琢磨问题。（　　）

9. 经常思考事物的新答案和新结果。（　　）

10. 能够经常从别人的谈话中发现问题。（　　）

11. 从事带有创造性的工作时，经常忘记时间的推移。（　　）

12. 能够主动发现问题以及和问题有关的各种联系。（　　）

13. 总是对周围的事物保持好奇心。（　　）

14. 能够经常预测事情的结果，并正确地验证这一结果。（　　）

15. 总是有些新设想在脑子里涌现。（　　）

16. 有很敏感的观察力和提出问题的能力。（　　）

17. 遇到困难和挫折时，从不气馁。（　　）

18. 在工作遇上困难时，常能采用自己独特的方法去解决。（　　）

19. 在解决问题的过程中找到新发现时，你总会感到十分兴奋。（　　）

20. 遇到问题，能从多方面、多途径探索解决它的可能性。（　　）

评价分析：

如果 20 道题答案都是打"√"的，则证明你的创造力很强；如果 16 道题答案是打"√"的，则证明你的创造力良好；如果有 10～13 题答案是打"√"的，则证明你的创造力一般；如果低于 10 道题答案是打"√"的，则证明你的创造力较差。

第八部分　团队和谐篇

 学习目标

【知识目标】

1. 认识团队和谐的重要性。
2. 掌握建立和谐团队的方法。

【能力目标】

1. 通过训练，使团队成员掌握建立和谐团队的方法和渠道。
2. 通过训练，打造和谐团队。

【情感目标】

1. 培养学生对团队和谐重要性的认识。
2. 培养学生建立和谐社会的责任感。

任务一　团队和谐的重要意义

【任务目标】

让团队成员明白构建和谐团队也是企业成功的关键。

一、理论知识

团队建设的好坏，象征着一个企业后继发展是否有实力，也是这个企业凝聚力和战斗力的充分体现。团队建设是指有意识地在组织中努力开发有效的工作小组，每个小组由一组员工组成，通过自我管理的形式，负责一个完整的工作过程或其中一部分工作；团队建设是这样一个过程，在该过程中，参与者和推进者都会彼此增进信任，坦诚相对，愿意探索影响工作小组能创造出不同寻常的业绩的方法。

构建和谐社会是当今社会发展的主旋律。面对日益复杂的市场环境，构建和谐团队也是企业成功的关键。员工在期望实现自己价值的同时，也期望能在团队中找到归属感。

团队管理作为一种非常有效的管理手段，被越来越多的企业所采用，构建和谐社会不仅是一个先进的执政理念，而且也是一个先进的经营管理理念。企业作为社会的一个基本元素，应该积极倡导营造和谐的氛围，促进企业和谐发展，注重和谐团队的建设。这是企业当前必须重视的一个重要问题，对企业的长远发展将产生战略性的影响。

团队的和谐气氛使组织内部协调简化，领导和团队、团队和团队以及团队内部员工的关系变成伙伴式相互信任和合作关系，使企业决策层能够有更多的时间、精力，制订正确的发展战略，产生更高的生产效率。

二、案　例

【案例 1】

做一名优秀的员工

一位心理学家在研究过程中，为了实地了解人们对于同一件事情在心理上所反映出来的个体差异，他来到一所正在修建中的大教堂，对现场忙碌的敲石工人进行访问。

心理学家问他遇到的第一位工人："请问你在做什么？"

这个工人很烦躁："在做什么？你没看到吗？我正在用这个重得要命的铁锤，来敲碎这些该死的石头。而这些石头又特别的硬，害得我的手酸麻不已，这真不是人干的工作。"

心理学家又找到第二位工人："请问你在做什么？"

第二位工人无奈地答道："为了每周 500 元的工资，我才会做这件工作，若不是为了一家人的温饱，谁愿意干这份敲石头的粗活？"

心理学家问第三位工人："请问你在做什么？"

第三位工人眼中闪烁着喜悦的神采："我正参与兴建这座雄伟华丽的大楼。落成之后，这里可以容纳许多人来工作。虽然敲石头的工作并不轻松，但当我想到，将来会有无数的人来到这儿，快乐工作，心中就感到特别有意义。"同样的工作，同样的环境，却有如此截然不同的态度。第一种工人，是完全被动的人。可以设想，在不久的将来，他将不会得到任何工作的眷顾，甚至可能是生活的弃儿。第二种工人，是麻木的，对工作的态度只是为了挣钱。对他们抱有任何指望肯定是徒劳的，他们抱着为薪水而工作的态度，为了工作而工作。他们不是企业可依靠和领导可信赖的员工。该用什么语言赞美第三种工人呢？在他们身上，看不到丝毫抱怨和不耐烦的痕迹，相反，他们是具有高度责任感和创造力的人，他们充分享受着工作的乐趣和荣誉，同时，因为他们的工作努力，工作也带给了他们足够的荣誉。他们就是我们想要的那种为团队和个人创造"音符"的优秀员工。

【评析】 第三种工人，完美地体现了工作的哲学：自动自发，自我奖励，视工作为快乐。他的环境是和谐的，他的心是和谐的，或许在过去的岁月里，有的人时常怀有类似第一种或第二种工人的消极看法，常常谩骂、批评、抱怨、四处发牢骚，对自己的工作没有丝毫激情，在无奈和无尽的抱怨中平凡地生活着。不论您过去对工作的态度如何，这都并不重要，毕竟那都已经成为过去。重要的是，从现在起，您未来的态度将如何？同样，在一个团队中，优秀的员工应该有以下几个特征。

（1）不忘初衷，虚心学习。所谓初衷，就是团队理念。只有始终不忘团队理念的员工，才可能谦虚，才可能与同事齐心协力。也只有这样，才能实现团队的使命。

（2）有责任意识。这就是说，处在某一职位、某一岗位的干部或员工，能自觉地意识到自己所担负的责任。有了自觉的责任意识之后，才会产生积极、圆满的工作效果。

（3）自动自发，懂得服从。积极工作的人，在其他方面也容易取得成功。

（4）爱护团队。应该明白，所有成绩的取得，都是团队共同努力的结果。只有把个人的实力充分地与团队形成合力，才具有价值和意义。

（5）随时随地都具备热忱。人的热忱是成就一切的前提，事情的成功与否，往往是由做这件事情的决心和热忱的强弱而决定的。碰到问题，如果拥有非成功不可的决心和热忱，困难就容易迎刃而解。

三、任务训练

训练一　感恩的心

项目简介

这是一个大型训练项目，通过学员们携手走过艰难历程，利用特殊的背景音乐、旁白和视频，营造浓厚的亲情氛围。在活动中，绝大多数学员会痛哭流涕，它是一个进行感恩教育的典型项目。

操作流程

1. 将学员分成两队，一队扮演哑人，一队扮演盲人，携手共同走过一段"艰难的历程"。每个团队成员利用自己的优势和聪明才智，相互协作走完指定路线。动作要领如下：

（1）两个人中只有盲人可以讲话，其他队员不可以讲话。

（2）盲人只有在队友的帮助下才可以移动。

2. 让两组队员分别站在两边，两组间的距离至少保持在"用正常音量说话，相互听不见"的距离。

3. 任意选择一组队员为哑人，告之在项目进行过程中，不能发出任何声音，包括一些"啊，呀"等语气词。哑人的任务是带领同伴（盲人）跟随教练行进指定路线，并保证同伴的安全。需说明的是1位哑人只能带领1位盲人。

4. 为盲人队发放眼罩，同时说明眼罩使用方法，确认该组队员将眼罩正确戴好。在整个项目过程中，双手不可触摸眼罩，否则将受到重罚。

5. 令行禁止。如果在项目进行过程中，培训师发现学员的行动有安全隐患，会立刻发出口令禁止。当听到培训师的口令，请所有队员立刻停止行动。学员如果在整个项目过程中感觉到身体、眼罩不适，请立刻向培训师报告。

6. 当所有队员完成行进路线达到室内或指定区域后，请盲人和哑人分别入坐在两个区域内，培训师在音乐的伴奏下朗读《感恩的心》旁白。

7. 朗读完后，请学员独自思考、回忆几十秒时间后，请盲人摘下眼罩，具体方法为：双手手指伸入眼罩，缓缓揉揉眼睛后，慢慢张开双眼，让眼睛逐步适应光线。同时，告之哑人可以开始讲话。

8. 培训师要求学员上前发言，并根据学员在项目中的表现进行总结、评价、分享。

特别提示

1. 通过这个项目，要让学员体验非正常状态下的生活，学会关心他人，感受关心和被关心的幸福，激发生命中至诚、至善、至美的爱心，用心灵碰撞之后的火花印证生命情感的真谛，学会换位思考问题。

2. 学会感恩。

3. 引入讨论：如果一个陌生的人牵着你，你会如何表现？为什么信任？信任是如何产生并建立起来的？

4. 行走时是否有恐惧？为什么会恐惧？如果是未知的前途，你怎么去面对？

5. 这是一个大型项目，进行时一定要注意安全，特别是过障碍和行走时，要让学员既遵守规则，又要注意安全。

6. 当学员上前发表感言时，最好引入现场连线环节。

参与人数：50～70。

所需时间：2 小时。

场地要求：两个场地，一个设置障碍，一个有坐席。

所需器械：音响、投影、眼罩、桌椅等物品。

训练二 我有一个梦

项目简介

本项目旨在克服学员焦虑和对失败的担心，激励学员发挥他们的最高水平，帮助学员杜绝拖延，渡过难关，激励长期表现欠佳的学员，激发团队达成最佳的绩效，帮助团队设立和实现目标，激励大型组织的成员。在获得激励的同时要注意引入，每个人成功都会有他人的关注和关爱，让学员体验真情，学会感恩。

操作流程

1. 第一部分。

让学员进入放松的状态。当培训师用舒缓的语调复述下面的内容时，让他们自由地呼吸并闭上眼睛。

朗读内容：我将带你进行一次想象之旅。集中注意力于我的语音，并感觉你的身心开始越来越放松……继续放松……

你周围是一片黑暗……你完全被夜色所包围……你感到温馨、放松和自如。集中神志于你的呼吸，轻松地慢慢呼吸。集中神志于你周围的令人舒服的夜色，在远处，你仿佛看到了一个圆圆的小物体。慢慢地、逐渐地，它离你越来越近，最后离你只有 1 米远；它悬挂在黑夜中，就在你的眼前。这个物体上有一个钟表，它的时针和分针都指向了 12，这是一个普通的表，有黑色指针和普通的……白色的……表盘。

当你继续集中神志于表盘和指向 12 的指针的时候，你开始感到时间好像开始凝固了。现在，慢慢地，分针开始沿着表盘走动。开始的时候很慢，然后稍快，后来更快。在几秒钟的时间之内，它已转了一圈，时针现在指向 1 点了。分针继续转动，而且速度越来越快，因此，时针也从一个数字跳到另一个数字，速度越来越快……当指针继续绕着表盘旋转的时候，你感到自己正被轻轻地拉……轻轻地被拖进未来之城……当你穿越时间的时候，缕缕的空气轻轻地擦着你的肌肤……直到最后，你开始慢下来……表针终于停下来了，整整十年已经过去了。

你向左边的远处看去，你看到在光亮的地方有个人。那个人就是你，十年后处在理想的工作环境中的你。对你来说，万事如意。将你的意识融到未来的你身上，感受未来的温馨和积极。现在环顾四周，谁和你在一起？你看到了什么样的工作环境？你看到了什么样的设施和家具？周围的人们在说什么？这里有一扇窗户吗？你能看到窗外吗？如果能，你看到了什么？集中神志于你能看到的、感觉到的和听到的细节，并让自己感受未来之你的成就和纯粹的满足……

现在你感到自己又被拖进黑暗中，直到在远处，另一个场景开始浮现。就在正前方，你看到自己在另一个光明之地。这次是整整十年之后，你处于一个理想的家中，诸事完美……万事如意……你的身心洋溢着温馨、自豪的感觉……在光明之地环顾四方。谁和你在一起？你看到了什么家具？尽量集中神志于声音，让意象越来越清晰。集中神志于你能看到的、感觉到的和听到的细节，并让自己感受未来的你的成就和纯粹的满足。

当你又被轻轻地拉向黑暗时，光明之地开始暗下来……当我告诉你睁开眼睛时，你将重新回到现在，你将回忆起你美好的未来，那些美妙的成就感和满足感将在心中留驻……好了，慢慢地、慢慢地，睁开你的眼睛，你又回到了现在。

2. 第二部分。

让学员记下某些意象中的细节。让他们写下一个简短的计划，表明从现实到想象意象的过程中，他们的收获。

3. 最后，就想象和激励做规划，对帮助你成功的人的重要性展开讨论。

特别提示

1. 在光明之地你看到了什么？

2. 当看到这些景象的时候，你感觉如何？

3. 你睁开眼睛之后，成就感和满足感还延续吗？

4. 展望美好的未来怎样改变了你的生活？

5. 总结：这是一个充分激发学员想象力和生活热情的项目。通过向着水晶球憧憬美好的未来，学员可以暂时忘掉压力和不愉快，得到一定的放松和休息。同时，学员对未来的憧憬也不会白费，他们可以带着这份美好的希望投入到学习、生活和工作中，并潜移默化地向着这个目标奋斗。

参与人数：集体参与。

所需时间：20分钟。

场地要求：不限。

所需器械：笔和纸。

训练三　铁达尼号

项目简介

让学员了解，在紧急情况下，如何做计划，如何合作以及如何有效地利用有限资源。特别是要学员体验在危险时刻内心的波动和对亲情依恋，以达到学会感恩的训练目的。

操作流程

1. 设定"铁达尼号"的场景：铁达尼号即将沉没，船上的乘客（学员），须在"铁达尼号"的音乐结束之前利用仅有的求生工具（七块浮砖），逃离到一个小岛上。

2. 布置项目场景：将2米的长绳在空地上摆成一个岛屿形状，在另一边，摆四个长凳，用另外的绳子作为起点。

3. 给学员10分钟时间讨论和试验。

4. 出发时，每一个人必须从长凳的背上跨过（就如同从船上的船舷栏杆上跨过），踏上浮砖。在逃离过程中，每个人身体的任何部分都不能与"海面"——地面接触。

5. 自离开"铁达尼号"起，在整个的逃离过程中，每块浮砖都要被踩住，否则培训师会将此浮砖踢掉。

6. 全部人到达小岛之后，只有所有浮砖被拿到小岛上，项目才算完成。

特别提示

1. 小组是否确定出领导者？是根据什么确定的？

2. 撤离方案的形成是领导的决定还是小组讨论的结果？

3. 你们的方案是否坚决贯彻到底了？中间发生了什么变化？为什么？

4. 事后回顾，当初的方案可行吗？有更好的方案吗？为什么当时没有想到或没有提出来？

5. 小组是如何分配组员撤离的先后次序的？考虑到了什么因素？

参与人数：50人，10～12人一组。

所需时间：30分钟。

场地要求：室外。

所需器械：砖24块（每组6块）、4张椅子、两条长绳（25米）。

训练四　化解对抗

项目简介

本项目介绍了"五步对抗模式"（附件），帮助学员掌握这种五步对抗模式的交流方法，自信地与他人交流，还为学生提供"反复消化"的学习方法。

操作流程

1. 选择一个有趣的开场白。让学员对任何话题都感兴趣的一个好办法就是，把这个话题与他们有强烈感受的事物联系起来。

（1）如许多人对下面这件事有很强烈的感受，与并不喜欢自己的人一起工作。说明面对这种无法选择的情况，他们只能采取一些必要措施。

（2）在大多数人心中，至少有两个对抗"专家"给我们建议。一个专家是比萨罗博士。他向你建议一个详尽的复仇幻想，如果你采纳他的建议，真正对抗同事或老板，最可能发生什么事？（答案：几乎没有。）另一个专家是"明智"博士。他能向你建议一个方法，使你很可能获得成功。他会建议你使用面对对抗的一个五步模型。

2. 介绍这个五步模型。

（1）第一步：不要描述不快乐的现在，而要描述充满希望的未来，你希望消除对抗达到的结果。在这种情况下，你可以说："我希望我们可以处好关系，使我们在一起工作时感觉很舒适。"

（2）第二步：详细地描述问题。比如，你觉得你的同事在其他人面前贬低你，你可以这么说："在我们上一次小组会议中，有三次都是，我一讲话，你就滴滴溜溜地转眼珠，你把我关于转型的想法描述得一文不值。"

（3）第三步：假设那个人并没有意识到，向他表明，这种行为是一个问题。你应该使你的表述更充实，说："当你这么做时，我感到受到了侮辱和轻视。我们好像把太多精力放在互相找茬儿上了，而不是放在工作的项目上。"

（4）第四步：提供一种解决方法。如果你不同意我的看法时，我比较喜欢你友好地当面告诉我，以便我能公正地听取你的反对意见。我希望你能用更加尊重一些的肢体语言。在把我的想法评价为一文不值或是错误之前，请仔细考虑一下我的想法。

（5）第五步：给将来一个积极的展望。如果你能这么做，我觉得我会更好地支持你的目标和想法。

3. 邀请一些人描述他们需要直接对抗的经历，即当他们采用含蓄的方式不能达到效果时。

4. 把大家分成小组，每组5~7人，给每个小组一张题板纸和一面旗子。

5. 分别分给每个小组上述五个模式中的任意一步。采用刚刚描述的方法，请各个小组提出尽可能多的与这一步相匹配的表达。

6. 在他们开始以前，对他们说以下内容。

（1）你们还记得我展示的关于比萨罗博士的第一个对抗吗？比萨罗博士也很好地认识"明智"博士的五步模式，但他篡改了"明智"博士的意思，使它适合自己的固执想法。

（2）比萨罗博士以这五步为框架，写了一本书，意思却完全相反。

（3）例如：他把第一步翻译为，描述充满希望的未来。意味着你说的是："你从我的眼前消失得越快越好。"第二步，详细地描述问题，意味着："你是一个……那也说明了我为什么会有这个问题。"

（4）当你们开动脑筋的时候，我希望你们也包含一些来自比萨罗博士书中的表达，还有什么问题吗？开始。

7. 给每个小组10分钟时间，提出他们的表述。

8. 让他们在比萨罗博士的表述前标一个字母B。

9. 请各个小组选出他们最好的比萨罗博士的表述和"明智"博士的表述。

10. 请每个小组选出一个代表，让每个小组的代表按顺序站在前面。

11. 请他们依次宣布他们的"明智"博士的表述。这些表述应该连贯在一起，形成一个展示这个模式的一致的信息。

12. 请各个代表和大家分享他们的比萨罗博士的表述，以便形成一个完整比萨罗博士模式，与"明智"博士的五步模式形成对照。

13. 如果还有时间，把写有全部表述的题板纸贴出来，让大家大声朗读各种表述。

特别提示

1. 提出某一步的表述是否困难？你们采用什么标准来判断你们最好的表述？

2. 对付难对付的人时，使用化解对抗的五步模式有什么好处？当你处于危险之中时，你怎么才能使自己有足够的时间来进行表述？

3. 在现实生活中，你将怎样使用这个模式？

4. 你在写比萨罗博士的表述时，感觉如何？能这么痛快地发泄是否有一丝快感？

5. 我们确实需要发泄。但是，当我们对着那些令我们感到气愤的人发泄时，通常的结果是什么呢？你觉得通过写下类似比萨罗博士的表述方式，而不是真正使用它们，是不是也使你获得了一些发泄的快感呢？

6. 回顾一下你从这个项目中获得的知识，今后碰到难以对付的人时，将怎样改变你的想法？

7. 总结。

（1）人与人的交流需要技巧，一味的敌对或妥协都不可能达到最有效的沟通。这个项目就是训练学生如何维护自己的思想以及如何达到有效的交流。在项目进行过程中要提醒学员，这是一个重复表达你的某个或某些想法的好机会。

（2）作为培训者要尽量使这个项目变得生动有趣。最后，这些想法一定会再一次引起哄堂大笑，提出他们的学员也会因此而备受关注。

附件　五步对抗模式

第一步：描述充满希望的未来。

第二步：详细地描述问题。

第三步：表明这为什么是一个问题。

第四步：提供一个积极的解决办法。

第五步：给将来一个积极的展望。

参与人数：50人。5~7人一组。

所需时间：40~50分钟。

场地要求：不限。

所需器械：将五步对抗模式，贴在题板上，或人手一份，五张题板纸和
　　　　　五面旗子。

四、跟踪测试

1. 一个老农上山开荒，发现一个很大的蚂蚁窝。他在蚁窝周围点燃了火。蚂蚁都被火墙围住了。随着火势的猛烈，火墙中的蚂蚁开始抱成球，向烈火滚去。外层的蚂蚁被烧得劈里啪啦，但蚁球终于越过火墙滚下山去，躲过了全体死亡的灾难。对"蚂蚁过火"的精神，不恰当的理解是（　　）。

A. 这样的傻事只有在动物界才能出现，我们人类是不会有这种精神的

B. 在困难当头的时候，只有大家团结起来才能逃离危难

C. 蚂蚁的这种团队精神，在很多地方都是值得我们人类好好学习的

D. 蚂蚁们的死里逃生得益于它们纪律严明、无私奉献的精神

2. 林丹很喜欢打篮球，球技也不错。可是每次篮球比赛，同学们都不喜欢让他参加，因为林丹打篮球时不管时机成熟不成熟，不管是投篮还是传球，总是喜欢个人表演，不喜欢和别人打配合。对此，你认为不恰当的看法是（　　）。

A. 篮球比赛是讲究团结协作、相互配合的，一个人的力量是微小的，只有每个队员都团结起来，大家才可能都玩得开心

B. 如果林丹球技很好的话，在篮球比赛时上演个人主义也没什么不好啊

C. "人心齐，泰山移。"一个人的力量毕竟不能和大家的力量相抗衡，打篮球比赛还是要讲究团队精神的

D. 做事情不能只图自己高兴、以自我为中心，还要照顾到别人的心情和感受

3. 以下几种做法，在团队活动中不恰当的是（　　）。

A. 我不嫉妒别人的才能

B. 我能接受别人善意的劝告，愿意与人合作

C. 我不乐意帮助别人完成该他们完成的任务

D. 我在团体中能安守本分，保守别人秘密

4. 有一个游戏叫信任背摔——在高一米六到一米七的台子上，小组成员依次登台，要求其他全体成员在台下共同努力安全地接住背对着他们倒下来的成员。对于这个游戏，你认为不正确的看法是（　　）。

A. 这主要是锻炼团队成员之间的相互信任，增强每一位成员的责任心

B. 这个游戏太危险了，我们不能参加这类游戏

C. 现在是讲究团队奋斗的时代，这个游戏正好可以训练我们相互配合和协作的能力

D. 这个游戏可以让我们懂得所有的责任都在大家的手里，所以，团队的每一位成员都要通力合作

答案：1. A　2. B　3. C　4. B

任务二　构建和谐团队的建议

【任务目标】

通过本任务的学习，让学生明白从哪些方面入手来构建团队的和谐。

一、理论知识

（一）建立团队内部的信任

员工之间相互信任是团队有效的显著特征。信任这种东西是相当脆弱的，它需要花大量的时间去培养又很容易被破坏，破坏之后要恢复又很困难。而且，只有信任他人才能换来被他人信任，不信任只能导致不信任。团队文化和团队领导的行为对形成相互信任的团队内氛围有很大影响。如果团队崇尚开放、诚实、协作的办事原则，同时鼓励员工的参与和自主性，它就比较容易形成信任的环境。

具体来说，以下几个方面能够帮助团队的领导构建团队内部的相互信任。

（1）表明你既是在为自己的利益而工作，也是在为别人的利益而工作。每个人都关心自己的利益，但如果别人认为你在利用他们，利用你的工作或你所在的组织为你个人的目标服务，而不是为你的团队利益服务，你的信誉就会受到损害。

（2）成为团队的一员，用言语和行动来支持你的团队。当团队和员工受到外来者攻击时，维护他们的利益，这样做会说明你对你的团队是忠诚的。

（3）开诚布公。人们所不知道的和人们所知道的都可能导致不信任。如果你开诚布公，就可能带来信心和信任。因此，应该让员工充分了解信息，解释你做出某项决策的原因。对于现存问题则坦诚相告，并充分地展示与之相关的信息。

（4）公平。在进行决策或采取行动之前，先想想别人对决策或行动的客观性和公平性会有什么看法。该奖励的就奖励，在进行绩效评估时，应该客观公平、不偏不倚。在分配奖励时，应该注意分配的公平性。

（5）说出你的感觉。那些只是向员工传达冷冰冰的事实的团队领导，容易遭到员工的冷漠与疏远。说出你的感觉，员工会认为你是真诚的、有人情味的，他们会借此了解你的为人，并更加尊敬你。

（6）表明你进行决策的基本价值观是一贯的。不信任来源于不知道自己面对的将是什么。花一定的时间来思考你的价值观和信念，让它们在你的决策过程中一贯地起到指引作用。一旦了解自己的主要目的，你的行动相应地会与目的一致，而你才能赢得信任。

（7）保密。你信任那些可以相信和依赖的人，因此，如果别人告诉你一些秘密，他们必须确信你不会同别人谈论这些秘密，或者说不泄露这些秘密。如果人们认为，你会把私人秘密透露给不可靠的人，他们就不会信任你。

（8）表现出你的才能。表现出你的技术和专业才能以及良好职业素养，能引起别人的仰慕和尊敬。应该特别注意培养和表现你的沟通、团队建设和人际交往能力。

（二）激发员工团队合作精神

团队合作是一种为达到既定目标所显现出来的自愿合作和协同努力的精神。它可以调动员工的所有资源和才智，并且会自动地驱除所有不和谐和不公正现象，同时会给予那些诚心、大公无私的奉献者适当的回报。如果团队合作是出于自觉自愿时，它必将产生一股强大而且持久的力量。

（1）要想激发团队的合作精神，前提条件是要先组织一个好的团队。好的团队绝不是随随便便凑在一起的乌合之众，而是为实现一个共同的目标，按照必备的条件，经过严格的挑选而组织起来的精干的团体。所以，确定员工的特质，组织一个好的团队，是激发团队合作精神的关键和起点。

（2）员工的特质主要应考虑以下几个方面：忠诚、能力、积极的态度、多做一点点的精神、信心和意志力。

（3）分析每一个员工完成工作的动机，研究他们的迫切需要，针对他们的动机和需要，付给他们应得的利益。在不影响团队发展的前提下，尽可能让他们多得一点。

（4）做好员工之间的沟通和协调工作，使整个团队像一台机器一样，有条不紊地和谐运转。

（5）严于律己，以身作则。

（三）建立互补型团队

人具有社会性，所以，很多时候都需要别人帮助，至少可以说，每件事都需要他人的参与，因此，团队对于人们来说至关重要。

世界上没有完美的人，因此也就没有完美的团队，每个团队都有它自己的强项、弱项。只有将你的团队合理搭配，将每个人的潜力都挖掘出来，团队才能取得成功。这就相当于哲学上说的整体与部分辩证关系原理。而将团队搭配好，挖掘每个人的潜力，就需要你了解每个人的性格，至少要知道他们适合做什么。

按照人类性格个性区分，通常可将人类性格归纳为四种：分析型、友善型、司机型和表现型。分析型的人是典型的完美主义者，他们绝大多数时候都是正确的，因为他们在事情上习惯投入较长时间进行理性思考和推理。他们追求事实，他们主要的优点是耐心，而这也是他们的缺点。他们小心谨慎，迟缓不前，不是出于恐惧，而是要完全搞懂问题之后再采取行动，有时也会因为过于谨慎而错过机会。可以用来形容分析型的人的词有：挑剔、吹毛求疵、注重德行、勤奋、执著、认真和井然有序。友善型的人是典型的"老好人"，体贴别人并富有同情心。他们总是出现在人们需要和可能受到伤害的任何地方，无论过去、现在还是将来。正因为他们花时间与各方联系，他们是世界上最好的协调员。诚然，他们有自己的意见，但他们更想知道你的意见。他们最大的优点是了解各种关系。但他们有时也会因为对别人妥协而放弃正确的选择。描述友善型的人的词有：顺从、没有自信、依赖、奉承、支持、恭敬、心甘情愿以及和蔼可亲。司机型的人是行动爱好者。他们最大的强项是：付出行动，追求结果。如果你想同人讨论一项工作，找其他三种类型的人；而如果你想完成工作，直接找司机型的人。他们具有永不言弃的精神，但有时也会因为太执著而错失良机。用来形容司机型的人的词语包括咄咄逼人、严厉、不妥协。表达型的人是胸怀大局者，总是不断从新的视角看待他们周围的世界。他们是未来导向的人，这可能是因为在未来才没有人约束他们的宏伟梦想。如果你想得到直截了当的答案，那表达型的人不是最好的人选；而如果你需要直觉和创意，他们再合适不过了。当身处险境，表达型的人会行动狂野，主动攻击。但令人高兴的是，他们对待他们头脑中创造世界的方式非常严肃认真。易激动、不羁、以自我为中心、雄心勃勃、有煽动力、充满激情、人生如戏和友好是描述表现型的人的一些形容词。

对于分析型的人，你必须努力做到：事先准备好你的问题；不要着急，但是要坚持不懈；支持他们的原则，表明你重视他们深思熟虑的思路；说清楚所有基本要求，不要抱侥幸心理，不要指望计划外的好事情发生；对任何行动计划列出时间表，明确分清角色和职责；条理清楚，做说明时不可无序和凌乱；避免情绪化的争执；不食言，否则他们会记住并记恨你。

对于友善型的人，你必须努力做到：首先行动，表示你对任务和对他们的承诺；表示尊重，任何高高在上的态度都会伤害到友善型的人；倾听并回应，要不慌不忙了解整个情况；不要让人感到受威胁，生硬、命令的方式会令友善型的人畏避；用"如何"提问，引出他们的意见；清楚说明你要他们完成的任务；保证现有决定无论如何不会伤害、危及或威胁到其他人；对于做不到的事情，不要作保证。

对于司机型的人，你必须努力做到：简明扼要、直截了当，"效率"当头；不离主题，不要闲聊、杜绝任何漏洞、消除任何歧义；随时准备就绪，清楚手头任务的要求和目标，将你的论据整理成简明的要点，清楚而又有条理地陈述你的事实；有礼貌，不要摆出老板的架势，因为司机型的人不愿被其他人驱使；问题要具体，不要转弯抹角地探求答案；如果你有不同意见，要对事不对人；如果你同意，则对事又对人都要给予支持；列举出目标和结果来说服他们，结果说明一切。

对于表达型的人，你必须努力做到：在谈论公务时，满足他们的社会需要，刺激他们并要生动；谈论团队目标时也谈论他们的目标；要公开透明，因为强硬和沉默对表现型的人不起作用；要不慌不忙，因为他们在不着急最有效率；征询他们的意见和主意；注意宏伟蓝图，而不是技术细节；用他们认识和尊重的人为事例，来支持你的论点；提供特殊待遇、额外补偿和奖励；表示尊重，千万不要以居高临下的口气对他们说话。

（四）激发员工的潜能

人力资源专家研究表明，一个员工被企业利用的能力往往不到其全部能力的一半。一些企业在用人上，片面追求员工的数量，忽略了员工的质量和素质，不去调动和挖掘员工的潜能，使得员工潜能大量浪费和流失，而且极易造员工"疲劳损伤"和"惰性泛滥"。实践证明，挖掘员工的潜能，不是通过任意加班加点加薪就能做到。管理者可以通过以下几方面的工作来挖掘职工潜能。

（1）信任和尊重你的员工。

信任包含着员工对管理者的信任，也包含了管理者对员工的信任。管理者要取信于每位员工，要使每位员工对管理者有信任感和依赖感，就必须在"信"字上下工夫。

（2）适当的语言激励有时比金钱的奖励要更好。

（3）激励你的员工，让他们觉得自己真的行，他们是最好的。

认识他人的才能并给予重视或赞扬，以调动其积极性，使其生理和心理产生愉悦和快感。

（4）以人为本，建设和谐的人际关系。

和谐不仅是指和谐的工作环境,还包括每一个员工温馨和谐的生活环境。构建和谐人际关系的核心是以人为本,首先应是人与人之间的和谐,只有营造和谐、融洽的人际关系,才能打造和谐团队。

(五)注重细节、避免错误

团队人员缺乏士气可能因为不同的原因,包括恼人的团队领导或对报酬/条件的不满意。当缺乏士气导致缺乏动机时,一切开始下滑;当"已经足够好了"的态度开始蔓延时,对细节的专心开始减退,容易造成错误。

细节决定成败,它提高了团队人员工作的士气,提高了团队对细节工作的关注度。一种提升队员士气的方法是带他们出去参加团队午餐或娱乐活动,让他们知道你可以被他们信任并且能听听他们的挫折;如果大规模的组织问题正影响你团队的士气,务必让你的团队知道你为了他们的利益在行动。即使这个不会有实际的影响,但有人把他们关心的事情说出来,正在为他们的利益行动,会帮助他们克服挫折和帮助他们觉醒。

(六)学会倾听

倾听团队沟通的艺术。在团队沟通中,言谈是最直接、最重要和最常见的一种途径,有效的言谈沟通很大程度上取决于倾听。作为团体,员工的倾听能力是保持团队有效沟通和旺盛生命力的必要条件;作为个体,要想在团队中获得成功,倾听是基本要求。在对美国 500 家最大公司进行的一项调查表明,做出反应的公司中超过 50% 的公司为他们的员工提供听力培训。有研究表明:那些是很好的倾听者的学生比那些不是的学生更为成功。在工作中,倾听已被看做是获得初始职位、管理能力、工作成功、事业有成、工作出色的重要必备技能之一。掌握倾听的艺术并非很难,只有克服心中的障碍,从小事做起,才能取得成功。

(1)创造有利的倾听环境,尽量选择安静、平和的环境,使传递者处于身心放松的状态。

(2)在同一时间内既讲话又倾听,这是不可能的事情。因此,要立即停止讲话,注意对方的讲述。

(3)尽量把讲话时间缩到最短。你讲话时,便不能聆听别人的良言,可惜许多人都忽略了这一点。

(4)摆出有兴趣的样子。这是让对方相信你在注意聆听的最好方式,是发问和要求阐明他正在讨论的一些论点。

(5)观察对方。端详对方的脸、嘴和眼睛,尤其要注视眼睛,将注意力集中在传递者的外表。这能帮助你聆听，同时，能完全让传递者相信你在聆听。

（6）关注中心问题，不要使你的思维迷乱。

（7）需有平和的心态，不要将其他的人或事牵扯进来。

（8）注意自己的偏见，倾听中只针对信息而不是传递信息的人。诚实面对、承认自己的偏见，并能够容忍对方的偏见。

（9）抑制争论的念头。注意你们只是在交流信息，而非辩论赛，争论对沟通没有好处，只会引起不必要的冲突。学习控制自己，抑制自己争论的冲动，放松心情。

（10）保持耐性，让对方讲述完整，不要打断他的谈话，纵然只是内心的一些念头，也可能造成沟通的阴影。

（11）不要臆测。臆测几乎总是会引导你远离你的真正目标，所以要尽可能避免对对方做臆测。

（12）不宜过早做出结论或判断。人往往容易立即下结论，当你心中对某事已做了判断时，就不会再倾听他人的意见，沟通就不能被迫停止。保留对他人的判断，直到事情清楚，证据确凿。

（13）做笔记。做笔记不但有助于聆听，而且有集中话题和取悦对方的优点。如果有人重视你所说的话并做笔记，你不会受宠若惊吗？

（14）不要以自我为中心。在沟通中，只有把注意力集中在对方身上，才能够进行倾听。但很多人习惯把注意力集中在自己身上，不太注意别人，这容易造成倾听过程的混乱和矛盾。

（15）鼓励交流双方互为倾听者。用眼神、点头或摇头等身体语言鼓励信息传递者传递信息和要求别人倾听你的发言。和谐团队的建设是一项控制难度大、实践性强的工作，所以出现偏差也在所难免。只有加强团队内部信任、激发团队合作精神和潜能、结合实践建设互补型团队、注重细节、学会倾听，才能够走出误区、消除困难，从而培养出一支高效、和谐的团队。

二、案　例

【案例1】

为什么选唐僧做团队领导

《西游记》的故事是我们从小就听熟了的，在这本成书于明朝中期的小说中，吴承恩以生动的笔触，描述了唐僧师徒四人历尽千难万险，终于去西天取回真经的故事。让许多人不明白的是：吴承恩在书中为什么让唐僧做这个团队的领导呢？

大家的疑问不是没有道理的。因为在这个团队的四人之中，唯独唐僧是肉眼凡胎，且四人中数他最迂腐、最懦弱、最无能，手无缚鸡之力。不像孙悟空，曾大闹天宫，是天上人间闻名的"齐天大圣"；也不像猪八戒曾做过天蓬元帅；就是沙和尚也会腾云驾雾，功夫了得。他的这三位弟子都神通广大，选拔团队领导的菩萨难道不知道吗？

吴承恩的《西游记》大概是世界上最早用文学故事来揭示组织行为和人的性格特征的小说，取经团队中的唐僧、孙悟空、猪八戒、沙和尚分别象征着完美型、力量型、活泼型、和平型四种性格特征。《西游记》比弗洛伊德的《精神分析学说》整整早了400年。他们所经历的九九八十一难，其实也是我们在人生和创业的艰难历程中可能遭遇的种种困难。所谓的西天取经，也不单是指地理上的西方，而指我们的心路历程，是人们战胜困难的过程，战胜自我的过程，亦即生命成长的过程。

我们再说，为什么会选择唐僧做取经团队的领导。

在四种性格类型中：孙悟空是力量型性格的杰出代表，这种性格的人永远充满活力，永远在挑战自我、超越自我的极限。他的人生哲学里最为重要的就是目标和成功。这种性格的人崇尚行动，通常是组织中的铁腕人物，喜欢控制一切，看重工作结果，忽视人的感情，有时显得霸道、粗鲁和强硬无情。

猪八戒是活泼型性格的代表。有人在互联网上做过调查，猪八戒竟是新时代的新好男人的化身，是众多女孩们青睐的对象。她们夸他有情趣、懂生活、会享受、疼老婆、会养生，优点很多。如果猪八戒再转世，追求他的女孩一定很多。的确，猪八戒确实有他可爱的一面，例如情感外露、热情奔放，懂得在工作中寻找乐趣，是故事大王，是大家的开心果。有他在，团队的生活就多姿多彩、笑声不断。但这种性格的人缺点是，语言的巨人、行动的矮子，也就是说得多，干得少，并且一遇到麻烦，他们总是消失得无影无踪，永远像长不大的孩子，凭兴趣做事，好逸恶劳，贪图享受，没有秩序，对团队缺乏责任心，动不动就要散伙。

沙和尚是和平型性格的代表，当孙悟空在做、猪八戒在说的时候，沙和尚总是静静地在看。当孙悟空在攻击、猪八戒在尖叫时，只有沙和尚稳如磐石，冷静地面对复杂多变的局面。确实，和平型性格最令人欣赏的优点就是，能在暴风骤雨中保持稳定，原则性强，遵守游戏规则，习惯于避免冲突。他们友好平静，能直面一切困苦、麻烦。他们待人平和，是所有人的朋友。他们的缺点是，没主见、无热情、不愿负责任。自己没有激情，也对别人多有讥讽。他们随遇而安，平庸无奇，甚至有些懒惰，没有进取心。

最后让我们看看完美型性格的代表——唐僧。唐僧勤于思考，兴趣在于探索人的心灵世界，以情感人，以情动人，追求至真至善的境界，能以缜密的思维和杰出才华为世人奉献惊世之作。童年时代的唐僧就懂得深思熟虑，制订周密计划，将杀害他父亲、霸占他母亲的恶棍绳之以法，以小搏大，以弱胜强，成功实施了复仇计划。年龄稍长，他成了一个思想家，严肃认真，注重细节，执著追求真理，最终成为学贯中西的一代圣僧。他的座右铭是：既然值得去做，就要做到最好。他不在意做得有多快，但绝对在意做得有多好。他代表着高标准、严要求和优秀的团队文化管理。

取回真经还有两个条件：一是取经人必须亲身经历这个过程；二是在这个过程中不断思考。从这个意义上讲，唯独唐僧没有捷径可走，他没有"武功"，不会"作法"，只有一步步跋山涉水去经历，其他人无论功夫多么了得，不能代他取回真经。另外，四人当中孙悟空善于行动，猪八戒善于说笑，沙和尚长善于观看，只有唐僧善于思考、善于感悟，是使团队和谐的核心力量，所以他成为团队领导也就顺理成章了。

【评析】 完美型的人严于律己，着眼于长远目标，善于思考，信奉团队和谐出战斗力，总能比其他人站得高，想得多。他们才华出众，崇尚美德，重感情，识英雄，乐于为自己选择的事业做好规划，并确保每个细节都能做到完美无瑕。

三、任务训练

训练一　坦然面对

项目简介

每个人都会遇到尴尬的事情或者错误，遇到这种状况我们不必挂怀，如果我们连这种小小的挫折都不能逾越的话，更会遭到许多无端的阻碍。在遇到问题的时候，要注意感谢帮助我们改正错误的人们。这个项目就模拟了几个类似的场景，让学员认识和适应这种状况，以帮助他们坦然自信地面对小错。另外，这个项目本身就很有意思，可以起到活跃气氛的作用。

操作流程

1. 将学员分成几个小组，每组 5～10 人。

2. 让学员们想一想，假如这时在你面前出现一个炸弹，你会有什么反应？让学员尽可能多地提出一些他们的反应，并把这些反应写在题板纸上。

3. 教学员"小丑鞠躬"的反应。当其他方法失败时，鞠躬意味着面对观众，正视自己的失误，谦虚地说："谢谢你们，非常感谢你们。"

4. 鼓励学员试一试"小丑鞠躬"效应的几个变形。比如，他们可以用深情的口气说，也可以像主持人一样热情地说，也可以像一个演讲者一样慷慨激昂地说。无论什么形式，只要你喜欢，培训师应该鼓励学员探寻自己的风格。

5. 把奇形怪状的物品拿给学员看，告诉他们，他们不同组的任务就是尽可能多地说出这些物品的用途。

6. 让小组做好准备，跑到放东西的地方捡起一件物品，说出它们的名字，再尽可能多地说出几样用途；然后跑回队伍中，再派下一个人去，以此类推。

特别提示

1. 在接下来的日子里，你是否会犯一些小错？如果回答是肯定的，那么请试着运用项目中的技巧，看看别人会有什么反应？

2. 人生中总是会有许多的风风雨雨，怎样克服要看一个人的意志和态度。

3. 这个项目的一个挑战性在于，它为学员设计了无数的场景，激发他们的想象力和表演技巧，鼓励他们摸索出自己的风格。只有这样，他们才可能真正学到其中的精髓，并将这种精神吸收以备自用。另一个挑战是，面对稀奇古怪的东西不仅要说出它们的名字，还要说出用途。这不仅依靠一个人的人生经验，还要考察他的反应能力。

4. 化解尴尬的方法有很多。除了这种坦然面对外，还可以运用一些幽默手段。这样不仅可以化解尴尬，还能体现出你的智慧。幽默感还可以使这个项目更加有趣，学员会更乐于参与这个项目。

参与人数：40 人。

所需时间：15 分钟。

场地要求：室内、室外。

所需器械：几个形状怪异的物品（如镊子、挂钩等）、题板纸。

训练二 友好邻邦

项目简介

一个刚刚建立的团体，如一队由旅行团带领的游客，或者一批公司新招募的员工，如何使他们彼此之间能够迅速熟悉起来，消除陌生和拘束，形成一个融洽的集体。本项目提供了一个很好的建议，通过训练打破团队成员之间的陌生感，建立融洽、自在的气氛。

操作流程

1. 所有人围成一个圆圈，一个人站在圆心。

2. 培训师宣布规则：由站在圆心的人随机问圆圈里的人（如 A），你喜欢我吗？如果 A 回答喜欢，则 A 周围相邻的两个人就要互换位置，在互换位置的时候，站在圆心的人就要迅速地插到 A 周围相邻的两个位置之间。这样 A 周围相邻的两个人中的一个人就没有位置了，那么他要表演一个节目或作自我介绍，然后就由他站在圆心，开始下一轮项目。

3. 如果 A 回答不喜欢，则站在圆心的人将会继续问 A："那你喜欢什么？"如果 A 回答我喜欢戴眼镜的人，则场上所有戴眼镜的人都必须离开自己的座位寻找空位，而站在圆心的人需要迅速地找一个位置。没有找到位置的人就需要表演一个节目或作自我介绍，然后就由他站在圆心，开始下一轮项目。

4. A 如果回答不喜欢之后，还可以回答，如我喜欢男人，那么全场的男人必须全部换位，如果 A 是男的，他自己也要换位。为了增加难度和趣味性，还可以回答，我喜欢穿白袜子的等不被人马上发现的细节。

特别提示

1. 大家做项目时，是否觉得很快乐？大家如何迅速地找到位置，避免站到圆心中去？

2. 如何设置限制条件，才能使项目更有趣？

3. 当满足条件的人很多的时候，大家纷纷寻找新位置，场上可能出现混乱。这时，培训师应该对所给的条件做出一些规范和引导，防止上述情况的发生。

4. 当大家换位置时，注意不要撞到队友或踩到别人的脚。

参与人数：集体参与，30～50 个人为最佳。

所需时间：30 分钟。

场地要求：开阔的场地。

所需器械：无。

四、跟踪测试

1. 众所周知，日本企业以团队精神强而著称，但是强调人与人之间的配合与协调并不否认发挥个人的积极性和主动性。因此，在日本企业中，个人的自由也受到保护和鼓励。对此，你认为下面看法不正确的是（　　）。

A. 日本企业中浓厚的团队精神是企业迅速发展的重要原因

B. 发扬团队、集体精神就不应保障成员的自由

C. 真正的团队精神应当是个人自由与团队协作的有机结合

D. 仅仅依靠团队合作而忽视个人能力也是不可取的

2. 非洲犀牛身体庞大，四肢粗壮，皮肤坚硬，在犀牛皮肤皱褶里有多种寄生虫，而犀牛鸟正是帮其清除寄生虫的伙伴，同时也能吃饱肚子。当天敌到来时，犀牛鸟又总能给犀牛"报警"，于是他们形成了良好的依存关系。这说明（　　）。

A. 动物之间合作是为了生存，人类却没有必要合作

B. 对人有利时就合作，否则就不合作

C. 人与动物不同，没有合作一样能够很好地生活

D. 有时动物间的活动也会带来启示，让我们懂得人与人之间合作的重要性

答案：1. A　2. D

多选：

1. 合理授权是很重要的，它能够（　　）。

A. 实现团队领导的目标　　　　　B. 满足下级的自我归属感

C. 提高团队领导的工作效率　　　D. 提高团队成员的积极性

E. 锻炼并提高团队成员的能力

2. 团队领导者支持员工学习的角色有多种，下面正确的是（　　）。

A. 教练　　B. 导师　　C. 教师　　D. 培训师　　E. 鼓励者

3. 要想使团队具有合作的气氛，必须具备的条件包括（　　）。

A. 支持性的环境　　　　　　　　B. 适应角色要求的技能

C. 更明确的团队目标　　　　　　D. 更有效的交流

E. 团队成员自己做自己的事

4. 为了取得好的会议效果，可以采取的手段有（　　）。

A. 减少参加会议的人员　　　　　B. 有清楚的日程安排

C. 会议前要做好准备　　　　　　D. 有明确的会议目的

E. 有舒适方便的场所

5. 除了领导本身对于员工的激励水平有影响之外，（　　）是领导本身不能直接控制的、对团队成员造成影响的因素。

A. 工作本身　　　　　　　　　　B. 薪水

C. 工作条件　　　　　　　　　　D. 企业文化

E. 领导方式

答案：1. ABCDE　　2. ABCDE　　3. ABCD

　　　4. ABCDE　　5. ABCD

第九部分　团队竞争篇

 学习目标

【知识目标】

1. 认识什么是团队竞争。
2. 了解团队竞争的基本特征。
3. 掌握团队竞争力、竞争环境、竞争战略的基本含义。

【能力目标】

1. 通过训练增强学生对团队竞争的认识。
2. 通过训练增强学生的竞争意识。
3. 通过训练提高学生竞争的能力。

【情感目标】

1. 培养学生竞争意识。
2. 培养学生在竞争中求和谐、会协作的品德。

任务一 领悟团队竞争

【任务目标】

通过本任务学习，让学生明白团队之间的良性竞争可以更有效地促进团队的进步。

一、理论知识

（一）团队竞争的含义

1907 年，德国法学家罗伯在其著作中对竞争作过这样的解释：竞争是各方通过一定的活动来施展自己的能力，为达到各方共同的目的而各自所作的努力，而且竞争行为仅存在于同类商品的供应之间。

团队竞争，是团体为达到某种目标，在两个或两个以上的团队之间，在特定的市场上通过提供相同或者类似的产品或服务，为争夺地位和团队利益而作的较量，并产生优胜劣汰的结果。团队竞争起于事物的短少或限制。竞争的结果，使成功者获得所求，使失败者看到损失。现代社会生活的特征，是互相竞争的产物。

团队竞争也是一种社会互动形式，主要分为以下两种。

（1）正式竞争，即有组织的竞争。

（2）非正式竞争，虽不是有组织地明确宣布的竞争，但实质上可以比出水平高低的某些社会活动。

（二）团队竞争的特点

团队竞争具有以下特点：① 它必须是人们对于一个相同目标的追求，目标不同就不会形成竞争。② 这个追求的目标必须是较少的和比较难得的。对于数量很多、轻而易举即可得到的目标的追求，不能构成竞争。③ 竞争的目标主要在于获取目标，而不是反对其他竞争者。竞争虽然是人与人之间的一种相互排斥或相互反对的关系，但是一种间接的反对关系，而不是直接的反对关系。④ 竞争按照一定的社会规范进行。为了防止竞争发展成为人们之间的一种直接反对关系，就必须制订一些各方都必须遵守的规则。涉及政治、经济领域的一些大规模竞争，往往需要法律、制度来维持，否则就会变成暴力或战争，从而引发社会动乱。

二、案 例

【案例 1】

沃尔玛的神话

沃尔玛的竞争对手斯特林商店开始采用金属货架以代替木制货架后，山姆·沃尔顿先生立刻请人制作了更漂亮的金属货架，并成为全美第一家百分之百使用金属货架的杂货店。沃尔玛的另一家竞争对手本·富兰克特特许经营店实施自助销售时，山姆·沃尔顿先生连夜乘长途汽车到该店所在的明尼苏达州去考察，回来后开设了自助销售店。当时这种自助销售店是全美国的第三家店。经过 40 多年的争斗搏杀，沃尔玛从美国中部阿肯色州的本顿维尔小城崛起，到目前为止，沃尔玛商店总数达到 4 000 多家，年收入为 2 400 多亿美元，列全球 500 强首位，创造了一个又一个神话。

【评析】 任何一个团队要永远放开眼界，首先要找到他人的长处，知不足，而后进步。要善于学习，善于取长补短，善于在学习中形成自己独特的风格，并将之发扬光大。从这个角度上说，学习是最好的竞争。

【案例 2】

适者生存

国外一家森林公园曾养殖了几百只梅花鹿，尽管环境幽静，水草丰美，又没有天敌，但是几年以后，鹿群非但没有发展，反而病的病，死的死，竟然出现了负增长。这大大违背了养殖者的初衷，他们百思而不得其解。后来他们接受建议，买回几只狼放置在公园里。在狼的追赶捕食下，鹿群只得紧张地奔跑以逃命。这样一来，除了那些老弱病残者被狼捕食外，其他鹿的体质日益增强，数量也在快速增长。

【评析】 这个故事真实地揭示了优胜劣汰的自然进化法则。人类社会也一样是遵循着这样的法则——在竞争中求生存。我们得感谢竞争对手让我们强大，竞争是自我发展的动力，生于忧患，死于安乐，面临激烈的社会竞争，我们应该认识到适者生存。

【案例 3】

真的"可乐"吗

可口可乐公司与百事可乐公司这两个竞争对手在双方激烈的竞争中都使

出了浑身解数，百事可乐与可口可乐都盯死了对方，只要对方一有新动作，另一方肯定也会有新花样。20 世纪 20 年代，可口可乐公司便在古巴用飞机在空中喷出烟雾，画出"COCA-COLA"字样，可惜因为缺少经验而失败。百事可乐公司在 1940 年更是一下租了 8 架飞机，飞了 14.5 万公里，在东西两海岸城市，以机尾喷雾，写下百事可乐的广告。可口可乐公司当然要及时反击，为强化国民第一饮料的形象，可口可乐公司赞助了 1939 年的纽约世界博览会，并请名人啜饮，将其照片刊在杂志封面。相比之下，百事可乐的宣传广告方式更有创意。他们专门设计了一套卡通片，而且还创作了一首看似极普通却风靡全美的广告歌曲。两大巨头在竞争中可谓不遗余力，使出浑身解数来击败对手，但结果是两者都有了长久的发展。

　　【评析】　这两个公司都是世界上饮品的巨人，他们的强大来源于永不止步，他们两个是最大的对手，也是最好的朋友。只有不断的竞争，才会有生机和活力，才能不断地克服困难，一直向前。所以说表面上的头破血流掩盖了各自肌体的日益强大，看着他们"血战沙场"的样子，你认为真的可乐吗？

三、任务训练

训练一　趣味跳绳

项目简介

　　大家都跳过绳吧，在玩的时候会发生很多事，不同的人会有不同反应，为什么呢？这是一个典型的团队活动，需要大家共同配合，怎样取得最佳合作效果？这些问题是否想过？让我们带着这些问题，再玩一次跳绳。

操作流程

　　1. 集体跳。

　　（1）由单人连贯式或多人一齐跑进、跑出、跳过或连跳的方式进行跳绳。在跳的时候，可任意跳几次，可加做一些自己喜欢的小动作。如，拍手、转身、报号、唱儿歌、拾物等，以增加跳绳的乐趣。

　　（2）2~3 人花样趣味跳绳法。

　　① 一人摇跳，另一人跑进、跑出或同跳。

　　② 一人助摇跳。

　　③ 两人同摇跳。

④ 两人跑动跳。方法：两名学员左、右手持绳的两端，做向前跑动跳绳的练习，速度要求中等，动作协调，注意不要被绳子绊倒。

⑤ 三人重叠跳，一人摇跳，另 2 人跑进、跑出或同跳。方法： 一人先用稍长的绳并脚跳，速度较慢，然后其余 2 人跳进或跳出跳绳者的体前或体后，同跳。注意跳起时基本一致，摇绳速度要均匀，不能忽快忽慢。

（3）请两个人各握住绳子的一端，其他人要一起跳过绳子，所有人都跳过算一下，数一数整个团队总共能跳多少下。

2. 单人跳。

（1）原地单脚向前（后）摇跳，如一脚跳过绳，另一腿前举，前屈或后屈。

（2）原地双脚摇跳，如前腿跳，蹲跳等。

（3）原地交换脚跳，如交换做高抬腿跳等。

（4）行进间的交换脚跳。

（5）花样跳，如双摇跳、交臂摇跳、"8"字摇跳等，也可计时跳，规定数量跳，变换速度跳等。

特别提示

1. 当有人被绊倒时，各位当时发出的第一个声音是什么？

2. 发出声音的人是刻意指责别人吗？

3. 想一想自己是否不经意就给别人造成压力？

4. 提醒膝盖或脚部有伤者，根据情况决定是否参与。

5. 场地宜选择户外草地进行，以免受伤。

6. 合组跳绳时应注意队友位置及距离，以免踏伤队友或互相碰撞。

变　化

1. 可考虑不同的跳绳方式，如：每名学员依序进入。

2. 可用两条绳子，或变换用绳方向。

参与人数：40 人。

所需时间：40 分钟。

场地要求：室外。

所需器械：粗棉绳若干条。

训练二　进化论

项目简介

此项目能调节气氛，增加信任度及参与热情，通过竞争取得最后的胜利。

操作流程

角色扮演：扮演"鸡蛋"蹲着；扮演"小鸡"者双手掌心相对，举过头顶；扮演"凤凰"者双手做拍打翅膀状。

活动描述：所有人集合，培训师讲述进化角色及进化顺序。角色分别是"鸡蛋""小鸡""老鹰""凤凰"和"人"。进化的顺序从低到高分别是鸡蛋—小鸡—老鹰—凤凰—人。进化的手段是石头、剪刀和布。即所有的人都从"鸡蛋"角色扮演开始，以玩石头、剪刀、布的形式进化。强调同种角色挑战，赢方正向进化，输方反向进化，变成人的学员到指定区域观赏。项目结束后，有4个学员留下表演节目。

特别提示

1. 改善人际关系，形成积极向上的组织氛围；增强团队的战斗力和竞争力。

2. 注意场地安全。

参与人数：40人。

所需时间：40分钟。

场地要求：室内。

所需器械：无。

训练三　拔河比赛

项目简介

有这样一种比赛，有的是最积极的参赛者、最自然的场地、最放松的观众、最随意的气氛和最整齐的服装，它就是拔河比赛。现代拔河运动的特色是参与的双方体重同等级，透过拔河绳的互拉以进行对抗的比赛。胜负的判定要看哪一队先将对方拉向该队，且使拔河绳上的标志点超过所定的界线。因此拔河教练及选手所关心的是如何透过训练及姿势上的改变和靠绳位置的变化得以产生较佳及持续的水平拉力，使将对手拉向我方场地而获得胜利。

操作流程

1. 画两个圈圈。

2. 由两人为一组，各持绳子一端，开始比力。

3. 由培训师计时，控制时间，时间到时，吹哨叫停。

4. 两人均有一定范围，不可超出，力气较大者，可将绳索一直收向自己，以将力气较小者拉向我方场地。

特别提示

1. 激发学员的责任感、自信心、独立能力、领导才能、团队合作精神以及面对困难和挑战时的应变能力。

2. 突破自我极限，打破旧的思维模式，树立敢于迎接挑战的信心与决心，磨炼意志，建立全局观意识。

3. 从容应对压力与挑战，在面对问题时，能够更充分地发挥其领导才能，展现个人魅力。

4. 强化换位思考、主动补位的意识，使个人、部门间以及团队内部的沟通协作更为顺畅。

5. 提高时间与任务管理技巧以及分析解决问题的能力。

6. 增加团队人员的有效沟通，形成积极协调的组织氛围；树立互相配合、互相支持的团队精神和意识。

参与人数：40人，分组进行。

所需时间：20分钟。

场地要求：室外。

所需器械：拔河绳一条，在绳中间绑一个结，以供评判。

四、跟踪测试

1. 你认为对企业内的冲突（　　）。

A. 都有必要进行管理

B. 无法全部管理，只要看到就会处理

C. 大多数可以忽视，只管理重要的冲突

2. 你对冲突的态度是（　　）。

A. 冲突是负面的，因此要严加控制

B. 该处理就处理，多一事不如少一事

C. 合理保持冲突水平，鼓励建设性冲突

3. 在冲突预防中，你对员工的个人处事风格、员工间搭配和员工与岗位的搭配（　　）。

A. 没有注意　　　　B. 有所注意　　　　C. 十分重视

4. 在处理与别人的冲突时，你会（　　）。

A. 直接而紧急地处理　　　　B. 先弄清对方的想法

C. 先反省自己，再弄清对方的思路，发现解决的办法

5. 对于内部价值观的统一问题，你会（ ）。

A. 觉得束手无策   B. 尽量统一价值观来减少冲突

C. 用文化来统一价值观，也鼓励不同意见的创新

6. 对一些无法解决或者问题严重的冲突，你会（ ）。

A. 暂且搁置，等待时间的缓冲

B. 采取相应的隔离措施

C. 如果冲突无法解决，只能严肃处理冲突主体

7. 当同一部门的两个成员发生激烈冲突时，你的处理方式为（ ）。

A. 回避   B. 找这两个人谈话

C. 将这两人调开，其中的一人安排到另外部门

8. 面对一触即发的紧张局面，你的协调方式为（ ）。

A. 马上着手解决矛盾   B. 分别进行单个沟通

C. 着眼于冲突的感情层面，先不急于解决问题

9. 当发生冲突时，如果自己有错，你会（ ）。

A. 保全自己的颜面   B. 淡化自己的错误

C. 有原则地迁就对方，化解冲突

10. 在制订激励政策、福利政策与绩效考评时，你是否关注公平、平等（ ）。

A. 没有刻意关注

B. 有所关注

C. 十分关注，因为员工的不公平待遇往往是冲突的根源

测评结果

选 A 得 1 分，选 B 得 2 分，选 C 得 3 分，最后将分数加总。

24～30 分，说明你善于冲突管理，善于做思想工作，针对不同的冲突状况去灵活处理，同时也注意保持冲突的良性水平，这一点正是现代冲突管理方式有别于传统冲突管理的地方。

18～23 分，说明你有一定的冲突管理能力。作为管理者，你既要洞察冲突发生的可能性，又要正确对待已经发生的冲突，尽量缓和与避免破坏性冲突的发生，积极引导和发展建设性冲突，合理地解决问题，使冲突结果向好的方向转化。

10～17 分，说明你还需增加冲突管理意识，加强在实际工作中处理冲突的能力。研究企业冲突的产生原因及其控制方法，是企业管理中一个十分重要的课题，作为领导者，应对这个课题给予充分重视。

任务二 抓住团队竞争的要素

【任务目标】

通过本任务学习，让学生掌握团队竞争要素，以便在进入职场时快速融入团队。

一、理论知识

（一）团队竞争的基本原则

团队竞争的基本原则是团队竞争的参与者在竞争行为中必须遵循的基本准则。它适用于一切环境下的竞争行为，适用于一切团队主体，既是衡量团队竞争行为的善恶、是非、美丑的道德标准，也是带有法律强制性的法律准则。只有遵循这些基本原则的民事法律行为，法律才予以保护；否则法律不承认其相应的合法性，自然不能受到法律的保护。① 自愿原则：当事人按自己的意愿设立、变更或终止各种关系，不得"强买强卖"；② 平等原则：参加竞争的主体法律地位平等；③ 公平原则：参加竞争主体按规则行事，不得非法获取竞争优势；④ 诚实信用原则：善意、诚实、恪守信用、不得欺诈；⑤ 遵守公认的商业道德原则；⑥ 不滥用竞争权利原则。

（二）竞争力

竞争力是对象在竞争中显示的能力。竞争力是一种相对指标，必须通过竞争才能表现出来，笼统地说竞争力有大有小或强或弱。但真正要准确将竞争力测度出来又是比较难的，尤其是企业竞争力。

竞争力指对象现在的能力，但它是对象未来可以展示的能力。要测定竞争力需要确定一个测定目标时间。要评价竞争力，需要确定一个比较竞争力的群体，根据目标时间在竞争群体中的表现来评价它。测定和评价竞争力可以采用研究方法，但竞争力测定的是对象"现在"中包含的"未来"。

（三）竞争环境

竞争环境是团队生存与发展的外部环境，对团队的发展至关重要。竞争环境的变化不断产生威胁，也不断产生机会。对团队来说，如何检测竞争环境的变化，规避威胁、抓住机会，就成为与团队经营休戚相关的重大问题。

任何团队都必须时刻关注环境的变化，以使趋利避害。任何对环境变化的迟钝与疏忽都会对团队造成严重的甚至是决定性的打击。

竞争环境分析是通过一切可获得的信息掌握竞争对手的竞争策略，发现其劣势，制订恰当的策略发起进攻；发现其优势，制订恰当的策略进行回避。通过分析竞争对手的情况，公司可以正确地进行市场策略的定位，并在各种条件下更好地与竞争对手展开竞争。

（四）竞争战略

竞争战略是指在正确界定和分析竞争对手和竞争形势后，团队计划在一段较长时期内采用的主要竞争手段。美国著名的战略学家迈克尔·波特在其《竞争战略》和《竞争优势》两部战略专著中指出，企业一般在"差异化"和"成本领先"战略中选一，形成竞争优势。对于团队竞争而言，传统战略形成的环境基础是行业市场边界清晰、信息闭塞不对称和较高的团队进出壁垒。行业的周期与行业的区分越清晰，竞争战略越有用；信息越不对称或越不完全，竞争战略的重要性越突出；团队进入与退出某行业的壁垒越高，团队战略的地位就越有用。

二、案　例

【案例1】

机会总会留给有准备的人

玛格丽特·撒切尔是一个享誉世界的政治家，她有一位非常严厉的父亲。父亲总是告诫自己的女儿，无论什么时候，都不要让自己落在别人的后面。撒切尔牢牢记住父亲的话，每次考试的时候她的成绩总是第一，在各种社团活动中也永远做得最好，甚至在坐车的时候，她也尽量坐在最前排。后来，撒切尔成为了英国历史上唯一的女首相，众所周知的"铁娘子"。可见，要想成就一番大的事业，就要具备"永远争做第一"的竞争意识。

【评析】　信念不是钢铁，却能铸造出一条坚实的人生之路。一个具有坚定的信心，勇于接受挑战，敢于直面任何困难的人，才能创造辉煌的自我。

【案例2】

物竞天择

通用怎么破产的呢？因为它的技术进步不能适应需求，况且汽车行业里有其他强有力的竞争者，比如日本丰田。通用称不上是超级垄断，垄断者必须有敏锐的市场眼线，不断察觉需求趋势，误判可能会导致其垄断瓦解。IBM的硬盘出了问题，因为新技术存在严重的缺陷，被迫推出该领域便是明证。竞争压力无处不在，没有竞争压力，易成为超级垄断者，犯了决策失误怎么办？谁替他承担呢？不想用其产品，还有选择吗？市场当然要有领跑者，同时领跑者还可能随时被替换下来。计划经济呢？必须确认那唯一的超级垄断者要维持一定利润增长。因为一方面其主要目的不再是追求利润，而是满足全国人民，因此其垄断巨头不是顶级人物，而是人民的公仆，他犯了方向错误。像通用和 IBM 一样，人民不会抛弃企业，而是会抛弃其决策者。

【评析】 唯一能持久的竞争优势是胜过竞争对手的学习能力。物竞天择，适者生存。垄断者提供的只是平淡的生活、低劣的质量以及不文明的服务。人生与弈棋、赛球并没有很大的区别。一旦入局，就应该有一种志在必得的精神。

【案例 3】

联想人的认识

联想集团面对戴尔、惠普等强劲的竞争对手，提出了"打造虎狼之师"的口号。2004 年，由于没有完成前一个三年计划，联想集团不得不减员 5%。2004 年春节后，联想的所有员工都收到了一封信——"狼性的呼唤"，这是杨元庆企图激活联想文化、塑造团队精神所做的一种努力。联想没有退路，只有背水一战，重新在 PC 市场找回领导者的尊严。杨元庆别无选择，必须鼓舞士气，再现当年 PC 市场攻城略地的霸气，来面对比自己强大十倍甚至几十倍的惠普、戴尔、IBM 等跨国公司。"要战胜比自己强大的竞争对手，对我们的自身条件将会更严格，如果我们每一个细胞、每一个个体都不具有竞争力，那这个企业会有竞争力去抗争吗？"这几年，戴尔的攻势咄咄逼人。戴尔人均产出相当于 800 多万人民币，而联想的人均产出只有 300 万人民币。联想集团要有优胜劣汰的心理准备。这里只有对手，没有朋友；这里只有尊重，没有友谊。杨元庆需要一支虎狼之师来打赢这场硬仗。联想需要改变，文化需要重塑。PC 市场留给联想的时间不会很多，半年，甚至更少。杨元庆无法忽视这么多年联想文化的积淀与影响。

【评析】 在激烈的市场竞争条件下，我们必须把竞争意识渗透到团队建设之中，建设一个竞争型的团队。这支团队必须具有竞争意识，敢于正视自己，敢于面对强大的对手。团队的成员也要有竞争意识。提倡竞争型团队有两个目的：一个是自身提高水平和技能的需要；另一个是完成团队目标的需要。要做到这一点，需要一种制度来保障。但是，在建立内部竞争机制的时候，要注意成员相互之间是竞争，而不是斗争，这种竞争是建立在理性的基础之上的。我们说，团队建设中，协作是团队的核心，但这并不意味着是一潭死水，没有争论。而应该有争论，用争论来激活团队的气氛，激发成员的竞争意识。同时，还要注意，在内部设立竞争机制一定要以业绩作为考核标准，用有情的鼓励和无情的鞭策，让团队的每一个人都能以积极的心态在最合适的岗位上工作，实现自我，超越自我，最大限度地发挥团队的威力。

三、任务训练

训练一　袋鼠赛跑

项目简介

本项目是一个任何团队都能开展的有趣活动，可以活跃团队气氛，促进团队合作。

操作流程

1. 将两根绳子沿着运动场某一边缘，平行放置，相距至少10米远。

2. 让学员互相结对。

3. 给每对队员发一个气球。

4. 让其中拿着气球的队员站在一条线上，他们的队友站在运动场边缘的另一条线上。

5. 让带球的队员把气球放在膝盖之间，并且放好之后，手不能再碰气球。

6. 解释项目如何开展，带队的队员听到培训师信号后，像袋鼠一样跳跃通过运动场（保证气球夹在膝盖之间），到达运动场对面的终点线时，将气球传递给队员。此时仍旧要求不能用手碰气球。交换气球后，队友夹着气球跳回起始线。

7. 最先跳回起始线的那对队员获胜。在此过程中要求气球始终夹在膝盖之间。

8. 项目结束后，由培训师带领学员讨论本训练的感受和启示。

特别提示

1. 是谁最先返回起始线的？

2. 什么因素加大了项目难度？

3. 什么因素可使项目更为简单？

变　通

比赛结束后，给大家 1~2 分钟的时间思考一下，然后再重复训练一次。允许队员们商量谁第一个带球跳跃以及讨论怎样才能提高速度。记下所有队员所耗的时间，让他们通过两次时间的对比，谈一下感想。

参与人数：40 人，分组进行。

所需时间：20 分钟。

场地要求：空地或运动场。

所需器械：若干气球、两根绳子（标明起始线和终结线）。

训练二　极限长城

项目简介

这是一个培养坚韧不拔和竞争精神的项目。需要消耗参与者的体力，需要有勇气和耐力。

操作流程

1. 5~10 名学员一队，站成圆形，面朝逆时针方向，小凳子依次置于每 1 个人的身后，然后调节间距，依次仰卧，腰部躺在凳上，背部及头部枕于后一位的膝部，双手交叠在腹，待所有人都稳妥后，由培训师抽去全部凳子。队员除脚之外，身体其他部位均不得接触地面，坚持时间长者为胜。

2. 变通与拓展。队员们排成圆阵俯卧撑，前一人的双脚搭在后一人的双肩上，形成只用手支撑的人体圈子，然后，一起喊："1，2! 1，2! ……"进行转圈子。

特别提示

1. 这是一个有难度，需要有技巧、合作以及坚毅性的稍有不足即会失败的集体项目。因此，它需要充分地讨论和尝试，需要百折不挠的勇气。

2. 进行项目时一定要注意安全。

参与人数：40 人，每组 5~10 人。

所需时间：30 分钟。

场地要求：草坪或垫子。

所需器械：准备小凳子 10 只或篮球 10 个。

训练三　气球巨人

项目简介

这是一个简单而有趣的项目，通过训练让学员们在协作和竞争中增进了

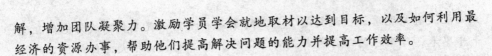
解，增加团队凝聚力。激励学员学会就地取材以达到目标，以及如何利用最经济的资源办事，帮助他们提高解决问题的能力并提高工作效率。

操作流程

1. 培训师将学员分成每8人一组，发给每组80个气球，1个气筒。

2. 每组需要选出一个组员做模特，其他组员的任务就是利用气球把这个模特装扮成"气球巨人"，使他越魁梧越好。

3. 时间是10分钟，时间到了以后，每组的"气球巨人"需要站在前面供大家评价，选出最强壮的一个。

特别提示

1. 你们组是用什么方法使"气球巨人"变强壮的？

2. 在项目中，看见其他组的"气球巨人"更加强壮时，你们组有什么反应？

3. 每个人都知道如何使"气球巨人"变得强壮，都在想方设法让他的四肢、腰部和胸部发达起来。可是容易被他们忽视的是，怎样将这些气球固定在人的身上。要注意，我们并没有提供绳子，因此每个小组不要急着把所有气球都吹大，而应该留一部分以作其他之用，比如充当绳子。

4. 你们组是怎样分工的？不会是一窝蜂地全无章法可言吧？应该先分配好谁给气球吹气，谁绑扎气球，谁来武装"气球巨人"。这种有条理的分工，可以极大地提高工作速度和效率，且思路很清晰，不会做无用功。另外，不要一味追求让人变得强壮，还要考虑气球的承受力，否则气球吹得过大很可能会爆的。

5. 切忌吹起一个气球就给"巨人"穿一个，这样做很浪费时间。不妨试试将很多气球先做一件外衣，然后一起穿在"巨人"身上，这是不是很节省时间呢？即使做出调整也可以看出整体效果。

参与人数：40人，8个人一组。

所需时间：20分钟。

场地要求：空地或运动场。

所需器械：每组80个气球，1个气筒。

四、跟踪测试

最近，某公司张总碰到一个难题。工会主席代表全体工人向他呈上了一份申请书，申请书上的大意是要求公司增加员工的工资和福利待遇。理由是公司规定半年进行一次绩效考核，根据公司规定，员工的工资幅度应该有一定的上浮；又因为现在各个行业的工资平均增长率都在上涨，而该公司却一直迟迟没有兑现承诺，这引起了员工的不满和抱怨；况且员工认为他们在这半年以来，每个人的工作量都是满负荷的，员工的压力很大，但是员工的福利待遇并没有得到改善。看完这个申请以后，张总感到很为难，因为虽然公司这半年来的业绩呈上升的趋势，但是，公司为了满足市场的需求，需要扩大生产规模，这就需要投入大量资金，这样一来，员工的工资和福利待遇就不能兼顾。面对这种情况，张总就必须面临一场和员工的谈判。在谈判的过程中，张总想出了一个两全其美的方法：首先他向员工讲述了公司的难处和公司的发展前景，这使员工对公司的未来充满了希望；然后他对员工做了以下的承诺，并与工会签下了一纸凭证，他说公司在度过扩大规模这个难关以后，一定在年底对公司员工的工资做出双倍的补偿，并双倍增加员工的福利。这样一来，员工的不满和抱怨减少了，年底，职工也得到了应有的补偿。

1. 上述案例说明，张总和员工的谈判取得的结果是（　　）。

A. 双赢　　　　　　　　　　B. 赢—输

C. 输—输　　　　　　　　　D. 没有结果

2. 工会在提出自己的要求时，主要根据的依据是（　　）。

A. 公司规章制度　　　　　　B. 员工个人的意见

C. 其他公司工人的工资　　　D. 公司的发展趋势

3. 对于公司中出现的这种冲突，张总采取的反应方式是（　　）。

A. 正面冲突　　　　　　　　B. 避免

C. 协商并寻求合作　　　　　D. 折中

4. 不属于张总和工会组织的这种谈判的方式所具有的特点是（　　）。

A. 双方坚持各自的立场　　　B. 双方都有灵活性

C. 维护长期关系　　　　　　D. 双方都获得了好处

5. 在处理这个事件时，张总主要应用的能力是（　　）。

A. 说服力　　　　　　　　　B. 搜集各种信息

C. 良好的人际关系　　　　　D. 寻求共同的好处

答案：1. A　2. A　3. C　4. A　5. D

任务三　几条重要法则

【任务目标】

通过本任务的学习，让团队成员明白：竞争法则有利于提升团队成员竞争能力。

一、理论知识

（一）犬獒效应：让企业在竞争中生存，困境是造就强者的学校

当年幼的藏犬长出牙齿并能撕咬时，主人就把它们放到一个没有食物和水的封闭环境里，让这些幼犬自相撕咬，最后剩下一只活着的犬，这只犬称为獒。据说十只犬才能产生一只獒。

我们生活在一个变革的时代。挑战和机遇同在，竞争是它的最显著特征。竞争是一种刺激，一种激励，也意味着新的选择和新的机遇。竞争出生产力，竞争出战斗力。只有主动迎接竞争的挑战，我们才能成为强者。

比斯高公司行政主管唐纳·肯杜尔认为：在生意上遇到强劲、精明的竞争对手，是用钱都买不到的"好事"。在他看来，竞争乃是重燃斗志、维持成功的真正力量。"有很多人苟且偷生，毫无竞争之志，最后终于白头以终。对于这类人，我只感到悲哀。打从做生意以来，我一直很感激生意竞争对手。这些人有的比我强，有的比我差；但不论其行与不行，他们虽令我跑得更累，但也跑得更快。脚踏实地地竞争，最足以保障一个企业的生存。"

（二）零和游戏原理：在竞争与合作中达到双赢

"零和游戏"是指一项游戏中，游戏者有输有赢，一方所赢正是另一方所输，游戏的总成绩永远为零。"零和游戏原理"之所以广受关注，主要是因为人们在社会的方方面面都能发现与"零和游戏"类似的局面，胜利者的光荣后面往往隐藏着失败者的辛酸和苦涩。

但从"零和游戏"走向"双赢"，要求各方要有真诚合作的精神和勇气，在合作中不要耍小聪明，不要总想占别人的小便宜，要遵守游戏规则，否则"双赢"的局面就不可能出现，最终吃亏的还是合作者自己。

（三）快鱼法则：速度决定竞争成败

美国思科公司总裁约翰·伯斯钱在谈到新经济的规律时说，现代竞争已"不是大鱼吃小鱼，而是快的吃慢的"。这就是快鱼法则。

在当今市场经济的激烈竞争中，几乎所有的经营型服务企业都在用尽全身解数抢占市场、扩大销量。事实上，市场先机稍纵即逝，速度就成为了获胜的关键因素之一，此时市场的成败，就不能仅仅以"大鱼""小鱼"论，而要看"快"与"慢"了，形成"快鱼吃慢鱼"的结果。

其实，快鱼法则不只体现在市场竞争中，在企业内部管理中仍然表现出它的重要性，即提高工作效率。同样一件事，第一个人用一小时做好，第二个人用半小时做好，那后者就是"快鱼"。他能在有效的工作时间里做更多的事情，他就是优胜者。从整体来讲，如果我们企业的每一个员工，都有一种"快鱼"的紧迫感，摒弃丝毫的懈怠和推托态度与行为，多一些责任，少一些借口，最终才能取得骄人的成绩，我们的企业也才会实现飞速的发展，获得更大的成功。

（四）生态位法则（格乌司原理）：寻求差异竞争，实现错位经营

生态位法则的提出者是俄罗斯的生态学家格乌司。

在大自然中，亲缘关系接近的，具有同样生活习性或生活方式的物种，不会在同一地方出现。如果它们在同一区域内出现，大自然将会用空间把它们各自隔开，如虎在山上行，鱼在水中游，猴在树上跳，鸟在天上飞。因此，强者只能在自己的生态位上是强者，弱者也只能在自己的生态位上才能自由生存。

生态位现象对所有生命现象而言是具有普遍性的一般原理，同样适用于人类，因为生物所具有的各种属性，人类都具有。

每个人都必须找到适合自己的生态位，即根据自己的爱好、特长、经验、行业趋势、社会资源等，确定自己的位置。人们在总结成功与失败的经验时，往往喜欢从资金、产品、市场来寻找原因，很少有老板是从生态位的角度来寻找原因的。这里所说的"生态位"，包括两个方面：一是自己所处的生态环境；二是自己所需要的生态环境。所谓"生态位环境"，即自然环境和社会环境。自然环境为气候、食物、土壤和地形；社会环境为文化、观念、道德、政策等。生态环境影响着一个人的性格，性格又对人的创业有直接影响。

同时，"生态位法则"对我们今天研究企业的发展战略及竞争谋略也有着很大的作用。

（五）马太效应：只有第一，没有第二

一个国王远行前，交给 3 个仆人每人一锭银子，吩咐道："你们去做生意，等我回来时，再来见我。"国王回来时，第一个仆人说："主人，你交给我的一锭银子，我已赚了 10 锭。"于是，国王奖励他 10 座城邑。第二个仆人报告："你给我的一锭银子，我已赚了 5 锭。"于是，国王奖励他 5 座城邑。第三个仆人报告说："主人，你给我的一锭银子，我一直包在手巾里，怕丢失，一直没有拿出来。"于是，国王命令将第三个仆人的 1 锭银子赏给第一个仆人，说："凡是少的，就连他所有的，也要夺过来。凡是多的，还要给他，叫他多多益

善。"这就是马太效应的代表格言,这种穷者越穷,富者越富的现象被称为"马太效应"。

当今社会中存在的一个普遍现象,即赢家通吃。

对企业经营发展而言,马太效应告诉我们,要想在某一个领域保持优势,就必须在此领域迅速做大。当你成为某个领域的领头羊时,即便投资回报率相同,你也能更轻易地获得比弱小的同行更大的收益。而若没有实力迅速在某个领域做大,你就要不停地寻找新的发展领域,才能保证获得较好的回报。

（六）猴子-大象法则：以小胜大,以弱胜强

猴子-大象法则的提出者是波士顿顾问公司（Boston Consulting Group）的亨德森（Bruce Henderson）

大象可以踩死猴子,但猴子也可以骚扰大象,使大象遭遇挫折。大象体积越大,猴子的胜算就越大。大象——规模庞大的公司；猴子——行动灵活的小公司。任何一家公司要想成功,最重要的是在市场上竞争；要竞争,必须要有市场分析和一套完整的策略。

二、案　例

【案例1】

用鲶鱼激活沙丁鱼

很久以前,在挪威的一个小镇,人们靠捕鱼为生。小镇紧靠着大海,因出产沙丁鱼而小有名气。在那里,渔船归航抵港时,只要沙丁鱼是活着的,一定会被抢购一空,卖个好价钱。遗憾的是,由于每次出海的时间比较长,等到归来时,沙丁鱼已经死去很多。也正因为如此,活着的沙丁鱼才格外让人垂涎三尺。渔民们想尽方法,尝试着让沙丁鱼存活,但是无人成功。

有一次,一位老渔民照例出海打鱼。忙碌了几日,收获颇丰。他喜出望外,驾船火速返航。谁知才到半途,沙丁鱼便不再鲜活了,懒洋洋地潜在水中,一动不动。

老渔民一边察看着鱼舱,一边心里暗暗着急。他无计可施,只得按照老办法,挑出那些死去的沙丁鱼。这时他看见鲶鱼也不动了,拣出来正要扔掉,鱼儿忽地一跃,却掉进了装着沙丁鱼的鱼槽。

老渔民顺利归航了。让他不敢相信的是,到达岸口时,原本以为那些沙丁鱼已经死去了,然而它们竟然都是蹦蹦跳跳的。经过反复研究,他终于发

现了沙丁鱼存活的秘密。

原来鲶鱼进入沙丁鱼槽后，由于环境陌生，自然四处游动，到处挑起摩擦。而大量沙丁鱼发现多了一个"异己分子"，自然也会紧张起来，加速游动，整槽鱼上下浮动，使水面不断波动，带来充足的氧气，如此这般，使沙丁鱼活蹦乱跳地被运进了渔港。

任何动物在它的进化过程中都伴随着基因的改变，在自然界优胜劣汰的残酷竞争面前，往往改变都是朝着使它们更适于生存的方向进行的。

沙丁鱼们在没有"异己分子"在它们周围的时候，它们根本不愿意游动，以至于在没有到达海港之前就全部死去；当"异己分子"出现在它们周围时，他们产生了危机感，做出了适应生存的反应，这样才保证了它们在抵港的时候还都能活蹦乱跳。

一个公司就像一个鱼槽，鲶鱼效应在其中同样起作用。如果人员长期固定不变，就会缺乏新鲜感和活力，容易养成惰性，缺乏竞争力。只有增加压力，创造竞争气氛，企业才会有紧迫感，才能激发进取心，企业才能有活力。想做到这一点，作为管理者的你就必须引进你企业的"鲶鱼"，营造一种充满竞争的环境，这样你的企业才会保持竞争力和战斗力。

【评析】　重视"鲶鱼效应"，就是希望企业要不断地引进人才，更进一步地激活人才，为企业创造有序的人才竞争环境。为了挖掘、寻找企业内部的"鲶鱼"，建议采取以下三种方法。

（1）推行绩效管理，用压力机制创造"鲶鱼效应"，让员工紧张起来。

公司压力机制的有效性，关键在于员工的薪酬、发展和淘汰机制的建立与管理系统挂钩的紧密程度。事实上，科学有效的绩效管理系统提供的结果能够为员工的培训与发展、个人生涯规划，乃至薪酬调整、晋升和淘汰提供准确、客观、公正的依据，真正起到奖励优秀人才，淘汰能力差的员工的作用，从而创造出压力的机制和氛围。

（2）在组织中构建竞争型团队，通过公司内部的评选机制制造"鲶鱼"队伍。

公司要想持续保持创新能力和竞争力，建立上下一心的组织团队是关键所在。成功的团队不但清楚部门的目标是什么，更重要的是和公司的发展目标相结合。因此，为了鼓励部门之间的团队竞争，公司应确定优秀部门、优秀员工、优秀管理人员等一系列评选标准，并认真实施。通过设置内部群体之间的有序竞争去激发团队的动力，使公司的每一位员工始终处于精神饱满的工作状态。

（3）寻找公司的潜在明星并加以培训，通过发现和提升潜在的鲶鱼型人才去制造压力，从而提高员工队伍的战斗力。

【案例2】

竞争激活英特尔

　　全球最大的处理器制造商"英特尔"是计算机业的领军者，它主要生产计算机的"心脏"CPU。几十年来，它一直立于不败之地，几乎成为完美的化身。平等竞争精神在英特尔公司最重要。公司使用的都是标准隔间办公室，总裁的办公室与普通管理者的一样，办公室面积很小，仅够放一张桌子、一把椅子、一个书架。随着时间的推移，公司的实力日益膨胀。然而这种标准办公室却作为一种平等精神的体现保留了下来。

　　英特尔的停车场也不会为任何人保留停车位，完全是随到随停。即使是总裁，每天也得为找停车位而四处转悠。开放也是英特尔文化中一种可贵的精神，他们倡导一种开放的管理，广开言路，集思广益，鼓励员工畅所欲言，献计献策。公司的高层管理会议是公开进行的，任何一位员工只要自认有话要说，而且说的话将会对公司有所帮助的话，便可参加会议，发表意见。由于受到平等与开放氛围的熏陶，英特尔员工已经练就一身提问的胆量，他们的问题往往包含真知灼见，像一面镜子，让管理者一眼就能看到自己的缺陷。英特尔各个部门的负责人几乎都面对过员工的尖锐问题，包括首席执行官葛洛夫也是如此。葛洛夫脾气暴躁是十分有名的，但是，当他在会议室敲桌子训人时，其他与会者可以站起来直截了当地说："如果你打算继续训斥这个人，最好把他带出去，不要在大家面前这样做。"有人曾经嘲笑英特尔是一家"人人互相叫骂"的公司，因为公司内部经常会有激烈的讨论，而葛洛夫认为："最佳的结论应该是争议后的产物，真理会越辩越明。"

　　【评析】　一个充满竞争和争论的环境就好比滋养智慧和创造的温床！

三、任务训练

训练一　背后投球

项目简介

　　当各个小组之间展开激烈的竞争的时候，如何使小组保持昂扬的斗志，同时不被其他小组的情绪扰乱，对于小组表现良好有着非常重要的作用。这个项目不但能够活跃气氛，而且能够激发各个小组之间强烈的竞争意识，培养小组成员协同工作的能力，激发学员的竞争意识，增强学员的沟通能力。

操作流程

1. 将学员按照 5 人一组进行分组。每组有 1 个大垃圾桶和 50 个网球。把垃圾桶一字排开，使两个垃圾桶之间的距离约为 1.5 米。

2. 各组选出一名队员作为投球手。投球手要站在离垃圾桶 10 米远的地方，背对垃圾桶，然后将网球一个个的投到垃圾桶中。

3. 项目规则：

（1）在投球的过程中，投球手不可以左顾右盼，不能回头，只能正视前方。

（2）垃圾桶要在投球手偏左或偏右的位置，不能在投球手的正后方。

（3）小组的其他队员可以对投球手下指令，告诉他应该朝哪个方向抛，上一个球落到了什么地方，抛球的力量应该有多大等。但是，投球手不可以自己去看。

（4）如果某个小组抛的球落到了别的小组的垃圾桶里面，要算为别的小组的进球。

4. 最先将 5 个球抛入垃圾桶的小组获胜。

特别提示

1. 负责下指令的队员在指挥的过程中遇到了哪些问题，是如何解决的？

2. 当看到别的小组的进球比自己小组的多时，投球手和小组其他成员的心理感受是怎么样的？这对自己小组后面的表现有什么影响？

3. 可以事先蒙上投球手的眼睛，让他站在侧面，然后在小组成员的指挥下转动身体直到整个人背对着垃圾桶。这可以增加项目的趣味性和难度。

4. 投球手在抛球的过程中，一定要沉着冷静，不要被其他小组的情绪影响，也不要被小组成员中不同的意见所扰乱，要把握好力度和方向，果断地将球抛出去。

5. 小组成员在下指令的时候要统一、准确，及时地根据上次抛球的表现对投球手的抛球行为进行修正，从而提高抛球的成功率。

6. 注意不要被乱飞的网球打到。

参与人数：人数不限，5 人一组。

所需时间：10 分钟左右。

场地要求：操场或者空阔的室外场所。

所需器械：每组 1 个垃圾桶，50 个网球。

训练二　商　情

项目简介

同样的经历带给不同的人的却是差别悬殊的信息。有些人只能被动地接受，有些人却能够积极主动地去思考、探求。两种不同的工作态度在职业生涯中会带来截然相反的两种结局。这个故事告诉我们什么样的态度是积极的态度，它将会给我们的工作生活带来什么。本项目能够激发学员的上进心，使学员在工作生活中采取积极进取的态度，提高学员的沟通能力，以便在与人的交往中获取尽可能多的信息。

操作流程

1. 培训师给学员讲述下面的故事。

在英格兰的一家餐饮店，老板同时雇佣了两个同年龄、同学历的年轻人，并且他们都拿着一样的薪水。

过了半年，叫阿诺德的小伙子得到了老板的嘉奖，加了薪；而叫布鲁诺的小伙子却还在原地踏步。

布鲁诺对老板很不满意，认为这是不公的待遇。终于有一天他到老板那儿发了一通牢骚。老板一边耐心地听着他的抱怨，一边在心里思量着怎样消除布鲁诺的抱怨。

"布鲁诺先生，您现在到集市上去，看一下今天早上有卖什么的，好吗？"老板开了口。

布鲁诺很快从集市场上回来，向老板汇报说："今天集市上只有一个农民拉了一车土豆在卖。"

"有多少土豆呢？"老板问道。

布鲁诺赶快戴上帽子又跑到集市上去，然后回来告诉老板，一共有 40 袋土豆。

"价格是多少呢？"老板又问道。

于是，布鲁诺第三次跑到集上，问来了价格。

"好吧，现在请您坐到这把椅子上，一句话也不要说，让我们看看别人是怎么做的。"老板说。

老板把同样的任务交给了阿诺德，他很快也从集市上回来了。

阿诺德向老板汇报说："到现在为止，只有一个农民在卖土豆，一共有40 袋，价格是每袋 1 英镑，土豆很新鲜，我带回了一个样品，您可以看看；对了，这个农民明天还会弄来 3 箱西红柿，据我所了解，昨天他拿到集市上的 2 箱西红柿物美价廉，卖得很快。考虑到我们的库存不多，这样便宜的西红柿，我想老板您或许想进一些作为存货，所以我把这个农民请来了，他现在正在门外等着您的回话。"

老板此时回头笑着对布鲁诺说："现在您肯定知道为何阿诺德的薪水比您高了吧？加油吧，加油吧，小伙子！"

2. 讲完故事后，让学员就此故事展开讨论，讲讲听完这个故事后得到什么启发。

特别提示

1. 研究这个故事，对自己有什么样的启发？

2. 在自己的人生经历中，有哪些是阿诺德式的行为，有哪些是布鲁诺式的行为？两种不同的行为各带来了什么样的结果？

3. 我们的企业里、团队中亦不乏像布鲁诺那样爱抱怨的上司、下属、同事，他们往往把精力放在比较、挑刺、抱怨上，却看不到别人得到的价值背后的付出远远多于自己；看不到别人的收获比自己大，效率更比自己高；看不到自己在睡觉的时候别人在付出……于是太多的看不到就蒙蔽了自己的眼睛，消磨了自己上进的心，没有行动力，自然好的习惯就远离了他，于是生活品质就只能止步不前。而如今的社会：止步不前＝倒退。

4. 故事中的老板通过布置一个工作任务，比较两人完成结果的不同方式来消除布鲁诺的不满，最后还给布鲁诺以"加油吧，小伙子！"的鼓励。这个故事对我们也有很多启发，从中可以看出领导的艺术。作为一个领导不仅要有领导能力、协调能力、沟通能力还要学会激励员工的艺术。这样，他所带领的团队才能成为优秀高效的团队。有效地激励员工远比责骂更能快速地提高团队的整体实力。

参与人数：不限。

所需时间：10分钟。

场地要求：不限。

所需器械：无。

四、跟踪测试

1. 李琦领导着一支优秀的团队，像这种高效的团队都具有多种相似的特征，（   ）特征不属于优秀团队。

A. 广泛的技能和经验　　　　B. 有能力超强的人

C. 公开交流　　　　　　　　D. 信任和支持

2. 李琦作为一支有效团队的领导者，如其他高效团队中的领导者一样，会在团队发展的每一个阶段扮演三个角色：工作需要、团队需要、个人需要。这三者之间的关系是（　　）。

A. 都是 1/3 平衡的

B. 个人需要占主要地位

C. 团队需要占主要地位

D. 根据发展的各个阶段，所占的地位有所不同

3. 下面例子中所采用的方法可以有效防止团队成员之间可能产生摩擦和冲突的是（　　）。

A. 小利的团队中互换了资源

B. 小琴的团队制订了新的招聘制度

C. 小余的团队中进行了人员调换

D. 小许的团队中进行了有效的交流

4. 皮经理领导着一支项目团队，一般在团队中，传统的角色可以从（　　）看出。

A. 工作描述　　　B. 岗位规范　　　C. 招聘广告　　　D. 没有正确答案

5. 小文领导的小组如其他的组织一样，避免不了会发生一些冲突。那么，解决冲突的方式可以是（　　）。

A. 对抗　　　　B. 回避　　　　C. 迁就　　　　D. 以上都是

6. 关于团队建设，说法不正确的是（　　）。

A. 团队的类型有很多，所以说一个团队只能属于其中一种类型

B. 团队工作的效率大于个人的工作效率之和

C. 任何一个团队，其发展都要经过四个阶段

D. 团队中必须具有互补的角色才能和谐地发展

答案：1. B　2. D　3. D　4. A　5. D　6. A

恒星集团是天涯企业的一个临时项目研发团队，这个团队由六名人员组成。团队人员的基本素质是很高的，他们的学历都在本科以上，所以他们都很自信，不觉得没有他们做不好的事情，他们的业绩也一直比较好。王总是此项目的负责人，小毕和小陈是经常能给团队提供各种想法的人，他们经常为不同的想法争论。但是小陈与小毕又有所不同，小陈能够经常对想法的可行性做出周密的分析；小迪是能够进行周密计划的人；小翼对交代的工作能够及时准确地完成；小富能够对各种想法做出调查，并能做出评估。令王总非常苦恼的是，虽然这些人员都非常优秀，能够提出各种非常合理的方法，但是他们召开了一次又一次会议，大家各抒己见，在一些细节上纠缠不休，

最后还是没有得出结论。

1. 上述案例说明，造成这种情况的原因是此项目团队缺少（　）。

A. 协调人员　　　B. 创造性人员　　　C. 实施人员　　　D. 分析人员

2. 如果团队能够顺利地发展，那么团队中的人员的角色应该是（　）。

A. 互补的　　　　B. 平行的　　　　　C. 独特的　　　　D. 多样的

3. 对于上述案例中召开的团队会议，项目负责人王总主持会议时，犯了（　）的错误。

A. 脱离会议目标　　　　　　　　　　B. 没有限制人员的想法

C. 团队会议不正式　　　　　　　　　D. 项目组人员不应都参加

4. 如果是项目负责人王总没有对此做出任何改变，团队将会发生（　）方面的问题。

A. 受到别的团队排斥　　　　　　　　B. 团队人员冲突

C. 影响整体组织目标的实现　　　　　D. 以上都有可能

答案：1. A　2. A　3. A　4. D

第十部分　团队激励篇

 学习目标

【知识目标】

1. 了解激励的基本知识。
2. 掌握激励的原则。
3. 掌握激励的方法。

【能力目标】

1. 训练团队成员为了满足不同需要和动机，为了团队的目标努力并作出贡献。
2. 通过团队激励训练，使每个团队成员都具有高昂的士气，进而使团队充满活力。
3. 能够有效地利用团队每个成员的技能和知识。

【情感目标】

培养学生积极的、努力进取的人生态度。

任务一　激励的基础知识

【任务目标】

通过了解激励的基本知识,让团队成员在工作中充分发挥自身的积极性,从而把个人的潜能发挥出来。

一、理论知识

(一)激励概述

美国管理学家贝雷尔森(Berelson)和斯坦尼尔(Steiner)给激励下了如下定义:"一切内心要争取的条件、希望、愿望、动力都构成了对人的激励——它是人类活动的一种内心状态。"人的一切行动都是由某种动机引起的,动机是一种精神状态,它对人的行动起激发、推动、加强的作用。从管理学角度来说,激励就是组织通过设计适当的外部奖酬形式和工作环境,以一定的行为规范和惩罚性措施,借助信息沟通,来激发、引导、保持和规范组织成员的行为,以有效的实现组织及其成员个人目标的系统活动。这一定义包含以下几方面的内容。

(1)激励的出发点是满足组织成员的各种需要,即通过系统设计适当的外部奖酬形式和工作环境,来满足企业员工的外在性需要和内在性需要。

(2)科学的激励工作需要奖励和惩罚并举,既要对员工表现出来的符合企业期望的行为进行奖励,又要对不符合员工期望的行为进行惩罚。

(3)激励贯穿于企业员工工作的全过程,包括对员工个人需要的了解、个性的把握、行为过程的控制和行为结果的评价等。因此,激励工作需要耐心。

(4)信息沟通贯穿于激励工作的始末,从对激励制度的宣传、企业员工个人的了解,到对员工行为过程的控制和对员工行为结果的评价等,都依赖于一定的信息沟通。企业组织中信息沟通是否通畅,是否及时、准确、全面,直接影响着激励制度的运用效果和激励工作的成本。

(5)激励的最终目的是在实现组织预期目标的同时,也能让组织成员实现其个人目标,即达到组织目标和员工个人目标在客观上的统一。

（二）激励的过程

激励的目标是使组织中的成员充分发挥出其潜在的能力。激励是"需要→行为→满意"的一个连锁过程。一般情况下，我们可以用图 10.1 来表示激励的过程。

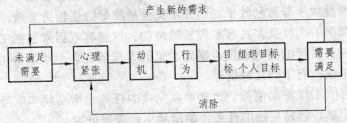

图 10.1　激励的过程

一个人从有需要直到产生动机这是一个"心理过程"，比如当一个下属做了一件自认为十分漂亮的事情后，他渴望得到上司或同事的赞赏、认可和肯定，这就是他渴望被上司激励的心理"动机"。这时，如果上司及时而得体地用表扬"激励"了他，他在今后的工作会更卖力，甚至做得更好，这就使他产生了努力工作的"行为"，而这种行为肯定会导致好的"结果"，最后达到下属和上司都"满意"的成效。

（三）激励的机制

激励机制就是在激励中起关键性作用的一些因素，由时机、频率、程度、方向等因素组成。它的功能集中表现在对激励的效果有直接和显著的影响，所以认识和了解激励的机制，对搞好激励工作是大有益处的。

1. 激励时机

激励时机是激励机制的一个重要因素。激励在不同时间进行，其作用与效果有很大差别。打个比喻，厨师炒菜时，不同的时间放入味料，菜的味道和质量是不一样的。超前激励可能会使下属感到无足轻重；迟到的激励可能会让下属觉得画蛇添足，失去了激励应有的意义。

激励如同发酵剂，何时该用、何时不该用，都要根据具体情况进行具体分析。根据时间上快慢的差异，激励时机可分为及时激励与延时激励；根据时间间隔是否规律，激励时机可分为规则激励与不规则激励；根据工作的周期，激励时机又可分为期前激励、期中激励和期末激励。激励时机既然存在多种形式，就不能机械地强调一种而忽视其他，而应该根据多种客观条件，进行灵活地选择，更多的时候还要加以综合运用。

2. 激励频率

所谓激励频率是指在一定时间里进行激励的次数，它一般是以一个工作周期为时间单位的。激励频率的高低是由一个工作周期里激励次数的多少所决定的，激励频率与激励效果之间并不完全是简单的正相关关系。

激励频率的选择受多种客观因素的制约，这些客观因素包括工作的内容和性质、任务目标的明确程度、激励对象的素质情况、劳动条件和人事环境等。一般来说，有下列几种情形。

（1）对于工作复杂性强，比较难以完成的任务，激励频率应当高；对于工作比较简单、容易完成的任务，激励频率就应当低。

（2）对于任务目标不明确、较长时期才可见成果的工作，激励频率应该低；对于任务目标明确、短期可见成果的工作，激励频率应该高。

（3）对于各方面素质较差的工作人员，激励频率应该高；对于各方面素质较好的工作人员，激励频率应该低。

（4）在工作条件和环境较差的部门，激励频率应该高；在工作条件和环境较好的部门，激励频率应该低。

当然，上述几种情况，并不是绝对的划分，通常情况下应该将它们有机地联系起来，因人、因事、因地制宜地确定恰当地激励频率。

3. 激励程度

所谓激励程度是指激励量的大小，即奖赏或惩罚标准的高低。它是激励机制的重要因素之一，与激励效果有着极为密切的联系。能否恰当地掌握激励程度，直接影响激励作用的发挥。超量激励和欠量激励不但起不到激励的真正作用，有时甚至还会起反作用。比如，过分优厚的奖赏，会使人感到得来全不费工夫，丧失了发挥潜力的积极性；过分苛刻的惩罚，可能会导致人的摔破罐心理，挫伤下属改善工作的信心；过于吝啬的奖赏，会使人感到得不偿失，多干不如少干；过于轻微的惩罚，可能导致人的无所谓心理，不但改不掉毛病，反而会变本加厉。

所以从量上把握激励，一定要做到恰如其分，激励程度不能过高也不能过低。激励程度并不是越高越好，超出了这一限度，就无激励作用可言了，正所谓"过犹不及"。

4. 激励方向

所谓激励方向是指激励的针对性，即针对什么样的内容来实施激励，它对激励效果也有显著影响。马斯洛的需要层次理论有力地表明，激励方向的选择与激励作用的发挥有着非常密切的关系。当某一层次的优势需要基本上得到满足时，应该调整激励方向，将其转移到满足更高层次的优先需要，这样才能更有效地达到激励的目的。比如对一个具有强烈自我表现欲望的员工来说，如果要对他所取得的成绩予以奖励，奖给他奖金和实物不如为他创造一次能充分表现自己才能的机会，使他从中得到更大的鼓励。还有一点需要指出的是，激励方向的选择是以优先需要的发现为其前提条件的，所以及时发现下属的优先需要是经理人实施正确激励的关键。

（四）几个有影响的激励理论

激励理论的基本思路，是针对人的需要来采取相应的管理措施，以激发动机、鼓励行为、形成动力。因为人的工作绩效不仅取决于能力，还取决于受激励的程度，通常用数学公式表示：

$$工作绩效 = f（能力 \times 激励）$$

因此，行为科学中的激励理论和人的需要理论是紧密结合在一起的。

1. 马斯洛的需求层次理论

著名心理学家马斯洛把人的需要由低到高分为五个层次（见图 10.2），即生理需要、安全需要、社交需要、尊重需要、自我实现需要。并认为人的需要有轻重层次之分，在特定时刻，人的一切需要如果都未得到满足，那么满足最主要的需要就比满足其他需要更迫切，只有当低级的需要得到满足时，才能产生更高一级的需要。

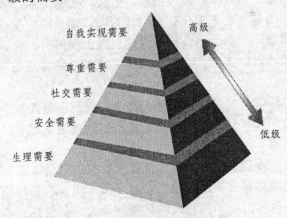

图 10.2　马斯洛的需求层次理论

当一种需要得到满足后，另一种更高层次的需要就会占据主导地位。从激励的角度看，没有一种需要会得到完全满足，但只要其得到部分的满足，个体就会转向追求其他方面的需要了。按照马斯洛的观点，如果希望激励某人，就必须了解此人目前所处的需要层次，然后着重满足这一层次或在此层次之上的需要。比如一个饥肠辘辘的人，他更渴望你给他几个馒头或面包，而不是你赞赏他如何长得英俊潇洒或出类拔萃。

2. 双因素理论

激励保健理论（Motivator-Hygiene Theory）是美国的行为科学家弗雷德里克·赫茨伯格（Fredrick Herzberg）提出来的，又称双因素理论。双因素理论是他最主要的成就。

20 世纪 50 年代末期，赫茨伯格和他的助手们在美国匹兹堡地区对 200 名工程师和会计师进行了调查访问。结果他发现，使职工感到满意的都是属于工作本身或工作内容方面的；使职工感到不满的，都是属于工作环境或工作关系方面的。他把前者叫做激励因素，后者叫做保健因素。

那些能带来积极态度、满意和激励作用的因素就叫做"激励因素"，这是那些能满足个人自我实现需要的因素，包括：成就、赏识、挑战性的工作、增加的工作责任以及成长和发展的机会。如果这些因素具备了，就能对人们产生更大的激励。从这个意义出发，赫茨伯格认为传统的激励假设，如工资刺激、人际关系的改善、提供良好的工作条件等，都不会产生更大的激励；它们能消除不满意，防止产生问题，但这些传统的"激励因素"即使达到最佳程度，也不会产生更大的激励。

保健因素包括公司政策、管理措施、监督、人际关系、物质工作条件、工资、福利等。当这些因素恶化到人们认为可以接受的水平以下时，就会产生对工作的不满意。但是，当人们认为这些因素很好时，它只是消除了不满意，并不会导致积极的态度，这就形成了某种既不是满意又不是不满意的中性状态。

根据赫茨伯格的研究发现，经理人应该认识到保健因素是必需的，不过它一旦被不满意中和以后，就不能产生更积极的效果。只有"激励因素"才能使人们有更好的工作成绩。

双因素理论告诉我们，满足各种需要所引起的激励深度和效果是不一样的。物质需求的满足是必要的，没有它会导致不满，但是即使获得满足，它的作用往往是很有限的、不能持久的。要调动人的积极性，不仅要注意物质利益和工作条件等外部因素，更重要的是要注意工作的安排、量才使用、个

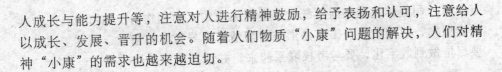

人成长与能力提升等，注意对人进行精神鼓励，给予表扬和认可，注意给人以成长、发展、晋升的机会。随着人们物质"小康"问题的解决，人们对精神"小康"的需求也越来越迫切。

3. 期望理论

美国心理学家弗鲁姆于 1964 年提出了期望理论。该理论认为，激发的力量来自效价与期望值的乘积，即：

$$激励的效用 = 期望值 \times 效价$$

就是说，推动人们去实现目标的力量，是两个变量的乘积，如果其中有一个变量为零，激励的效用就等于零。效价是企业和团队的目标达到后，对个人有什么好处或价值，及其价值大小的主观估计。期望值是达到企业目标的可能性大小以及企业目标达到后兑现个人要求可能性大小的主观估计。这两种估计在实践过程中会不断修正和变化，发生所谓"感情调整"。比如，某人认为他有能力完成这项任务，完成任务后估计老板肯定会兑现对他晋升工资的诺言，而增加工资正是他的最大期望，所以，他工作的积极性肯定很高；反之，任何一个变量的变化，就会影响工作的积极性。管理者的任务就是要使这种调整有利于达到最大的激发力量。因此，期望理论是过程型激励理论。

二、案例

【案例1】

和尚撞钟

有一个小和尚担任撞钟一职，半年下来，觉得无聊之极，"做一天和尚撞一天钟"而已。有一天，主持宣布调他到后院劈柴挑水。原因是他不能胜任撞钟一职。小和尚很不服气地问："我撞的钟难道不准时、不响亮？"老主持耐心地告诉他："你撞的钟虽然很准时也很响亮，但钟声空泛、疲软，没有感召力。钟声是要唤醒沉迷的众生，因此，撞出的钟声不仅要洪亮，而且要圆润、浑厚、深沉、悠远。"

【分析】 本故事中的主持犯了一个常识性管理错误，"做一天和尚撞一天钟"是由于主持没有提前公布工作标准造成的。如果小和尚进入寺院的当天就明白撞钟的标准和重要性，我想他也不会因怠工而被撤职。工作标准是团队员工的行为指南和考核依据。缺乏工作标准，往往导致团队成员的努力方向与公司整体发展方向不统一，造成大量的人力和物力资源浪费。因为缺乏参照物，时间久了员工容易形成自满情绪，导致工作懈怠。制订工作标准要尽量做到数字化，要与考核联系起来，并注意可操作性。

三、任务训练

训练一　过关斩将

项目简介

大家想不想当将军呢？成为一名将军要从士兵一步一步往前走，路就在脚下看你们怎么往前走。这个项目虽然简单，但对于训练学员加强人生信心和勇气有着很好的效果，通过训练激励学员敢于挑战自我，突破自我。

操作流程

1. 按照绳子的长度，设定两点，分别为 A 点和 B 点，在两点各放置两个凳子，并用绳子连接，形成一个通道。

2. 培训师站在 B 点，要求通过的学生站到 A 点，然后举起右手（成 90°）看着正前方说："老师，××（学员姓名）从 A 点，通往 B 点，请求通过？"

3. 看到培训师要是有双手向右指后可以通过，如果看到培训师是双手交叉就是禁止前进，如禁止前进，回到队伍后面重新来过。

4. 如果同意学员通过 A 点到 B 点，培训师要看通过学员的动作是否大方得体，看培训师的手势，培训师要是有双手向右指后可以通过；如果看到培训师是双手交叉就是禁止前进，如禁止前进，要回到队伍后面重新来过。

特别提示

1. 请培训场的所有人员将手机关机。

2. 培训师看学员的话语是否准确，动作是否标准，是否大方得体，有没有信心和勇气突破自我。

3. 每次通过的学员如果满足不了要求要重新来过。

4. 学员如有不安全的动作要立刻暂停，要检查地面上有无滑伤的不明物体。

参与人数：40 人。

所需时间：40 分钟。

场地要求：室内。

所需器械：白板一个、凳子四个、绳子两根、电脑音响、歌曲《朋友》《相信自己》。

训练二 勇过绳索桥

项目简介

高难度的任务对于进取心强的人来说是非常有吸引力的，同时，这也能够增加整个团队的凝聚力，从而开发团队的合作能力，完成难以完成的任务。本项目从这方面出发，探讨个人激励的意义。通过训练加强个人挑战和激励，领悟团队决策和团队合作。

操作流程

1. 本项目需要事先设定场地，环境描述如下。

树林中相隔不是太远的几棵结实的大树，或者根据相应的要求人工设立的结实大桩。树木之间不需要排成直线，间隔以 3~5 米为宜，树木以不超过 6 棵为宜。需要有两根足够长的结实的绳索，以能够承受 1 吨左右的重量为宜，并且不要弹性太大的绳索。两根绳索，一根离地 1 米左右，一根离地 3 米左右，按照同样的方法牢固地拴在树（桩）上。从第一棵树（桩）出发，到第二棵树（桩）时缠绕几圈拉紧，再依次到第三棵、第四棵树（桩），依此进行，到最后一棵树时拴紧。如果树（桩）较滑，可以打上一些防止绳索下滑的螺钉。

2. 场地布置完成之后，将所有学员带到场地，进行如下的项目描述。

现在大家都作为国家缉毒特警，将要往深山老林中追捕一批携毒潜逃的犯罪分子，途中不幸遇到一处布满瘴气的沼泽地。这里是去往犯罪分子巢穴的最近道路，瘴气毒性非常厉害，沾上就会有生命危险，好在因为气温的原因，这些瘴气在清晨都难以飘散到地面 1 米以上的空间。而沼泽地也是危机四伏，常人难以通过，因此最后行动小组组长决定利用藤索在树上搭建索桥，大家小心通过。搭建索桥的过程中，已经牺牲了好几位同志，组长再三强调，剩下的队员要注意安全，务必要平安通过，顺利抓住犯罪分子，以慰牺牲队友的在天之灵。我们只有 40 分钟时间，过了这个时间段，气温上升，瘴气也会上升淹没一米以上的空间，那时大家就都会有危险。

3. 描述完毕之后再次提醒学员，不能落到地面，那样将会中毒或者陷入沼泽地。

4. 项目开始之后，培训师安排安全助理在旁边监控安全，并且以紧迫感很强的语气不断激励所有学员努力完成任务。

5. 项目结束之后，培训师组织大家进行相关讨论。

特别提示

1. 接到任务之后，团队形成了怎样的行动方案？有没有形成一定的决策核心？

2. 团队根据行动方案进行了怎样的分工？

3. 有没有学员在获取任务之后就要放弃？团队是如何让这些学员一起完成这项艰巨任务的？

4. 有哪些学员的表现对于团队任务的完成有关键作用？大家有没有对他们表示感谢？引申到现实中，一个团队的优秀成员如何对团队起到正面的激励作用？

5. 这个项目对个人的挑战要比对团队的挑战更为明显，所以对于一些产生胆怯的学员，培训师可以进行一些劝诱，或者等团队大部分都过了再鼓励其尝试。

6. 对于团队来说，主要就是进行人力资源的统筹安排，并鼓励胆小的学员顺利通过。在这其中可能会发生一些矛盾，这时就需要团队进行矛盾的调解，并从中体现出团队合作的意义。

7. 为了增加项目的难度，培训师可以对某些学员进行事先的设置，将他们设定为搭建索桥中毒而暂时失明的成员，让他们戴上眼罩再通过。但是对这些学员的选择，不能是在可视情况下表现较差的那些学员。

8. 项目开始之前，培训师需要检查所有绳索和树（桩）的安全性，以防项目中发生意外。

参与人数：10人左右。

所需时间：70分钟。

场地要求：拥有粗壮树木或设立大桩的宽阔场所。

所需器械：2条足够长的结实绳索、若干眼罩。

训练三　报数也疯狂

项目简介

人生在世，不是一个的人奋斗，每个人的成长都应该感谢自己的竞争对手，竞争使我们强大，竞争往往会带来效率的提升，因为压力的存在，竞争的参与方都会变得更加有激情和活力。本项目通过一组激烈的竞争，探讨适度竞争带来动力的意义，培养学员不怕竞争、欢迎竞争的自信态度。

操作流程

1. 培训师快速将学员分成两组，最好是能够打乱原来的熟悉圈子，每组确定两名组长，男女各一名。如果参加学员的性别特别单一，则只选一名组长即可。

2. 要求两个小组的组长在各组面前宣誓，回答下面问题："有没有信心战胜对手？""如果失败，敢不敢于面对队员的指责？""如果失败，愿不愿意承担由此带来的所有责任？"

3. 培训师宣布项目规则。

（1）当培训师发令之后，小组开始报数，越快越好，小组轮流进行，培训师进行计时，但组长不参与报数。

（2）分别进行 8 轮比赛，按照轮次比赛休息间隔为 3 分钟 2 次、2 分钟 2 次、1.5 分钟 2 次、1 分钟 2 次。

（3）每轮比赛都进行奖励和惩罚。输了的那一小组要由组长率领向对方表示心服口服，向对方成员鞠躬说道："愿赌服输，恭喜你们！"然后男组长要做俯卧撑 10 次，女组长做蹲起 20 次以示承担责任。赢了的那一组，只需要哈哈大笑，表示胜利即可。

（4）将每轮比赛的结果都写在黑板上画好的表格中。

4. 项目结束之后，给学员 2 分钟自由思考的时间，可以伴以轻松的音乐。

5. 最后由培训师带领学员进行相关讨论。

特别提示

1. 小组胜利或者失败的原因在哪里？和不参加报数的组长有关系吗？具体表现在哪些方面？

2. 小组有没有达成一致的意见？当面临外部压力时，团队内部的矛盾是如何解决的？

3. 在休息的间隙，组长有没有组织组员进行总结，许下承诺？如果有，对后面比赛产生了效果了吗？

4. 当小组失败，组长承担责任时，大家是如何想的？团队进取的精神有没有因此改变？

5. 竞争会创造出一种氛围，即使大家用尽全力与对手抗衡的氛围。在这种氛围中，团队内部的矛盾自然会变得微不足道，团队成员也更容易体会到团队合作的本质。激昂的口号会使大家群情奋发，增进团结和进取精神，也更有利于发挥出超常的潜力。

6. 没有参加报数的组长承担责任，实际上会给组员们一种前进的压力，是一种来自于基本尊严的压力，当所有组员都能够体会到，也就是团队突飞猛进的时候。五胡乱华时期，前燕大将军慕容恪就是这样一位领导，他平时并不用严苛的手段去阻止部属犯错。每当部属犯错之后，他便代为承担职责，结果三军一心。在当时的战场上，他的军队几乎百战百胜。

参与人数：不限。

所需时间：60 分钟。

场地要求：教室或会议室。

所需器械：记录成绩的积分表，计时秒表。

四、跟踪测试

1. 某公司在团队管理中用到的激励理论的主要依据是人们的期望是与他们的努力相关的，这种激励理论是（　　）。

　　A. 公平理论　　　B. 需求理论　　　C. 双因素理论　　　D. 期望理论

2. 某有限公司下属的一个项目团队主要运用的激励理论是双因素理论，这种激励理论中的（　　）因素能够造成员工的不满。

　　A. 公司的政策和管理　　　　　B. 薪水和工作条件

　　C. 人际关系　　　　　　　　　D. 以上都对

3. 某公司主要依靠领导本身对员工进行激励，但我们知道，还有领导本身不能直接控制的、对团队成员造成影响的因素，这种因素是（　　）。

　　A. 工作本身　　　B. 薪水和工作条件　　　C. 企业文化　　　D. 以上都对

4. 对于某公司而言，不属于企业文化范围内的是（　　）。

　　A. 公司的各种建筑物　　　　　B. 公司的部门内部制度

　　C. 公司的资源计划　　　　　　D. 公司部门员工的行为举止

5. 在下面的例子中，（　　）是一个支持型的团队环境所具备的特点。

　　A. 李燕团队中的每一个人都相互了解

　　B. 谢总会在团队中显示出自己对下属的信任

　　C. 小易所在的团队大家都相互尊重

　　D. 以上都对

6. 关于团队激励，说法正确的是（　　）。

　　A. 马斯洛认为人们需求的满足都是从低到高的过程

　　B. 实行轮换工作必须建立在团队成员有效完成每个任务的基础上

　　C. 领导的行为不会影响团队整体的激励水平

　　D. 人们工作的目的就是满足他们的生理需求

　　答案：1. D　　2. D　　3. D　　4. C　　5. D　　6. B

任务二　激励的原则

【任务目标】

通过对激励原则的了解，使团队成员对自己的角色和工作有更多积极性。

一、理论知识

（一）激励的原则

1．目标结合原则

在激励机制中，设置目标是一个关键环节。目标设置必须同时体现组织目标和员工需要的要求。

2．物质激励和精神激励相结合的原则

物质激励是基础，精神激励是根本。在两者结合的基础上，逐步过渡到以精神激励为主。

3．引导性原则

外激励措施只有转化为被激励者的自觉意愿，才能取得激励效果。因此，引导性原则是激励过程的内在要求。

4．合理性原则

激励的合理性原则包括两层含义：第一，激励的措施要适度。要根据所实现目标本身的价值大小确定适当的激励量；第二，奖惩要公平。

5．明确性原则

激励的明确性原则包括三层含义：第一，明确。激励的目的是需要做什么和必须怎么做；第二，公开。特别是分配奖金等大量员工关注的问题时，更为重要。第三，直观。实施物质奖励和精神奖励时都需要直观地表达它们的指标，总结和授予奖励和惩罚的方式。直观性与激励影响的心理效应成正比。

6．时效性原则

要把握激励的时机，"雪中送炭"和"雨后送伞"的效果是不一样的。激

励越及时,越有利于将人们的激情推向高潮,使其创造力连续有效地发挥出来。

7. 正激励与负激励相结合的原则

所谓正激励就是对员工的符合组织目标的期望行为进行奖励;所谓负激励就是对员工违背组织目的的非期望行为进行惩罚。正负激励都是必要而有效的,不仅作用于当事人,而且会间接地影响周围其他人。

8. 按需激励原则

激励的起点是满足员工的需要,但员工的需要因人而异、因时而异,并且只有满足最迫切需要(主导需要)的措施,其效价才高,其激励强度才大。因此,领导者必须深入地进行调查研究,不断了解员工需要层次和需要结构的变化趋势,有针对性地采取激励措施,才能收到实效。

二、案 例

【案例1】

梅花鹿

国外一家森林公园曾养殖几百只梅花鹿,尽管环境幽静,水草丰美,又没有天敌,但几年以后,鹿群非但没有发展,反而病的病,死的死,竟然出现了负增长。后来他们买回几只狼放置在公园里,在狼的追赶捕食下,鹿群只得紧张地奔跑以逃命。这样一来,除了那些老弱病残者被狼捕食外,其他鹿的体质日益增强,数量也迅速地增长。

【评析】 流水不腐,户枢不蠹。人天生有种惰性,没有竞争就会故步自封,躺在功劳簿上睡大觉。竞争对手就是追赶梅花鹿的狼,时刻让梅花鹿清楚狼的位置和同伴的位置。跑在前面的梅花鹿可以得到更好的食物,跑在最后的梅花鹿就成了狼的食物。按照市场规则,给予"头鹿"奖励,让"末鹿"被市场淘汰。

【案例2】

"树"的对话

小树问大树:"大树啊!你是吃奶粉长大的吗?"

大树:"孩子!你电视看多了,人的孩子才是吃奶粉长大的啊!"

小树:"那你吃什么长这么高,这么壮呢?"

大树："我每天吃青山一眼，白云两片，蝉鸣与蛙唱四两，早晚各吃晨曦与落日一遍，有时也吃几片腐叶和鸟粪，喝点朝露、雨珠和山泉。"

小树："吃这些才让你的体形长得这么完美和谐吗？"

大树："这还要感谢风雨雷电，它们对我而言，不是苦难，而是帮助。因为风为我做身材的修饰，雨为我洗去尘埃，雷为我劈去放肆，电为我斩除傲慢。"

小树："那为什么有的树长得枯黄又干瘦呢？"

大树："那是因为不同的菜单啊！他吃的是愤世、抱怨、不平、黑暗，因此不能长得'青翠光鲜'。"

小树："今后我也要按你的菜单，每天吃白云、蝉鸣、晨曦与落日。我也要无畏地迎接风雨雷电，有一天我也会长得像你一样高！"

【评析】　上面这则小故事，被众多公司用来激励员工。德国有句话："分担的痛苦，是一般的痛苦；分享的快乐，是双倍的快乐。"经销商之间，固然有上下级之分，但并没有高下之别，"师父领进门，修行在个人。"个人的好坏，须自己负责。

三、任务训练

训练一　无所畏惧

项目简介

每个人都不是天生的演讲家，甚至很大一部分人对于在公众场合大声讲话都会感到恐惧。这是正常现象，这种人不必为此感到沮丧和自卑，就像有人天生跑得快而有人天生是运动白痴一样，没必要为这个而全盘否定自己。这个项目也是为了说明这个问题，它告诉学员害怕在公众场合讲话是正常的，同时也为解决这些恐惧提供了一些建议。通过训练让学员掌握员工激励方法，增强学员团队凝聚力和合作精神，增强学员对自我的了解，激发演讲者的自信和能力。

操作流程

1. 在项目开始前问学员这样的问题："你们认为在你们各自的生活圈子里，大多数人最害怕的是什么？"将答案简明地写在题板纸上，询问大家是否同意这些意见。发给每人一张由专家列出的恐惧清单。告诉大家，如果信息准确的话，那么大多数人的恐惧都是类似的，都会觉得做一场精彩的演说或开展培训课程是一项挑战。让学员们回忆或采用"头脑风暴"的方法，尽可能多地说出克服恐惧的方法。展开小组讨论，培训师在旁记录，记录下学员们认为有效的方法。

2. 选出相对最害怕在公众场合发言的学员，让他上台大声朗读这些克服恐惧的方法给大家听。

特别提示

1. 你在公众场合讲话是否感到恐惧？你是否想过这些恐惧来自何处？有什么方法可以克服这些恐惧？

2. 当你看到别人遇到这种恐惧时，是否希望能想到一些方法帮助他？这些方法对你自己有用吗？

3. 通过这个项目，你找到对你有帮助的方法了吗？

4. 以下是由专家列出的恐惧清单。

（1）在公众前讲话。

（2）金钱困扰。

（3）黑暗。

（4）登高。

（5）蛇和虫子。

（6）疾病。

（7）人身安全。

（8）死亡。

（9）孤独。

（10）狗。

5. 克服演讲恐惧的一些建议。

（1）熟悉演讲内容（首先成为一个专家）。

（2）事先练习演讲内容并运用参与技巧。

（3）知道参加者的姓名并称呼他们的名字，尽早建立自己的权威。

（4）用目光接触听众，建立友善和谐的气氛，并进修公开演讲课程。

（5）展示你事先的准备工作。

（6）预测可能遇到的问题，并事先检查演示设备和视听器材。

（7）事先获得尽可能多的有关参与者的信息，放松自己（深呼吸，内心对白等），准备一个演讲大纲并按部就班地进行演练。

（8）好好休息，使自己的身心保持警觉、机敏。用自己的方式，不要模仿他人；用自己的词汇，不要照章宣读。站在听众的角度看问题，设想听众是和你站在一个立场上的。

（9）对演讲提出一个总的看法并接受自己的恐惧，把它看做是一件好事。

（10）先向团队介绍自己。

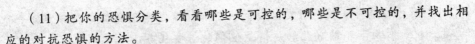

（11）把你的恐惧分类，看看哪些是可控的，哪些是不可控的，并找出相应的对抗恐惧的方法。

（12）在开场前的 5 分钟要特别注意把自己想象成一个出色的演讲者，多考虑如何应对艰难的处境和刁钻的问题，营造一种非正式的气氛。

参与人数：5 个人一组。
所需时间：15 分钟以上。
场地要求：教室。
所需器械：恐惧清单，建议手册，题板纸。

训练二　激动人心

项目简介

做事情需要动力，而动力来自于热情，而热情来自于哪里呢？当我们对某个任务或工作充满热情时，就会觉得处理这些事情是很快乐的，并不会计较为此付出了什么。那么，还是那个问题，热情是从何处来的呢？这个项目就是教你怎样去激发热情，激励员工，从而激发员工的工作热情。

操作流程

1. 准备 3 种体育休闲运动的图片，并准备一个包含这 3 张图片内容的故事，讲给学员们听。

2. 故事是这样的。

（1）一个短暂的假期即将开始，3 个好朋友小东、小楠和小锡准备利用这段时间参加一项自己喜爱的体育运动。

（2）小东找到了一张跆拳道训练班的宣传海报，高兴地说："我一直想变得强壮，能够保护别人。所以我准备接触一下跆拳道。"

（3）小楠翻出一张乒乓球俱乐部的宣传海报，说："我一直想培养一下自己协调和应变能力，练练乒乓球是很有帮助的。"

（4）小锡看到一张游泳爱好者俱乐部的海报，上面画着一个男人和一群美女游泳，马上兴奋地说："好了，我也不想培养什么，我现在只想马上参加这个俱乐部，然后像他一样。"

特别提示

1. 是什么原因使小锡这么有动力？在座的学员是否也曾像他一样的坚定和迫不及待呢？

2. 我们应该用什么方法鼓励我们的同事和下属用这种"迫不及待"的态度去面对工作呢？

3. 对于培训师来说，激发学员的兴趣和热情是他们的首要任务。对于管理者来说，激发职工的兴趣和热情是他们的首要任务。

4. 使人感兴趣才能激发人的热情，也就是说满足了人的需求也就激发出了人的热情。比如期待的奖励、明确的目标或者是未实现的期望等都可以成为激发人们热情的工具。作为管理者，平时要善于观察每个员工的需求，用人时才能有的放矢地激励他们，使他们出色地完成任务。

5. 作为员工也要明确自己的期望是什么，自己要达到的目标是什么。这样的员工才是有头脑的，才是值得信赖和培养的员工。

参与人数：不限。

所需时间：10分钟。

场地要求：不限。

所需器械：3张体育宣传海报。

四、跟踪测试

下面的20题都有四个答案

A. 完全同意；B. 有点同意；C. 有点不同意；D. 完全不同意。选择最能表达你看法的答案。

1. 员工工作做得非常好，其工资就应该增加。

2. 好的职务说明很有价值，它让员工知道该做什么。

3. 要员工记住，他们是否继续工作下去，要看公司能否进行有效的竞争。

4. 管理人员应该关心员工的工作条件。

5. 管理人员应该在人们当中尽力制造友好的气氛。

6. 工作绩效高于标准的员工，应该进行表扬。

7. 在管理上对人漠不关心，会伤害人的感情。

8. 要让员工感到，他们的技能和力量都在工作中发挥出来。

9. 公司员工福利和员工子女的安排是员工安心工作的重要因素。

10. 几乎每一种工作都可以使它具有激发性和挑战性。

11. 许多员工都想在工作中干得非常出色。

12. 公司在业余时间安排社会活动，这表明对员工的关怀。

13. 一个人在工作中感到自豪，就是一种重要的报酬。

14. 员工希望在工作中成为佼佼者。

15. 非正式群体中的良好气氛是非常重要的。

16. 个人奖励会改变员工的工作绩效。

17. 员工要有机会和高层管理人员接触。

18. 员工一般喜欢自己安排工作和自己做决定，不需要太多的监督。

19. 员工的工作要有保障。

20. 员工要有良好的设备进行工作。

记分标准：

A. 完全同意（3分）；B. 有点同意（2分）；C. 有点不同意（1分）；D. 完全不同意（0分）。

分析结果：

41~60分：你十分了解激励对于管理的重要性，而且运用得很好。

21~40分：你知道激励对于管理的重要性，但还是做得不够。

0~20分：你不知道如何激励员工，这是十分危险的。

任务三　激励的方法

【任务目标】

让团队成员掌握多种激励方法，并灵活运用，以收到预期的效果。

一、理论知识

关于如何进行激励，众多的心理学家、管理学家进行了深入的研究，提出了多种激励理论和方法。以这些基本观点为依据，我们提出以下激励的基本方法。

（一）激励的方法

1. 形象激励

这里所说的形象包括组织中领导者、模范人物的个人形象与优秀团队的集体形象等。无论哪一种形象，都能激发员工的荣誉感、成就感和自豪感，达到激励人的作用。为此，企业的领导者应把自己的学识水平、品德修养、工作能力、个性风格贯穿于自己的日常工作之中，以自己良好的个人形象对被领导者的思想和行为进行激励。同时，对于在工作中表现突出，具有代表性的新人、优秀员工、劳动模范以及工作团队等，采用照片、资料张榜公布，开会表彰发放荣誉证书，在电视、互联网上宣传等精神奖励方式，深入宣传和展现其良好的形象，号召和引导员工模仿学习。

2. 感情激励

感情是人们对外界刺激所产生的喜怒哀乐等心理反应，包括情绪和情感两种类型。感情需要是人类最基本的需要，也是影响行为最直接的因素之一。人与人之间的感情联系蕴藏着无限的潜能，可以超越物质利益、精神理想和外部压力的影响，产生"士为知己者死"的激励力量。因此，现代领导者不仅要注意以理服人，更要强调以情感人。感情激励就是加强与员工的感情沟通，从员工思想、生活、工作等各方面给予诚挚的关怀，想人所想，急人所难，与员工建立平等、亲切的感情，让员工感受到领导的关心和企业的温暖，以此来激发其积极性、主动性和创造性。

3. 信心激励

期望理论告诉我们，一个人在工作中受到的激励程度与个人对完成工作的主观评价以及工作报酬对自己的吸引力等有很大关系。当个人认为自己无论付出多大的努力都不能完成工作时，其工作的积极性肯定很低。出现这种情况，有些时候是因为工作确实超出了个人的能力范围，但更多的时候是由于个人对自己缺乏信心。他们往往不能清楚地认识和评价自己，不清楚自己的优势和劣势所在，怀疑自己的能力，因而错误判断了实现目标的可能性。这时就需要管理者在相信自己的员工的基础上，及时进行心理疏导，让他们充分认识到自己的优点和潜力，并给予充分的鼓励，让他们看到未来的机会和希望，帮助他们树立"我能做好"的信心。员工有了良好的心态、必胜的信念和动力，就能激发出巨大的创造力。正像一句广告词说的那样："只要有激情，一切皆有可能。"

4. 目标激励

目标激励是指设置适当的目标来激发人的动机和行为，达到调动人积极性的目的。目标激励要求以明确的组织目标为依据，对其进行纵向和横向的层层分解，形成各层次、各部门乃至每一位员工的具体目标，各层次、各部门及每一位员工都以目标为标准，在实施目标的过程中，实行自我激励和自我控制。在目标激励的过程中，要特别注意以下几点：第一，员工个人目标的设置，应结合其工作岗位的特点，充分考虑员工个人的特长、爱好和发展，将个人目标与组织目标相结合，使组织目标包含较多的个人目标，使个人目标的实现离不开为实现组织目标所做的努力。第二，目标必须具有明确性、可达性、挑战性和连续性，借以培养员工创造价值的成就感。第三，无论是组织目标还是个人目标一经确定，就应大张旗鼓地进行宣传，让全体员工深刻认识到自己工作的意义和前途，激发员工强烈的事业心和使命感，使员工在工作过程中达到自我激励、相互激励。第四，在目标考核和评价上，要在员工自我评价的基础上，从德、能、勤、绩等方面，定性与定量相结合，客观公正地进行评价，及时进行奖惩，并做到赏罚分明。

5. 绩效薪金制

这是一种最基本的激励方法，其要点就是将绩效与报酬相结合，完全根据个人绩效、部门绩效和组织绩效来决定各种工资、奖金、利润分成和利润分红等的发放。实行绩效薪金制能够减少管理者的工作量，使员工自发地努力工作，不需要管理者的监督。现在许多企业对上至总经理下至普通员工的薪金报酬，都采用了底薪（月薪或年薪）加提成的方式，其结果既增加了营业额，也增加了个人收入，充分体现了绩效薪金制的优越性。在实施绩效薪金制时，需要注意以下几点：第一，必须明确组织、部门和个人在一定期限内应达到的绩效水平；第二，必须建立完善的绩效监督、评价系统，以正确评价实际绩效；第三，严格按绩效来兑现报酬，所给报酬必须尽可能满足员工的需求。

6. 肯定与赞美

心理学家、哲学家威廉·詹姆斯曾说过："在人类所有的情绪中，最强烈的莫过于渴望被人重视。"哈佛大学康特教授进一步指出："薪资报酬只是一种权利，只有肯定才是一个礼物。"松下幸之助相信，许多员工都非常注意如何在工作中进步，并希望得到老板的承认。于是，他在带来访客人参观工厂时，会随便指着一位员工说："这是我最好的主管之一"，从而使被指者倍感自豪。因此，员工最想从工作中得到的是，希望与尊重自己的人一起工作，当工作表现好时能受到表扬，对所发生的情况感受到一种了解的满足。

一个有效的管理者必须破除对金钱的迷信，随时了解和掌握员工的工作情况，及时给予承认和肯定，送上一声谢谢，给予一句赞美，充分满足员工的尊重需要。同时，肯定和赞美员工必须怀有真诚之心，情真意切，发之内心地赞赏，充分发挥员工身上蕴藏着的神秘潜能，激励员工进步；不能怀有笼络人心的目的，花言巧语，虚情假意，这样做不但不能激励人，反而会使人感到讨厌。

7. 工作丰富化

日本著名的企业家稻山嘉宽在回答"工作的报酬是什么"时指出："工作的报酬就是工作本身！"他深刻地指出了内在激励的重要性。与之相关的激励方式包括工作扩大化、工作轮换和工作丰富化。工作扩大化是指在横向水平上增加工作内容，但工作难度和复杂程度并不增加，以减少工作的枯燥单调感；工作轮换是在同一层次和能力要求的工作之间进行调换，以培养员工多方面的能力；工作丰富化是在纵向层次上赋予员工更复杂、更系列化的工作，让员工参与工作规则的制订、执行和评估，使员工获得更大的自由度和自主权，满足其成就需要。三种方式中，工作丰富化的激励作用最大。

工作丰富化的具体方式包括：让员工完成一件完整的、更有意义的工作；让员工在工作方法、工作程序、工作时间和工作进度等方面拥有更大的灵活性和自主性；赋予员工一些原本属于上级管理者的职责和控制权，促进其成就感和责任感；及时评价与反馈，让员工对工作进行必要的调整；组建自主性工作团队，独立自主地完成重大的、复杂的工作任务。

今天，企业在解决了员工的温饱问题后，员工更为关注的是工作本身是否具有乐趣、意义、挑战性、创新性和成就感，是否能够实现自我价值等。要满足员工的这些高层次的需要，就必须实行工作扩大化、工作轮换和工作丰富化，从而实现内在激励。

8. 参与管理

参与管理就是让下级员工在一定的层次和程度上分享上级的决策权，以激发员工的主人翁精神，形成员工对企业的归属感、认同感，进一步满足员工自尊和自我实现的需要。参与管理的具体方式如：做出一项牵涉面广的重大决策时，必须听取来自下级、基层和第一线的意见和建议；组建各层次代表参加的质量监督小组，定期检查和讨论质量方面的难题，查找原因，提出解决方案，监督实施修正计划；授予下级、基层和第一线员工更大的现场决策权，让其有权迅速处理各种突发问题。

9. 教育培训

在知识经济时代，知识更新速度不断加快，社会对企业和员工提出了更高的要求，企业和员工必须不断学习才能跟上时代的步伐。教育培训作为一种重要的学习方式，不仅能提高员工的知识水平，适应企业的发展需要，更能使员工以最大的热情奉献企业，实现员工个人的全面发展。教育培训既要抓员工的思想教育，以树立员工崇高的理想和职业道德，又要抓专业教育，以提高员工的工作能力。常见的教育培训方式是：在工作实践中"随时随地"地学习，不断丰富和积累知识；组织内部定期培训，提高员工的职业技能；脱产学习、参观考察、进高等院校深造等，让员工开阔视野，增加知识，更好地适应时代的需要；倡导和实施工作学习化、学习工作化，构建学习型组织，全面提升个人价值和组织绩效。通过以上多种方式，不断提高员工的思想品德素质、科学文化素质、社会活动素质、审美素质和身心素质，使其成为"T"型或"A"型人才，适应时代对人才的要求。

实际上，激励方法远不止本文介绍的这些，还有很多种，本文仅仅介绍了其中最基本的最主要的方法。但有一点是肯定的，无论什么激励方法，都不是最有效的或最无效的。有效的激励是和需要相联系，各种激励方法综合运用的结果。因此，在激励工作中，必须坚持以需要作为激励的起点，在物质激励的基础上，重点进行精神激励；必须充分考虑员工的个体差异，激励方式因人而异；必须结合不同时间和地点的具体条件和具体情况，随机制宜地进行激励；必须坚持以正面激励为主，通过表扬、奖励等激励始终保持员工队伍的蓬勃朝气，形成团结向上、奋发有为、开拓进取的良好局面；必须处理好个体激励与团队激励的关系，在个体激励的基础上，加强对团队的激励，充分发挥个体和团队的积极性、主动性和创造性。

（二）激励的作用

对一个企业来说，科学的激励制度至少具有以下几个方面的作用。

1. 吸引优秀的人才到企业来

在发达国家的许多企业中，特别是那些竞争力强、实力雄厚的企业，通过各种优惠政策、丰厚的福利待遇、快捷的晋升途径来吸引企业需要的人才。

2. 开发员工的潜在能力，促进在职员工充分发挥其才能和智慧

美国哈佛大学的威廉·詹姆斯（W. James）教授在对员工激励的研究中发现，按时计酬的分配制度仅能让员工发挥 20%～30% 的能力。如果受到充分激励的话，员工的能力可以发挥出 80%～90%，两种情况之间 60% 的差距就是有效激励的结果。管理学家的研究表明，员工的工作绩效是员工能力和受激励程度的函数，即绩效 $=f$（能力×激励）。如果把激励制度对员工创造性、革新精神和主动提高自身素质的意愿的影响考虑进去的话，激励对工作绩效的影响就更大了。

3. 留住优秀人才

彼德·德鲁克（Peter F. Druker）认为，每一个组织都需要三个方面的绩效：直接的成果、价值的实现和未来的人力发展。缺少任何一方面的绩效，组织注定非垮不可。因此，每一位管理者都必须在这三个方面均有贡献。在三方面的贡献中，对"未来的人力发展"的贡献就是来自激励工作。

4. 造就良性的竞争环境

科学的激励制度包含一种竞争精神，它的运行能够创造出一种良性的竞争环境，进而形成良性的竞争机制。在具有竞争性的环境中，组织成员就会收到环境的压力，这种压力将转变为员工努力工作的动力。正如麦格雷戈（Douglas M. Mc Gregor）所说："个人与个人之间的竞争，才是激励的主要来源之一。"在这里，员工工作的动力和积极性成了激励工作的间接结果。

二、案　例

【案例 1】

阴晋之战

公元前 389 年，秦国再次调集 50 万大军，进攻秦国东进道路上的城波阴晋。秦军在阴晋城外布下营垒，形势危急。魏国在河西驻守着一支精锐军队。西河郡守吴起，激励军队保持高昂士气。他请国君魏武侯举行庆功宴会，使立上功者坐前排，使用金、银、铜等贵重餐具，猪、牛、羊三牲皆全；立次功者坐中排，贵重餐具适当减少；无功者坐后排，不得用贵重餐具。宴会结束后，还要在大门外论功赏赐有功者父母妻子家属。对死难将士家属，每年都派使者慰问，赏赐他们的父母，以示不忘。此法施行了三年。秦军一进攻河西，魏军立即有数万士兵不待命令自行穿戴甲胄，要求作战。面对这次秦军大规模进攻，吴起请魏武侯派 5 万名没有立过功的人为步兵，由自己率领反击秦军。魏武侯同意，并加派战车 500 乘、骑兵 3 000 人。战前一天，吴起向三军发布命令说："诸吏士都应当跟我一起去同敌作战，无论车兵、骑兵和步兵，若车不得车，骑不得骑，徒不得徒，虽破军皆无功。"然后，吴起率领魏襄经反复冲杀，将 50 万秦军打得大败，取得了辉煌战果。

【评析】 从这场战役中便能看出"吴氏团队激励法"的精髓所在。荣誉是工作热情的推进剂。给予团队成员适当的荣誉，能满足他们对成就感的渴望，使他们不断感受到自己工作的意义，从而最终形成有效激励。

【案例2】

富翁与女婿

一位亿万富翁经常这样对他做医生的女婿说："你不用担心钱的问题，只要你尽心照顾我，我会在死后把所有的遗产都给你，那些钱你一辈子也花不完！"

这个富翁身体很健壮，80多岁了还是无病无灾。但是他一直无法理解女婿对他的态度：每次见面握手，女婿都会摸他的脉搏，然后皱起眉头。很明显，他的女婿为他脉搏正常而皱眉，他希望富翁早点去世。

【评析】 假如这位富翁换一种说法，情况就会完全不同。如果他这样说："只要我活着，每年我都会给你100万美元。但如果我去世，我的财产便会捐给慈善机构。"那他的女婿肯定会使尽浑身解数使他多活些年头。

故事中的道理，在企业管理中同样适用。企业只有建立正确的奖惩制度，才能激励员工更努力地工作，企业的生命才能得到延续和发展。

但是，很多领导者经常会犯事例中那样的错误。他们本来想鼓励员工做正确的事，但却无意间纵容了错误的行为，忽视甚至惩罚了正确的行为。比如，领导者本来提倡团队精神，希望大家团结合作，可实际上却只奖励个人业绩突出的员工，接着领导还疑惑为什么员工彼此恶性竞争，事事只为自己着想；领导者强调质量的重要性，但对那些生产次品的员工不采取惩罚措施，反而惩罚那些因为专心提高产品质量而产量不高的人，接着又为次品率越来越高而困惑……

三、任务训练

训练一 坚定理想

项目简介

从小我们就被教育要忠于自己的理想，不要中途放弃。本项目就重申了这项原则。这个项目中设有两个关：意愿关和行动关。意愿关告知自己的人生目标，行动关就是完成规定的目标。

操作流程

这个项目分为三个阶段，第一阶段：走自己的路。第二阶段：身心考验。第三阶段：战胜自我。

【第一阶段】

1. 最清晰地表达自己的人生目标，合格者通过意愿关。表达方式："我想成为……请允许我通过！"

培训师允许后方可通过。

通过标准：目标尽量符合 SMART 原则，即：

specific——目标必须尽可能具体，缩小范围。

measurable——目标达到与否应尽可能有衡量标准和尺度。

attainable——目标设定必须是通过努力可达到的。

relevant——体现其客观要求与其他任务的关联性。

time-based——计划目标的完成程度必须与时间相关联。

2. 走一段大约 20 米的路，用任何不同于其他人的姿势走过去，与他人姿势相同者将被淘汰。通过者每人得 1 分。

【第二阶段】

1. 最响亮地表达自己的人生目标，合格者通过意愿关。表达方式："我想努力成为……请允许我通过！"

培训师允许后方可通过。

通过标准：声音至少要达到 80 分贝。

2. 做俯卧撑 20 次以上。

通过者每人得 2 分，每增加 10 次俯卧增加 1 分。

【第三阶段】

1. 最响亮、最清晰、最快速地表达自己的人生目标，合格者通过意愿关。表达方式："我一定要成为……请允许我通过！"

通过标准：声音至少要达到 100 分贝，语速为每秒 6 个字。

2. 培训师和一名学员登上高台，按高台信赖表（见表 10.1）的顺序喊话。通过者每人得 3 分。

表 10.1　高台信赖表

培训师口令	台下学生口令	台上学生口令
下面的朋友，准备好了没有？ 某某准备好了没有？ 有没有信心？ 你是最好的！ 你是最棒的！ 你一定会成功！	准备好了！ 请相信我们！我们支持你！	准备好了！ 有！ 我是最好的！ 我是最棒的！ 我一定会成功的！

特别提示

1. 这个项目采用了以下几种技巧。

首先，以让学员口述的方式抒发他们的理想和抱负，这样可以帮助他们

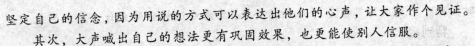

坚定自己的信念，因为用说的方式可以表达出他们的心声，让大家作个见证。

其次，大声喊出自己的想法更有巩固效果，也更能使别人信服。

再次，通过"高台信赖"这个比较刺激的环节，可以使学员加深印象，铭记他们说过的话，也可以证明他们的勇气。

2. 这是一个集体参与的项目，让每个人都觉得实现梦想的路并不孤独，有这么多志同道合的人相伴左右。同时，学员们还很可能和理想相近的人成为好朋友，共同去为理想而打拼。

3. 作为培训师要注意对项目的控制：时间、打分、标准把握和气氛渲染，使学员得到以下的项目感悟：成功＝意愿×方法×行动。

参与人数：集体参与。
所需时间：1.5 小时。
场地要求：教室。
所需器械：高台。

训练二　永不消逝的电波

项目简介

这是一个快速而且简单的小项目。它可以使整个小组协同工作，并给学员带来欢笑。可以增强小组凝聚力。激励小组学员挑战自我、超越自我。

操作流程

1. 让所有队员手拉手站成一圈。

2. 随意在圈中选出一个人，让他用自己的左手捏一下相邻同伴的右手。问第二个人是否感受到了队友传递过来的捏手信号，这里我们把它称为"电波"。告诉大家收到"电波"后要迅速把电波传递给下一个队友，也就是要快速地捏一下下一位队友的手。这样一直继续下去，直到"电波"返回起点。

3. 告诉大家你将用秒表记录"电波"跑一圈所需要的时间。然后大喊："开始！"，并开始计时。

4. 告诉大家"电波"传递一圈所用的时间，鼓励一下大家，然后让大家重新再做一次电波传递，希望这次传递能更快一些。

5. 让队员们重复做几次电波传递，记录下每次传递所用的时间。

6. 等大家都熟练起来之后，变更"电波"的传递方向，使电波由原来的沿顺时针方向传递变为沿逆时针方向传递。

7. "电波"沿着新方向被传递几次之后，再一次让队员们逆转"电波"的方向，同时让队员们闭上眼睛或是背向圆心站立。

8. 在项目快要结束的时候，为了使项目更加有趣，悄悄告诉第一个人同时向两个方向传递"电波",而且不要声张,看看这样会带来什么有趣的效果。

特别提示

1. 为什么"电波"传递方向突然改变后,"电波"传递速度会变慢?

2. 为什么闭上眼睛后,"电波"传递速度会变慢?

3. 在"电波"沿两个方向同时传递的情况下。"电波源"对面的队员们感受如何?

4. 可以用其他的方式传递电波,比如轻轻敲打同伴或是吹口哨。

参与人数:不限,越多越好。

所需时间:10分钟。

场地要求:室内外均可。

所需器械:秒表。

四、跟踪测试

由于销售额一直持续下降,齐总的企业人力资源部门计划在第二季度末针对市场销售人员举行一次员工培训。人力资源部门首先了解了市场和销售部门需要什么样的培训。汇总以后,人力资源部门就开始与有关的培训机构联系。最后,人力资源部门决定在月末进行为期3天的培训,讲授如何提高员工销售技巧。在培训的过程中。员工觉得很受鼓舞,认为课程内容很吸引人。3天很快过去了,各个部门的员工都回到各自的岗位上,开始新的工作。人力资源部门想通过这次培训,使销售额有所上升。但是,培训过去1个月了,在月底绩效考核的时候,销售额依然下降,人力资源部门不解:辛辛苦苦花钱请来了培训师,培训为什么就一点作用都不起呢?

1. 上述案例说明,造成这种情况的原因是(　　)。

A. 培训计划不周　　　　　　　B. 培训师没有水平

C. 人力资源部门失职　　　　　D. 培训目标不明确

2. 培训的五个步骤中,最终的检查是很重要的。案例中人力资源部门检查的是(　　)。

A. 培训的目的是否实现　　　　B. 员工之间的关系

C. 员工的积极性　　　　　　　D. 企业的美誉是否提高

3. 为了达到培训目的,人力资源部门应该在培训中和培训后(　　),才能达到目的。

A. 检查员工是否将所学的知识运用到实际工作中去

B. 检查员工是否有迟到早退的现象

C. 检查员工是否有总结和思考的能力

D. 检查员工是否有反馈

4. 如果你是该企业人力资源部门的经理，（　　）才能实现销售额上升。

A. 培训的目的是针对员工个人的发展

B. 绩效考核要与培训挂钩

C. 定期地搜集员工对此次培训的反馈，并不断地鼓励他们

D. 以上措施都可以

答案：1. D　2. A　3. A　4. D

位于某省的天马公司是一家以采矿、棉麻加工为主的民营企业。当年8个人起家的公司，如今已成长为拥有4 000多名员工、1.6亿元资产的中型企业。

在经济效益不断增加的前提下，员工薪水也在不断增加。同时，加薪也成为公司提高大家积极性的手段。员工的薪水一直在当地处于领先水平。在公司发展过程中，这个激励手段不仅调动了积极性，而且吸引了不少人才。但近年来，公司领导发现，过去效果明显的加薪激励机制作用不如从前。员工对增加薪水已经习以为常，对工作缺少激情，仅仅满足于把工作完成。公司管理层为重新激发员工的工作热情，采取了购买养老保险、建员工住宅楼、给员工培训机会等一系列措施。这些措施初期效果都不错，但是仍不能保持员工的长久潮情。

公司领导又重新陷入以前的苦恼：怎样建立长期持久的激励机制？

1. 根据马斯洛的需求理论，上述案例中出现问题的原因是（　　）。

A. 员工更高层次的需求——尊重或自我实现的需求没有得到满足

B. 人们的欲望是无穷的

C. 管理层人员的失职

D. 人们不再需要工作

2. 根据以上案例，可以看出，此企业管理层是应用（　　）来管理人员的。

A. x 理论　　　　　　　　　　　　B. 双因素理论

C. 公平性理论　　　　　　　　　　D. 期望理论

3. 在本案例中，管理人员没有考虑到（　　）。

A. 员工的热情　　　　　　　　　　B. 公司政策

C. 企业文化　　　　　　　　　　　D. 员工的发展

4. 如果你是该公司的老总，你认为应该（　　），以保持员工的激励水平。

A. 了解企业中员工的需求　　　　　B. 同员工进行交流

C. 对员工的职业生涯做出好的规划　D. 以上措施都可以

答案：1. A　2. A　3. D　4. D

参 考 文 献

[1] 刘念. 论大学生团队合作精神的培养[J]. 西南民族大学学报：人文社科版，2007（4）.

[2] 黄钰茗，石强. 管理的 55 个关键细节[M]. 北京：中国电力出版社，2011.

[3] [英]霍尔默斯，里奇. 个人与团队管理[M]. 天向互动教育中心，编译. 北京：清华大学出版社，2011.

[4] 黄何，辛宏悦. 高职学生素质拓展指南[M]. 沈阳：东北大学出版社，2006.

[5] 倪砥，许爱华. 促进我的团队沟通——我的管理课堂[M]. 上海：上海交通大学出版社，2005.

[6] 许湘岳，徐金寿. 团队合作教程[M]. 北京：人民出版社，2011.

[7] 百度文库. http：//baike.baidu.com/view/296931.htm.

[8] 百度文库. http：//baidu.com/view/1256684.htm.

[9] 百度文库. http：//baidu.com/view/1795772.htm.

[10] 百度文库. http：//baidu.com/view/3651832.htm.

[11] 百度文库. http：//baidu.com/view/1004561.htm.

[12] 百度文库. http：//baidu.com/view/10737.htm.

[13] 周三多，陈传明，鲁明泓. 管理学——原理与方法[M]. 上海：复旦大学出版社，2003.

[14] [英]贾奇·特布尔. 高效能教师的 9 个习惯[M]. 罗怀宇，译. 北京：中国青年出版社，2011.

[15] 刘洪儒. 人生成功的五项核心技能[M]. 北京：新世界出版社，2011.

[16] 东方笑. 小故事大道理[M]. 西安：陕西师范大学出版社，2005.

[17] 王文波. 每天一个心灵感悟[M]. 北京：金城出版社，2010.

[18] 王崇彩，冉斌. 疯狂劲舞：素质拓展训练[M]. 深圳：海天出版社，2005.

[19] 经理人培训项目编写组. 培训游戏全案·拓展：升级版[M]. 北京：机械工业出版社，2010.

[20] [新加坡]佘玮琦，等. 世界 500 强员工提升领导力的 50 个游戏[M]. 罗文，译. 北京：中国青年出版社，2009.